아두이노를 활용한 무선통신 응용

김한종 저

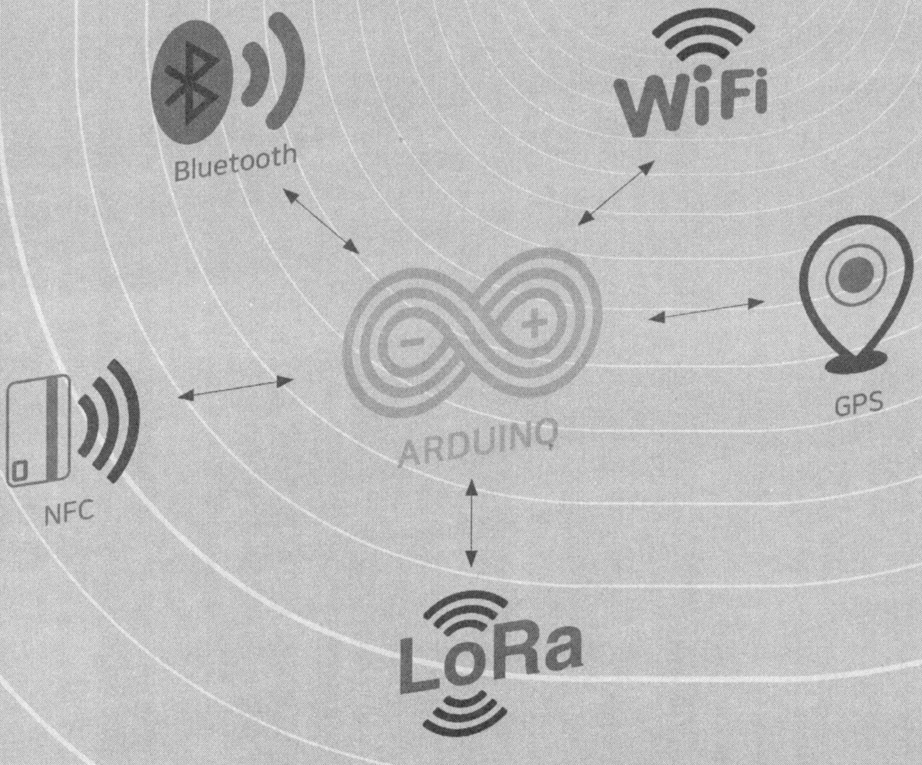

도서출판 가람

머리말

사물인터넷(IoT)은 S(Sensor), D(Device), N(Network), P(Platform), S(Service)의 5가지로 구성되어 있다. 디바이스는 센서들로부터 데이터를 모으고 WiFi 등의 네트워크 통신기술을 통해 플랫폼 서버에 전달한다, 플랫폼 서버는 센서를 통해 수집한 데이터를 취합, 분류, 분석하여 의미 있는 정보를 생성하고 이를 고객 혹은 응용 서비스에 제공한다. 이러한 사물인터넷에서는 WPAN, WLAN 및 WWAN의 다양한 네트워크 통신기술들이 활용되고 있으며 학생들이 졸업작품을 수행할 때도 이러한 무선 네트워크 기술을 활용하여 작품을 구현하고 있다. 그러나 이러한 통신기술들을 어렵게 생각하는 학생들이 의외로 많아 이러한 무선 네트워크 기술들을 이용하여 센서를 제어해 보는 실습을 교과를 통해 학습하거나, 스스로 수행해보며 무선 네트워크 기술의 원리 및 응용을 학습할 수 있는 기회를 제공하고자 본 교재를 개발하게 되었다.

교재에서는 디바이스로 아두이노 메가보드를 사용하였으며 WAPN 기술로 RFID/NFC와 블루투스를 사용하여 센서를 제어하며 WLAN 기술로 2.4GHz 대역에서 동작하는 WiFi를 사용하였다. 또한 WWAN 기술로 LoRa를 사용하였는데 우리나라 LoRa 주파수 대역에서 동작하는 LoRa 모듈을 사용하여 센서 제어를 수행하였다. 그 밖에 적외선 통신, GPS 및 RF 통신 모듈을 사용하여 센서 제어를 수행해 볼 수 있도록 실습 교재를 개발하였는데 주요 개발 내용은 다음과 같다.

아두이노 시리얼 모니터 사용법

- 디지털 입출력 제어
- 아날로그 입출력 제어
- I2C 통신을 활용한 센서 제어
- SPI 통신을 활용한 센서 제어

- RFID/NFC 통신을 활용한 센서 제어
- 적외선 통신을 활용한 센서 제어
- 시리얼 통신을 활용한 센서 제어
- 블루투스 통신을 활용한 센서 제어
- 와이파이 통신을 활용한 센서 제어
- 로라 통신을 활용한 센서 제어
- GPS 통신을 활용한 센서 제어
- nRF24L01 무선 트랜시버를 활용한 센서 제어

본 교재는 4차 산업의 핵심 기술 중 하나인 사물인터넷에 활용되고 있는 다양한 무선통신 기술들을 실험을 통해 학습할 수 있도록 구성되어 학습을 통해 소프트웨어에 대한 관심을 유도하고 창의적이고 혁신적인 아이디어 도출 및 IoT 관련 융합능력을 향상 시킬 수 있을 것으로 기대된다.

끝으로 본 책이 출판되기까지 많은 도움을 주신 도서출판 가람에 감사를 드립니다.

2022년 3월 저자

차례

제1장 아두이노 개발환경 구축 및 시리얼 모니터 사용법

제2장 디지털 입출력 제어

제3장 문자LCD 제어

제4장 아날로그 입출력 제어

제5장 I2C 통신을 활용한 센서 제어

제6장 I2C 통신을 활용한 자이로 및 가속도 센서 제어

제7장 SPI 통신을 활용한 센서 제어

제8장 RFID/NFC 통신을 활용한 센서 제어

제9장 적외선 통신을 활용한 센서 제어

제10장 시리얼 통신을 활용한 센서 제어

제13장 로라(LoRa) 통신을 활용한 센서 제어

제14장 GPS 통신을 활용한 센서 제어

제15장 nRF24L01 무선 트랜시버를 활용한 센서 제어

제1장

아두이노 개발환경 구축 및 시리얼 모니터 사용법

1.1 아두이노 개요 및 특징

(1) 아두이노 개요

- 이탈리아 국왕 이름인 아두이노(Arduino)를 브랜드 명
- 아두이노(Arduino)는 프로젝트 창시자인 Massimo Banzi 교수가 2005년 이탈리아의 IDII(Interaction Design Institutelvera)에서 하드웨어에 익숙지 않은 학생들이 자신들의 디자인 작품을 손쉽게 제어할 수 있도록 고안
- 누구나 마이크로 컨트롤러(MCU)를 쉽게 다루기 위한 플랫폼으로 오픈 소스를 기반으로 한 단일 보드 마이크로 컨트롤러
- 아두이노는 보드, 관련 개발 도구 및 환경을 말함
- AVR을 기반으로 한 보드로 이루어져 있고 최근에는 Cortex-M3를 이용한 제품인 아두이노 듀이(Arduino Due)도 있으며 또한 소프트웨어 개발을 위한 통합환경(Arduino IDE)을 제공하여 보다 편리하게 하드웨어를 구동
- 아두이노 공식 사이트 : www.arduino.cc

(2) 아두이노 특징

- **저렴한 가격** : 아두이노 보드는 다른 마이크로 컨트롤러 플랫폼에 비해 상대적으로 저렴하다.
- **단순 명확한 프로그래밍 환경** : 아두이노 프로그래밍 환경은 초보자를 위해 사용하기 쉽도록 되어 있을 뿐만 아니라 고급 사용자들도 활용하기 쉽도록 설계되었다. 언어는 C++ 라이브러리를 통해 확장 할 수 있고, 만약 사용자가 원한다면 아두이노 프로그램에 AVR C코드를 추가 할 수 있다. 소프트웨어 개발을 위한 통합 개발 환경(IDE)을 제공한다.

- **크로스 플랫폼** : 아두이노 소프트웨어(IDE)는 윈도우를 비롯해 맥 OSX, 리눅스와 같은 여러 OS를 모두 지원한다.
- **오픈 소스 및 확장 가능한 하드웨어** : 오픈 소스로 누구나 직접 보드를 만들 수 있으며 확장이 용이하다.
- **오픈 소스 및 확장 가능한 소프트웨어** : 아두이노 소프트웨어 (아두이노 통합 개발 환경:IDE)는 오픈 소스이며 확장이 용이하다.
- **마이크로 컨트롤러를 쉽게 동작** : 아두이노는 컴파일된 펌웨어를 USB를 통해 쉽게 업로드 할 수 있다.

1.2 아두이노 메가 2560 또는 메가 ADK 보드

(1) 아두이노 메가 보드의 개요

- 아두이노 메가 2560과 메가 ADK 보드는 ATMEGA 2560 MCU를 기반으로 하는 마이크로 컨트롤러 보드로 [그림 1.1]에 메가 2560 보드를 나타냄

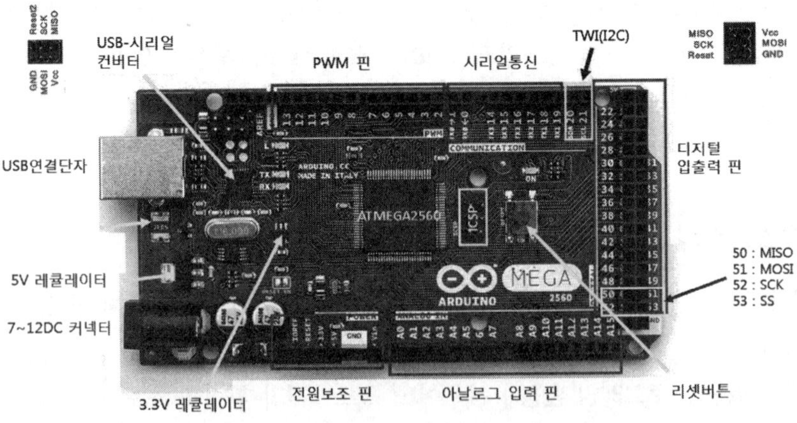

그림 1.1 아두이노 메가 2560 보드

- 아두이노 메가 2560과 메가 ADK 보드는 동일하며 한 가지 차이는 메가 ADK 보드의 경우 MAX3421E 라는 IC가 있어 안드로이드 기반의 휴대폰과 연결할 수 있는 USB 호

스트 인터페이스를 지원

- 메가 보드는 54개의 디지털 입/출력(15개의 PWM 출력) 핀, 16개의 아날로그 입력, 4개의 UART, 16MHz의 크리스탈 발진기, USB, 5V전원 잭, ISP헤더 및 리셋 버튼을 가지고 있으며 [표 1.1]에 메가 보드의 개요를 나타냄

표 1.1 아두이노 메가 보드의 개요

마이크로콘트롤러	ATmega2560
동작 전압	5V
입력 전압(recommended)	7~12V
입력 전압(limit)	6~20V
디지털 I/O 핀	54(15개는 PWM 출력)
아날로그 입력 핀	16 (10비트 해상도)
I/O핀당 DC 전류	40mA
3.3V 핀에 대한 DC 전류	50mA
플래쉬 메모리	256KB(8KB는 부트로더용)
SRAM	8KB
EEPROM	4KB
클럭 속도	16MHz
하드웨어 시리얼포트(UART)	4개

(2) 아두이노 메가 보드의 전원

- 메가 보드는 USB 및 외부 전원으로 구동될 수 있고 전원은 자동 선택이며 외부 전원에는 AC-DC 어댑터 또는 배터리 중 하나를 선택할 수 있음
- 권장 전압은 7~12V이며 7V 이하로 공급하는 경우 보드에 인가되는 전압이 5V미만이 될 수 있어 기판이 불안정 할 수 있음

(3) 아두이노 메가 보드 통신

- 메가 보드는 컴퓨터, 다른 아두이노 또는 다른 마이크로 컨트롤러와 통신 할 수 있는 기반을 갖추고 있으며 ATmega2560에서 지원하는 통신기능은 [표 1.2]와 같음

표 1.2 아두이노 메가 보드의 통신기능

<table>
<tr><td rowspan="8">직렬통신</td><td rowspan="2">Serial</td><td>Rx</td><td>0</td><td></td></tr>
<tr><td>Tx</td><td>1</td><td></td></tr>
<tr><td rowspan="2">Serial1</td><td>Rx</td><td>19</td><td></td></tr>
<tr><td>Tx</td><td>18</td><td></td></tr>
<tr><td rowspan="2">Serial2</td><td>Rx</td><td>17</td><td></td></tr>
<tr><td>Tx</td><td>16</td><td></td></tr>
<tr><td rowspan="2">Serial3</td><td>Rx</td><td>15</td><td></td></tr>
<tr><td>Tx</td><td>14</td><td></td></tr>
<tr><td rowspan="6">외부인터럽트</td><td>interrupt0</td><td></td><td>2</td><td rowspan="6">• Low level, 상승에지(Rising edge), 하강에지(falling edge)에서 인터럽트 발생</td></tr>
<tr><td>interrupt1</td><td></td><td>3</td></tr>
<tr><td>interrupt2</td><td></td><td>21</td></tr>
<tr><td>interrupt3</td><td></td><td>20</td></tr>
<tr><td>interrupt4</td><td></td><td>19</td></tr>
<tr><td>interrupt5</td><td></td><td>18</td></tr>
<tr><td rowspan="2">PWM</td><td></td><td></td><td>2~13</td><td rowspan="2">• 8-비트 PWM 출력</td></tr>
<tr><td></td><td></td><td>44~46</td></tr>
<tr><td rowspan="4">SPI</td><td></td><td>MISO</td><td>50</td><td rowspan="4">• SPI library 사용</td></tr>
<tr><td></td><td>MOSI</td><td>51</td></tr>
<tr><td></td><td>SCK</td><td>52</td></tr>
<tr><td></td><td>SS</td><td>53</td></tr>
<tr><td>LED</td><td></td><td></td><td>13</td><td>• 내장 LED, HIGH일 때 LED on LOW일 때 LED off</td></tr>
<tr><td rowspan="2">TWI(I2C)</td><td></td><td>SDA</td><td>20</td><td rowspan="2">• Wire library 사용</td></tr>
<tr><td></td><td>SCL</td><td>21</td></tr>
</table>

(4) 시리얼 통신을 통한 기계어 코드 업로드

- 아두이노 보드의 경우 PC에서 개발한 아두이노 프로그램을 컴파일한 기계어 코드를 아두이노 플래시 메모리에 업로드는 [그림 1.2]와 같이 시리얼 통신을 통해 이루어짐

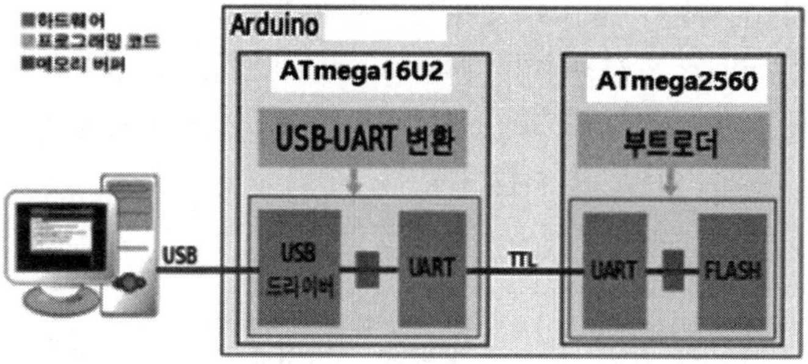

그림 1.2 시리얼 통신을 통한 기계어 코드의 플래시 메모리 업로드

- 현재 사용 중인 PC에는 시리얼 통신을 위한 시리얼 포트가 없고 USB 포트만 있으므로 우선 PC와 USB로 연결되면 ATmega16U2(초기의 FTDI FT232R과 같은 역할로 USB-Serial 변환)에 의해 시리얼로 변환
- 업로드의 전제 조건은 목표 마이크로컨트롤러(아두이노 메가 ADK의 경우 ATmega2560)에 부트로더가 장착되어 있어야 함
- 부트로더가 동작하면 시리얼 통신으로 부터 오는 기계어 코드를 플래시 메모리에 쓰게 되어, 프로그래밍에 의해 완성된 응용 프로그램 코드가 장착
- 전체적으로 보면, USB로 PC와 아두이노 보드가 연결되고 마이크로 콘트롤러의 부트로더가 동작하면 USB-시리얼 변환되어 시리얼 통신으로 부터 오는 기계어 코드를 플래시 메모리에 쓰게 되어, 프로그래밍에 의해 완성된 응용 프로그램 코드가 플래시 메모리에 장착됨

1.3 개발환경 구축

- 아두이노 통합개발환경(IDE: Integrated Development Environment)는 아두이노 홈페이지(www.arduino.cc/)에서 무료로 다운받아 설치
- 2022년 1월 현재 최신버전은 Arduino 1.8.19
- 아두이노 통합개발환경 즉, IDE는 아두이노 플랫폼에서 동작하는 프로그램 코드를 작성하고 코드를 컴파일하고 아두이노 보드에 업로드 할 수 있는 기능을 제공

- 즉, 편집기, 컴파일러, 업로드 등이 합쳐진 환경
- 컴파일러는 avr-gcc을 사용하며, 따라서 avr-gcc가 제공하는 많은 C언어의 표준라이브러리 함수를 사용할 수 있고 또한, 시리얼통신 및 모니터 기능을 제공하여, PC와 시리얼 통신을 할 수 있는 모니터를 제공
- 이러한 아두이노 IDE를 통해 작성된 프로그램이나 코드를 "스케치(Sketch)" 프로그램이라 부름
- 다음으로 아두이노 통합개발환경(IDE)을 구축하는 실험을 해보도록 하자

실험 1-1

아두이노 통합개발환경(IDE) 구축

1) Arduino 홈페이지 접속
   - [그림 1.3]과 같이 웹브라우저 주소창에 아두이노 홈페이지 주소(arduino.cc)를 입력

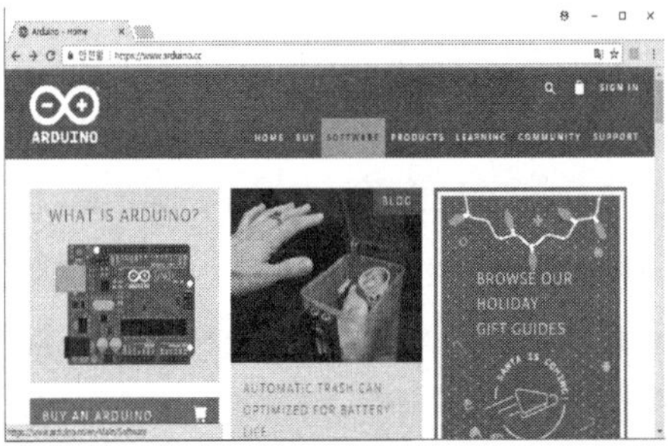

그림 1.3

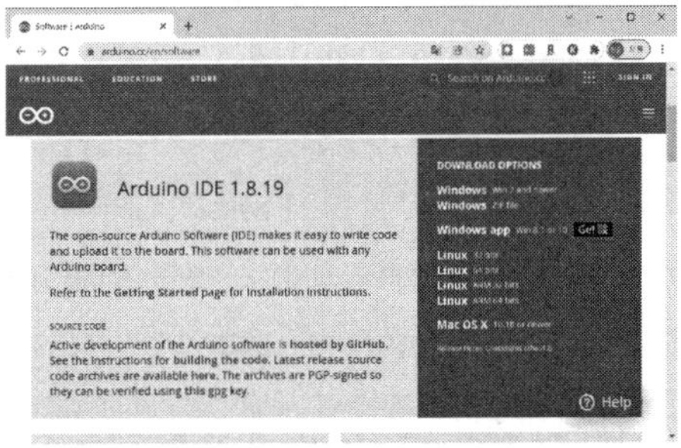

그림 1.4

2) SOFTWARE 탭 클릭
   - 홈페이지에 접속 후 [그림 1.3]과 같이 SOFWARE 탭을 클릭하면 [그림 1.4]와 같이 IDE를 다운로드할 수 있는 화면이 나타남

3) Window용 Arduino IDE 다운로드
   - [그림 1.4]와 같이 IDE 최신버전(2022.1월 기준)은 ARDUINO 1.8.19이며 우측의 Windows Installer 클릭하면 [그림 1.5]의 화면이 나타남

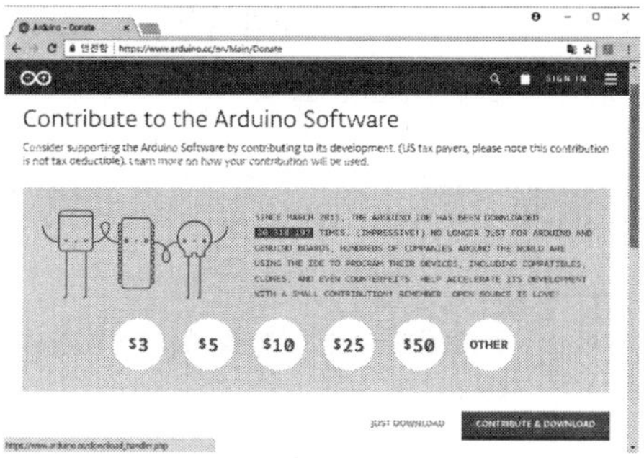

그림 1.5

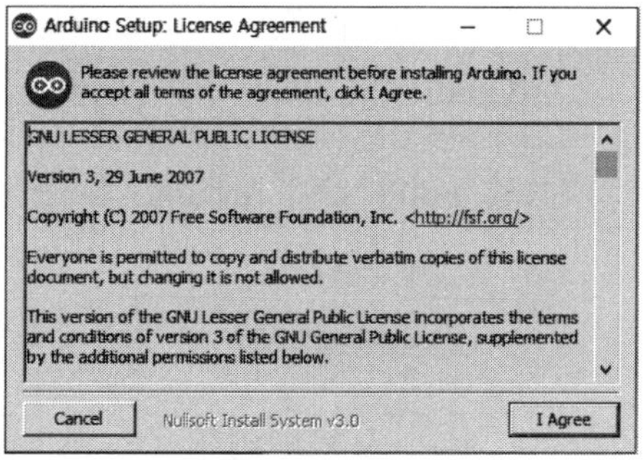

그림 1.6

4) 하단의 JUST DOWNLOAD 클릭

• [그림 1.5]의 우측 하단에 있는 JUST DOWNLOAD를 클릭

5) arduino-1.8.19-windows.exe 다운로드 받고 실행

• [그림 1.15]의 우측 하단에 있는 JUST DOWNLOAD를 클릭하여 arduino-1.8.19-windows.exe를 다운로드 받고 실행

6) Arduino Setup: License Agreement 창이 나오면 "I Agree" 클릭

• arduino-1.8.19-windows.exe를 다운로드 받아 실행하면 [그림 1.6]과 같이 License Agreement 창이 나타나고 "I Agree" 버튼 클릭

7) Arduino Setup: Installation Options 창이 나오면 [그림 1.7]과 같이 USB driver 등을 체크 후 Next 클릭

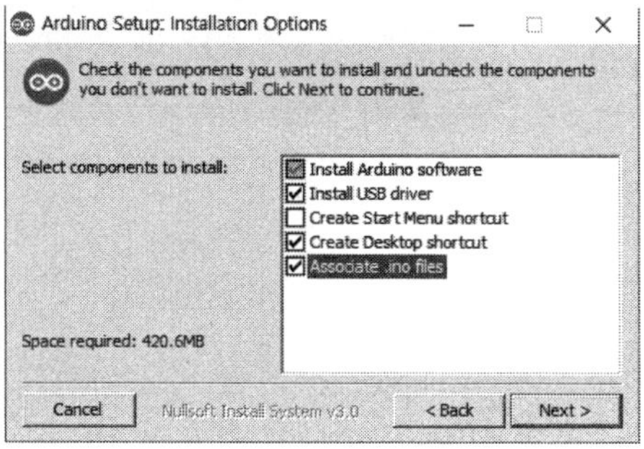

그림 1.7

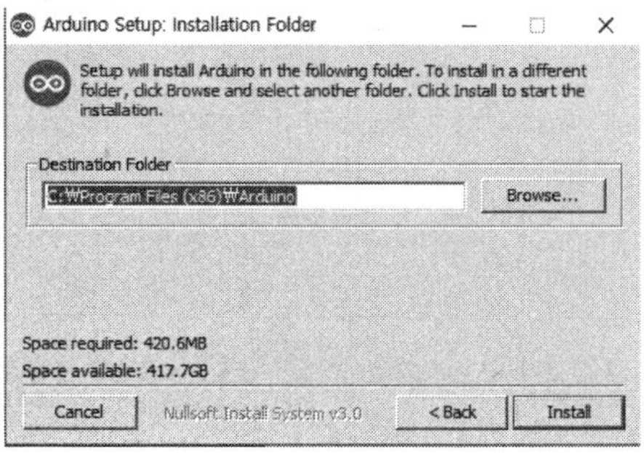

그림 1.8

8) Arduino Setup: Installation Folder 창이 나오면 [그림 1.8]와 같이 디폴트 폴더에 Arduino 설치 (또는 유저가 폴더 지정)를 위해 Install 클릭

9) [그림 1.9]와 같이 Arduino Setup: Installing 진행

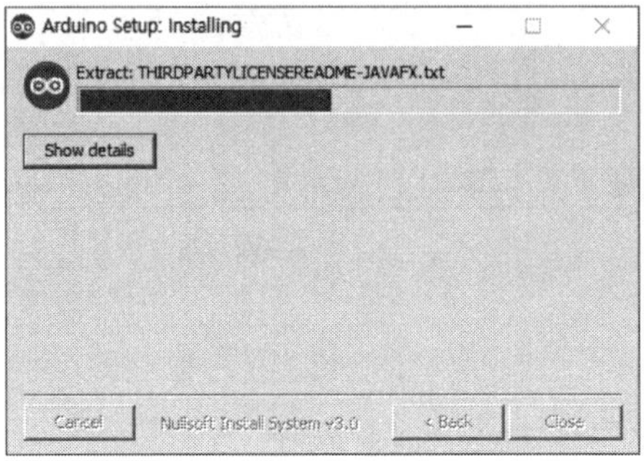

그림 1.9

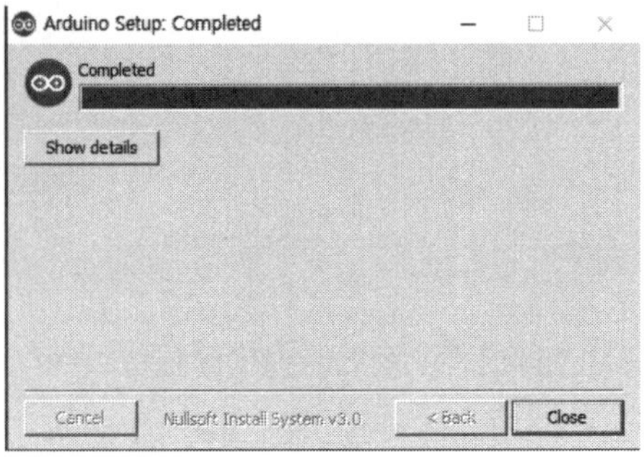

그림 1.10

10) [그림 1.10]과 같이 Arduino Setup: 완료 창이 나오면 Close 클릭

11) USB 케이블로 아두이노와 PC를 연결

- [그림 1.11] (a)에 나타낸 USB 타입 A(직사각형 형태)을 [그림 1.11] (b)와 같이 아두이노에 연결하고 USB 타입 B (정사각형 형태)를 PC에 연결

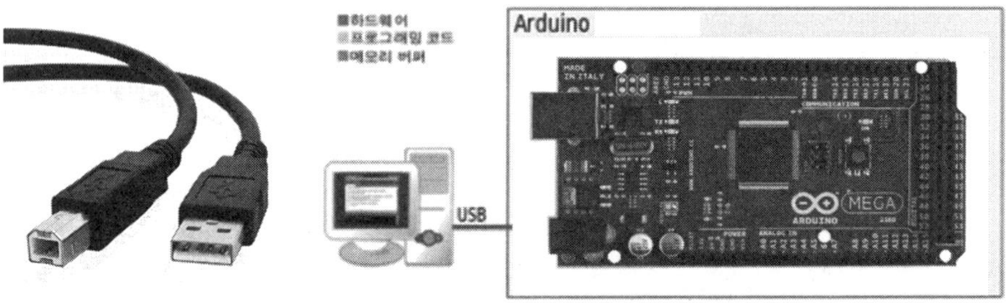

(a) (b)

그림 1.11

12) 아두이노가 연결된 COM 포트 확인

- [그림 1.12]와 같이 PC 제어판/장치관리자/포트(COM&LPT)에서 아두이노가 PC의 COM 포트 몇 번에 연결되었는지 확인

- [그림 1.12]과 같이 현재 COM3에 연결되어 있음을 확인할 수 있음
- 각 사용자의 컴퓨터 환경이 다르므로 연결된 COM 포는 사용자 마다 다를 수 있음

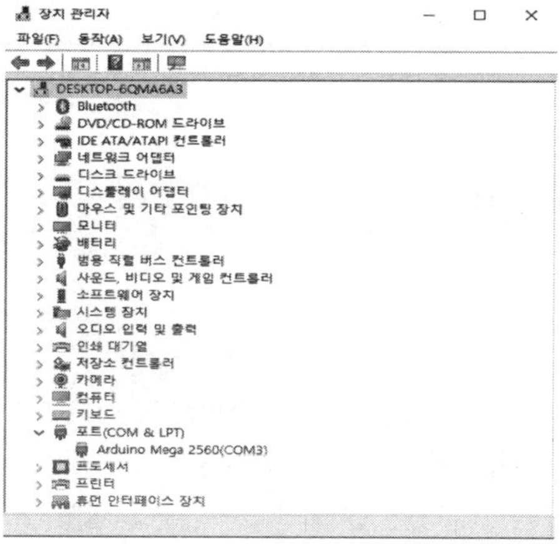

그림 1.12

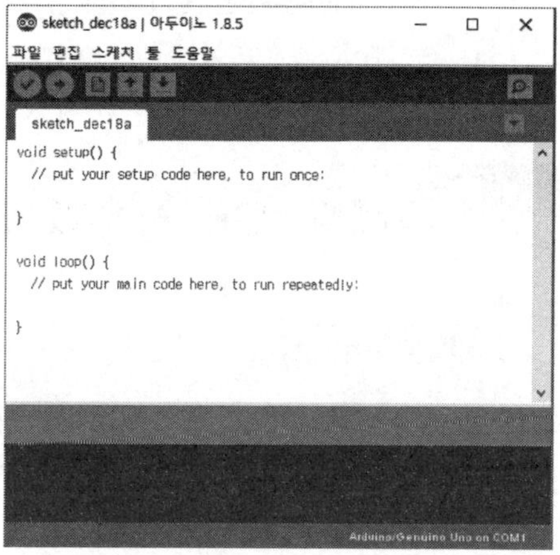

그림 1.13

13) 바탕화면에서 arduino.exe를 실행하면 [그림 1.13]과 같은 IDE가 화면에 나타남

14) Arduino IDE에서 연결된 보드 설정

- Arduino IDE에서 어떤 보드가 연결되어 있는지 설정하여야 하는데 Arduino Mega 2560 보드를 사용하는 경우 [그림 1.14]와 같이 IDE/툴/보드/Arduino Mega or Mega 2560를 선택
- Arduino Mega ADK 보드를 사용하는 경우에는 IDE/툴/보드/Arduino Mega ADK를 선택

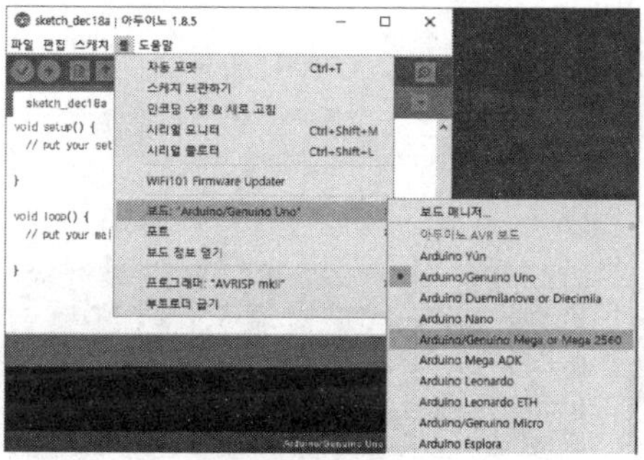

그림 1.14

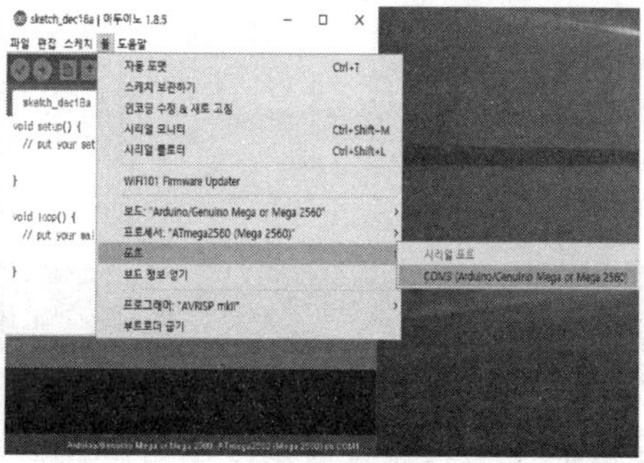

그림 1.15

15) Arduino IDE에서 아두이노 보드와 연결된 포트설정

- Arduino IDE에서 아두이노 보드와 연결된 포트를 설정하여야 하는데 [그림 1.15]와 같이 IDE/툴/포트/COM3를 선택

1.4 스케치 IDE 사용법 익히기

(1) 스케치(Sketch)

- 스케치는 아두이노 플랫폼에서 동작하는 프로그램 코드를 작성하고 코드를 아두이노 보드에 업로드할 수 있는 기능을 제공하는 통합개발환경(IDE)
- arduino.exe 파일을 더블 클릭하면 [그림 1.16]과 같이 스케치 툴이 실행
- 아두이노 IDE를 통해 작성된 프로그램이나 코드를 "스케치(Sketch)" 프로그램이라 부름

(2) 스케치 IDE 사용법 익히기

- 코드 작성에 필요한 준비가 완료되었으니 실제로 아두이노 프로그램에는 어떠한 기능이 있고 어떻게 사용하는지 알아보자
- 우선 아두이노 프로그램을 실행하면 [그림 1.16]과 같은 프로그램 실행 화면을 확인

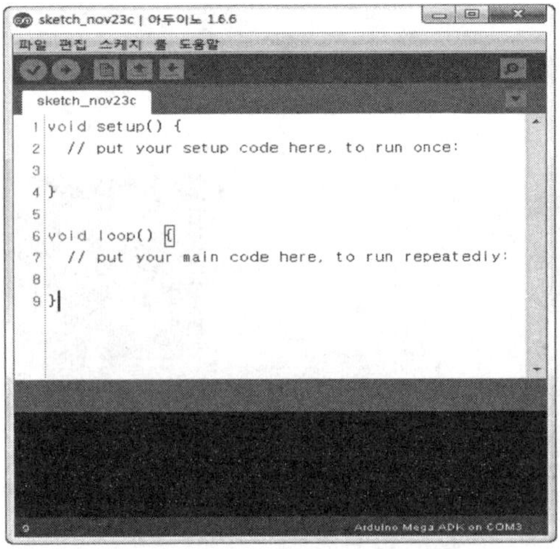

그림 1.16 아두이노 프로그램 실행

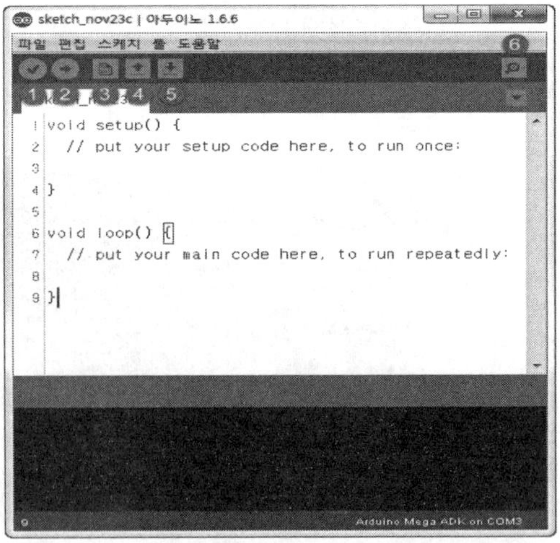

그림 1.17 아두이노 아이콘

- 스케치 IDE를 보면 [그림 1.17]과 같이 위에 5개의 메뉴와 그 아래 6개의 아이콘들이 나타나며 각 아이콘들을 살펴보면 [표 1.3]과 같음

표 1.3 스케치 IDE의 아이콘 설명

아이콘	명칭	기능
	컴파일	작성된 프로그램을 컴파일
	컴파일 및 업로드	작성된 프로그램을 컴파일 후 보드에 업 로딩
	새 파일	새로운 스케치 파일을 생성
	열기	저장된 스케치 파일을 열기
	저장	스케치 파일을 저장
	시리얼모니터	시리얼 통신 창을 띄어 시리얼 데이터 전송 및 표시

(3) IDE를 활용한 아두이노 프로그램 개발 절차

- 구축된 통합개발환경(IDE)를 활용하여 아두이노 스케치 프로그램을 개발하는 절차

1) 회로 연결 : 아두이노와 각종 장치(센서, 액추레이터 등)들을 연결
2) 아두이노 개발환경(IDE) 실행
3) 스케치 프로그램 작성 : 프로그램 코드 작성
4) 컴파일 : 기계어 코드
5) 업로드 : 플래시 메모리에 씀 (업로드 전에 IDE에 연결된 보드와 포트 확인)
6) 동작 확인 : 아두이노 동작 확인
7) 디버깅 : 3~6 반복
6) 다음부터는 전원만 인가하면 동작

실험 1-2

아두이노 통합개발환경(IDE) 구축 테스트

- [실험 1-1]에서 구축한 통합개발환경(IDE)가 정상적으로 동작하는지 예제를 사용하여 테스트

1) 예제 선택하기

- [그림 1.18]과 같이 IDE의 메뉴에서 파일/예제/01.Basics/Blink를 선택

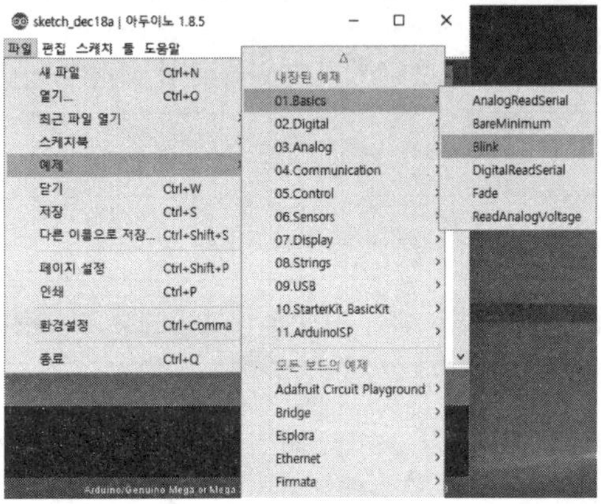

그림 1.18

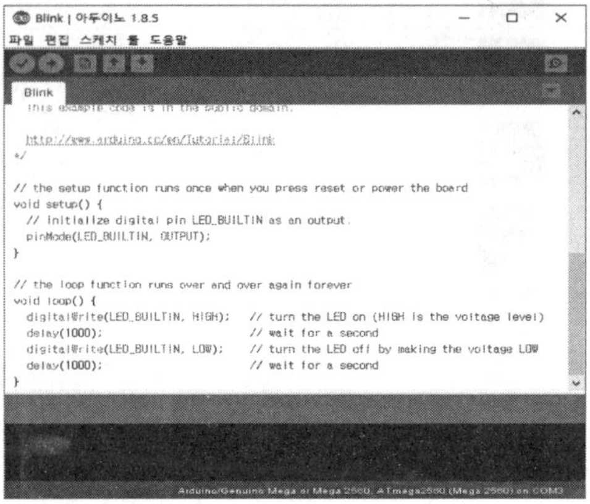

그림 1.19

2) 예제 스케치 프로그램

- Blink를 선택하면 [그림 1.19]와 같은 스케치 프로그램이 나타남
- 여기서는 프로그램 동작에 대해서는 설명하지 않고 통합개발환경(IDE)가 정상적으로 동작하는지 이 스케치 프로그램을 가지고 확인

3) 예제 스케치 프로그램 컴파일 및 업로드

- 컴파일 및 업로드를 위해서는 [그림 1.20]과 같이  모양의 아이콘을 클릭하면 보드에 업로딩이 시작되는 진행 bar가 나타나고 진행 bar가 끝까지 가게 되면 업로딩이 완료
- 컴파일 및 업로드 전에 [그림 1.14], [그림 1.15]와 같이 보드 및 포트 설정이 정상적으로 되어 있는지 확인 필요

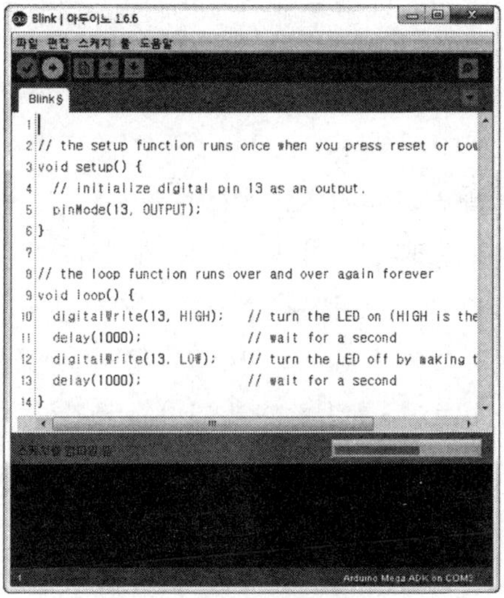

그림 1.20

4) **결과 확인**

- [표 1.2]를 보면 보드 13번에 LED가 연결되어 있음
- 업로딩이 완료되면 보드의 13번 핀에 연결된 LED가 1초 간격으로 ON, OFF 반복함을 확인할 수 있음
- 이를 확인하였다면 아두이노 개발통합환경(IDE) 구축이 정상적으로 완료 된 것 임.

1.5 스케치 프로그램의 기본 구조

아두이노 스케치 프로그램은 일반적인 C, C++ 프로그램과 다르게 main() 함수가 없으며 setup()과 loop() 함수로 구성되어있다.

■ setup()

- setup() 함수는 스케치가 시작되면 호출되고 아두이노 보드의 파워 업 또는 리셋 후 한번 만 실행

- 프로그램에 필요한 변수나 핀 모드의 초기화 라이브러리를 사용하여 핀을 초기화하는데 사용

■ loop()

- loop() 함수는 그 이름이 의미하는 것과 같이 연속적이고 반복적으로 실행되면서 프로그램 변경 및 응답을 통해 아두이노 보드를 제어하는데 사용
- 결국, [그림 1.21]과 같이 아두이노에 전원을 인가하면 setup() 함수를 한번 실행하고 그 이후 전원이 꺼질 때까지 loop() 함수를 무한히 반복하는 구조
- C 프로그램 관점에서 보면 [그림 1.22]와 같다고 생각할 수 있고 main() 함수 부분이 제외된 것으로 생각하면 됨

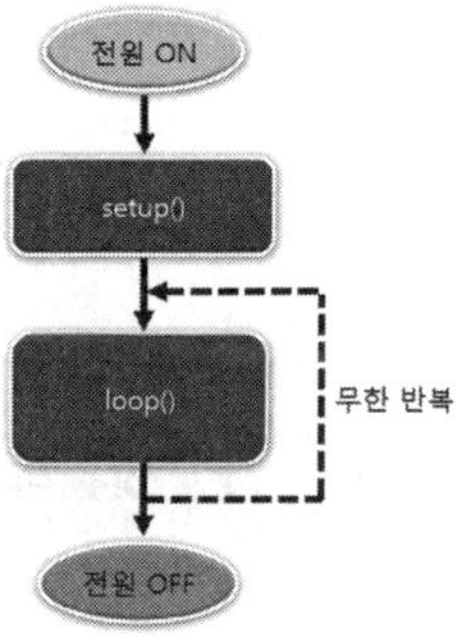

그림 1.21 아두이노 프로그램 구조

<table>
<tr><th>아두이노</th><th>C-언어</th></tr>
<tr><td><pre>void setup() {
}
void loop() {
}</pre></td><td><pre>void main() {
   setup();

   while(1) {
      loop();
   }
}</pre></td></tr>
</table>

그림 1.22 C-언어 관점에서 아두이노 프로그램 구조

1.6 아두이노에서 사용하는 상수와 변수

(1) 상수

- 프로그램에서 어떠한 숫자 값을 이해하기 쉬운 단어로 선언해 둔 것을 상수라 하며 상수는 프로그램 실행이 종료될 때까지 선언된 값을 변경할 수 없음
- 상수는 프로그램 개발 시 사용자가 정의하여 사용할 수도 있으며 아두이노 스케치 프로그램 시에 미리 선언된 상수를 사용할 수도 있는데 "Program Files/Arduino/hardware/arduino/avr/cores/arduino/ Arduino.h" 파일 안에 선언되어 있음

HIGH/LOW

• 디지털 핀을 읽거나 쓸 때 핀이 취할 수 있는 두 개의 가능한 값

■ HIGH

HIGH의 의미는 핀이 입력 또는 출력으로 설정되어 있는지 여부에 따라 차이가 있다. 핀 설정이 입력으로 설정되고 그 핀을 읽었을 때 3V 이상의 전압이 존재하는 경우 HIGH로 인식한다. 만약 출력으로 설정하고 그 핀에 HIGH를 인가하였을 때 그 핀의 전압은 5V가 된다.

■ LOW

LOW의 의미는 핀이 입력 또는 출력으로 설정되어 있는지 여부에 따라 차이가 있다. 핀 설정이 입력으로 설정되어 있는 경우에 그 핀을 읽었을 때 2V 이하의 전압이 존재하는 경우 LOW로 인식한다. 만약 출력으로 설정하고 그 핀에 LOW를 인가하였을 경우 그 핀은 0V 이다.

INPUT/OUTPUT/INPUT_PULLUP

• 디지털 핀을 pinMode() 함수를 이용하여 INPUT, OUTPUT, INPUT_PULLUP으로 설정하면 전기적 동작을 변경할 수 있음

■ INPUT

아두이노의 핀을 pinMode() 함수로 INPUT으로 설정하면 그 핀을 신호를 받아들이는 입력용으로 사용할 것을 의미하며 하이 임피던스 상태에 있게 된다.

■ INPUT_PULLUP

아두이노의 ATmega칩은 내부 풀업 저항을 내장하고 있다. 외부 풀업 저항을 사용하는 대신에 내부 풀업저항을 사용하고자 하는 경우에 pinMode() 함수 인자로 사용할 수 있다.

■ OUTPUT

아두이노 핀을 pinMode() 함수로 OUTPUT으로 설정하면 그 핀은 신호를 내보내는 출력용으로 사용할 것을 의미하며 로우 임피던스 상태에 있다. 이것은 다른 회로에 상당량의 전류를 제공할 수 있다는 것을 의미하는데 ATMEGA 핀은 다른 장치 및 회로에 40mA까지의 전류를 공급 또는 전류를 받아들일 수 있다.

true/false

true/false는 아두이노 언어의 참과 거짓을 표현하는데 사용되는 두 가지 상수

■ false

거짓은 0으로 정의 된다.

■ true

참은 거의 1로 정의 하지만 사실은 더 넓은 의미의 정의를 가지고 있다. 0이 아닌 어떤 정수든 boolean의 의미에서는 참이 된다. 즉 -1, 2, -200 등 도 참이 될 수 있다.

(2) 변수

- 상수와 반대로 언제든지 값을 변경할 수 있는 것을 변수라 하며 변수는 프로그램 중에 사용되는 데이터를 저장하는 공간
- 변수란 프로그램 실행 도중에 사용될 값들을 임시로 저장할 기억장소에 붙여진 이름
- 데이터는 메모리라는 기억장소에 기억되는데 저장될 기억장소의 크기와 저장형태에 따라 여러 가지 자료 형들이 존재
- 사용할 메모리 공간의 크기를 정하고 그 공간에 데이터를 저장하거나 꺼내 오기 위해서 이름을 붙여주어야 하는데 이것을 변수선언이라 함

(3) 데이터 형(type)

기본 자료 형

데이터 형		특징	예
논리형	boolean	- 크 기 : 1바이트 - 데이터 : true, false - 범 위 : 0, 1	`boolean flag=true;`
문자형	char	- 크 기 : 1바이트 - 데이터 : 한 개 문자 - 범 위 : -128~127	`char c='r';`
	unsigned char	- 크 기 : 1바이트 - 데이터 : 한 개 문자 - 범 위 : 0~255	`unsigned char c=100;`

데이터 형		특징	예
정수형	byte	- 크 기 : 1바이트 - 데이터 : 정수 - 범 위 : 0~255	`byte c=200;`
	int 또는 short	- 크 기 : 2바이트 - 데이터 : 정수 - 범 위 : -32,768~32,767	`int ledPin=13;`
	unsigned int 또는 word	- 크 기 : 2바이트 - 데이터 : 정수 - 범 위 : $0 \sim 2^{16}-1$	`unsigned int a=2000;`
	long	- 크 기 : 4바이트 - 데이터 : 정수 - 범 위 : $-2^{31} \sim 2^{31}-1$	`long = 200000;`
	unsigned long	- 크 기 : 4바이트 - 데이터 : 정수 - 범 위 : $0 \sim 2^{32}-1$	`unsigned long time;`
실수형	float	- 크 기 : 4바이트 - 데이터 : 실수 - 범 위 : $-2^{31} \sim 2^{31}-1$ (소수점이하 7)	`float temp=0.145;`
	double	- 크 기 : 4바이트 - 데이터 : 실수 - 범 위 : $-2^{31} \sim 2^{31}-1$ (소수점이하 14)	`double temp= 0.1455387;`

1.7 아두이노에서 사용하는 다양한 함수들

(1) 디지털 I/O 함수

void pinMode(pinNum, mode)		
기능	해당 핀을 입력으로 사용할지 출력으로 사용할지 설정	
매개변수	pinNum	설정하고 싶은 핀 번호
	mode	입력(INPUT), 출력(OUTPUT) 또는 내부 풀업저항을 사용하여 입력 시 내부 풀업(INPUT_PULLUP) 설정
리턴 값	void	없음

void digitalWrite(pinNum, value)		
기능	지정된 핀에 디지털 값 출력	
매개변수	pinNum	출력할 핀 번호
	value	디지털 값 0(LOW) 또는 5V(HIGH)
리턴 값	void	없음

int digitalRead(pinNum)		
기능	지정된 핀으로 입력된 디지털 값 읽어오기	
매개변수	pinNum	값을 읽어올 핀 번호
리턴 값	value	디지털 값 0(LOW) 또는 5V(HIGH)

(2) 아날로그 I/O 함수

void analogReference(type)			
기능	아날로그 핀에 입력되는 기준 전압 설정(즉, 입력 받을 수 있는 최대 접압을 설정)		
매개변수	type	DEFAULT	디폴트 기준 전압(5V 아두이노 보드의 경우 5V, 3.3V 아두이노 보드의 경우 3.3)
		INTERNAL	내장 기준 접압(아두이노 메가보드에서는 사용 불가)
		INTERVAL1V1	내장 1.1V 기준 전압(메가 전용)
		INTERNAL2V56	내장 2.56V 기준 전압(메가 전용)
		EXTERNAL	AREF 핀 인가 전압(0~5V)
리턴 값	void	없음	

void analogWrite(pinNum, value)		
기능	지정된 핀에 아날로그 값 출력	
매개변수	pinNum	출력할 핀 번호
	value	0~255 값 : PWM으로 생성할 수 있는 파형 듀티비
리턴 값	void	없음

int analogRead(pinNum)		
기능	지정된 핀으로 입력된 아날로그 값 읽어오기	
매개변수	pinNum	값을 읽어올 핀 번호
리턴 값	value	0~1023 범위 값 : 10비트 ADC 범위

(3) 고급 I/O 함수

void tone(pinNum, frequency) void tone(pinNum, frequency, duration)		
기능	지정된 핀에 지정된 주파수의 구형파(50% 듀티비)를 발생	
매개변수	pinNum	톤(구형파)이 출력되는 핀 번호
	frequency	Hz 단위의 톤 주파수 - unsigned int
	duration	millisecond 단위의 톤의 지속시간-unsigned long
리턴 값	void	없음

void noTone(pinNum)		
기능	tone()에 의해 발생된 구형파 발생을 정지	
매개변수	pinNum	톤 발생을 정지시키는 핀 번호
리턴 값	void	없음

unsigned long pulseIn(pinNum, value) unsigned long pulseIn(pinNum, value, timeout)		
기능	지정된 핀으로 입력된 HIGH 또는 LOW 펄스의 길이를 측정 예: HIGH 펄스인 경우, 핀이 HIGH가 되면 시간 측정이 시작되며 LOW로 되면 시간 측정이 종료됨	
매개변수	pinNum	펄스 길이를 읽고자 하는 핀 번호 - int
	value	펄스의 형태 : HIGH 또는 LOW - int
	timeout	millisecond 단위의 타임아웃
리턴 값	unsigned long	microsecond 단위의 펄스 길이 또는 0(타임아웃 전에 펄스가 완료되지 않은 경우)

(4) 시간 함수

unsigned long millis(void)		
기능	프로그램 동작 후 millisecond 단위의 시간 반환 약 50일 후 오버플로우 발생	
매개변수	void	없음
리턴 값	unsigned long	millisecond 단위 시간

unsigned long micros(void)		
기능	프로그램 동작 후 microsecond 단위의 시간 반환 약 70분 후 오버플로우 발생	
매개변수	void	없음
리턴 값	unsigned long	millisecond 단위 시간

void delay(ms)		
기능	millisecond 단위의 시간동안 프로그램 멈춤	
매개변수	ms	millisecond 단위 시간 - unsigned long
리턴 값	void	없음

void delayMicroseconds(us)		
기능	microsecond 단위의 시간동안 프로그램 멈춤	
매개변수	us	microsecond 단위 시간 - unsigned int
리턴 값	void	없음

(5) 수학 함수

모든 데이터 형 constrain(x,a,b)		
기능	수를 범위내로 제한	
매개변수	x	제한할 수, 모든 데이터 형
	a	제한할 범위의 최소 값, 모든 데이터 형
	b	제한할 범위의 최대 값, 모든 데이터 형
리턴 값	x a b	x가 a, b내에 있는 경우 x가 a보다 작은 경우 x가 b보다 큰 경우

long map(value, fromLow, fromHigh, toLow, toHigh)		
기능	어느 범위의 숫자를 다른 범위의 숫자로 매핑. fromLow 값이 toLow 값으로 fromHigh 값이 toHigh 값으로 매핑되며 fromLow와 fromHigh 사이 값이 toLow와 toHigh 사이 값으로 매핑	
매개변수	value	매핑할 값
	fromLow	매핑할 범위의 최소 숫자
	fromHigh	매핑할 범위의 최대 숫자
	toLow	매핑될 범위의 최소 숫자
	toHigh	매핑될 범위의 최대 숫자
리턴 값	long	매핑된 값

(6) 비트와 바이트 함수

byte lowByte(x)		
기능	변수의 최하위(가장 오른쪽) 바이트를 추출	
매개변수	x	값
리턴 값	byte	없음

byte highByte(x)		
기능	변수의 최상위 (가장 왼쪽) 바이트를 추출	
매개변수	x	값
리턴 값	byte	없음

boolean bitRead(x, n)		
기능	변수의 해당 위치에 있는 비트 값을 읽음	
매개변수	x	값
	n	읽을 비트는 위치 (LSB가 0임)
리턴 값	byte	0 또는 1

void bitWrite(x, n, b)		
기능	변수의 해당 위치에 비트 값을 씀	
매개변수	x	변수
	n	쓸 비트 위치 (LSB가 0임)
	b	비트 값(0 또는 1)
리턴 값	void	없음

void bitSet(x, n)		
기능	변수의 한 비트를 1로 만듬	
매개변수	x	변수
	n	비트 위치(LSB가 0임)
리턴 값	void	없음

boolean bitClear(x, n)		
기능	변수의 한 비트를 0으로 만듬	
매개변수	x	변수
	n	비트 위치(LSB가 0임)
리턴 값	void	없음

byte bit(x)		
기능	지정된 비트 값을 계산 (비트 0는 1, 비트 1은 2, 비트 2는 3..)	
매개변수	x	비트 위치
리턴 값	boolean	비트 값

(7) 통신 함수

시리얼(Serial)

- 시리얼은 아두이노 보드와 컴퓨터 또는 아두이노 보드와 다른 장치 사이의 통신을 위해 사용
- 모든 아두이노 보드는 적어도 하나 이상의 시리얼(직렬) 포트(UART or USART)를 가지고 있는데 시리얼(Serial)은 [그림 1.23]과 같이 USB를 통해 디지털 핀 0(Rx)와 1(Tx)을 통해 컴퓨터와 통신
- 사용자는 이러한 시리얼을 두 가지 용도로 사용하는데 한 가지 용도는 스케치 프로그램을 아두이노에 업로드하는 용도이며 다른 한 가지는 이러한 시리얼을 통하여 PC 아두이노 IDE에 내장된 시리얼 모니터(Serial Monitor)를 통해 원하는 데이터를 시리얼 모니터 창에 출력하여 확인하는 용도
- 본 장에서는 후자와 관련하여 실험을 수행

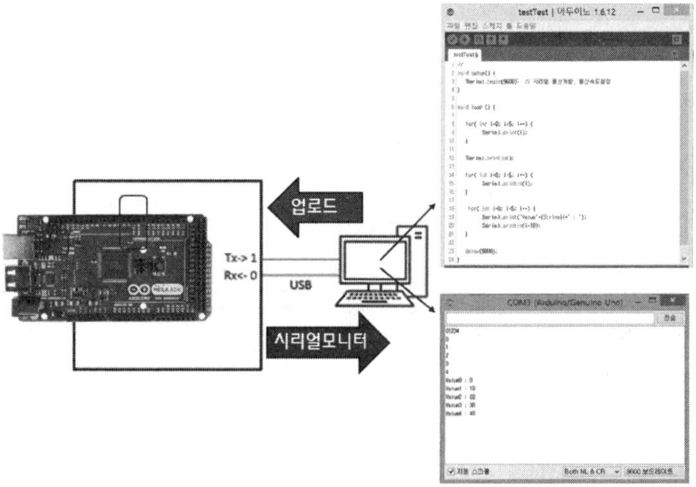

그림 1.23

- 아두이노 메가보드에는 총 4개의 시리얼 포트가 있으며 송신(Tx)와 수신(Rx) 핀 번호는 다음과 같음

시리얼변수명	포트번호	Tx 핀	Rx 핀	비고
Serial	0	1	0	Serial0가 아님
Serial1	1	18	19	
Serial2	2	16	17	
Serial3	3	14	15	

- 시리얼 객체에서 사용되는 여러 가지 메소드(함수)들에 대해서는 추후에(10장에서) 자세하게 다룰 예정이며 여기에서는 시리얼 모니터에 데이터를 출력하기 위하여 필요한 함수들에 대해서만 알아보자.

void Serial.begin(speed) void Serial.begin(speed, config)		
기능	시리얼 통신의 데이터 전송 속도 설정, 시리얼 포트 개방, 통신 시작	
매개변수	speed	bits/sec(bps) 단위 전송 속도 설정- long (가능한 속도 : 300, 600, 1200, 2400, 4800, 9600, 14400, 19200, 28800, 38200, 57600, 115200)
	config	데이터비트, 패리티, 정지비트 설정 **8 데이터비트, 패리티없음, 1 정지비트 (SERIAL_8N1)이 default 값** (가능한 값 : SERIAL_5N1, SERIAL_6N1, SERIAL_7N1, SERIAL_8N1, SERIAL_5N2, SERIAL_6N2, SERIAL_7N2, SERIAL_8N2, SERIAL_5E1, SERIAL_6E1, SERIAL_7E1, SERIAL_8E1, SERIAL_5E2, SERIAL_6E2, SERIAL_7E2, SERIAL_8E2, SERIAL_5O1, SERIAL_6O1, SERIAL_7O1, SERIAL_8O1, SERIAL_5O2, SERIAL_6O2, SERIAL_7O2, SERIAL_8OE2,
리턴 값	void	없음

long Serial.print(val) long Serial.print(val, format)		
기능	데이터 또는 문자열을 ASCII 형태로 시리얼 포트로 전송	
매개변수	val	전송 할 데이터 값, 문자 또는 문자열을 문자열로 취급 - Serial.print(78) gives "78" - Serial.print(1.23456) gives "1.23"

		- Serial.print('N') gives "N" - Serial.print("Hello world.") gives "Hello world."
	format	전송할 값이 문자열이 아닌 경우 출력 형식 지정 2진수 형태(BIN), 8진수형태(OCT), 10wlstn 형태(DEC), 16진수 형태(HEX) - Serial.print(78, BIN) gives "1001110" - Serial.print(78, OCT) gives "116" - Serial.print(78, DEC) gives "78" - Serial.print(78, HEX) gives "4E" - Serial.println(1.23456, 0) gives "1" - Serial.println(1.23456, 2) gives "1.23" - Serial.println(1.23456, 4) gives "1.2346" 플래쉬 메모리를 사용하기 위해서는 F()을 사용가능 (-Serial.print(F("Hello World"))
리턴 값	long	전송한 바이트 수

long Serial.println(val) long Serial.println(val, format)		
기능	데이터 또는 문자열을 ASCII 형태로 시리얼 포트로 전송 데이터의 마지막에 carriage return을 의미하는 '\r'과 new line을 의미하는 '\n'이 붙어서 출력 출력 후 자동으로 다음 줄 맨 앞으로 이동	
매개변수	val	Serial.print() 함수와 동일
	format	Serial.print() 함수와 동일
리턴 값	long	Serial.print() 함수와 동일

int Serial.write(val) int Serial.write(str) int Serial.write(buf, len)		
기능	문자 데이터를 시리얼 포트로 전송	
매개변수	val	단일 바이트로 전송하는 값
	str	스트링
	buf	배열
	len	버퍼 길이
리턴 값	int	전송한 바이트 수

아두이노 IDE 시리얼 모니터

- 시리얼의 두 가지 용도 중에서 PC 아두이노 IDE에 내장된 시리얼 모니터(Serial Monitor)를 통해 원하는 데이터를 시리얼 모니터 창에 출력하는 것에 대하여 자세히 살펴보자
- 아누이도 IDE 창에서 우측 상단에 있는 시리얼모니터 아이콘 을 클릭하면 [그림 1.24]와 같은 시리얼 모니터가 나타남
- 아두이노 IDE의 시리얼 모니터 용도는 아두이도 보드로부터 값을 받아 시리얼 모니터에 값 출력하는 것임

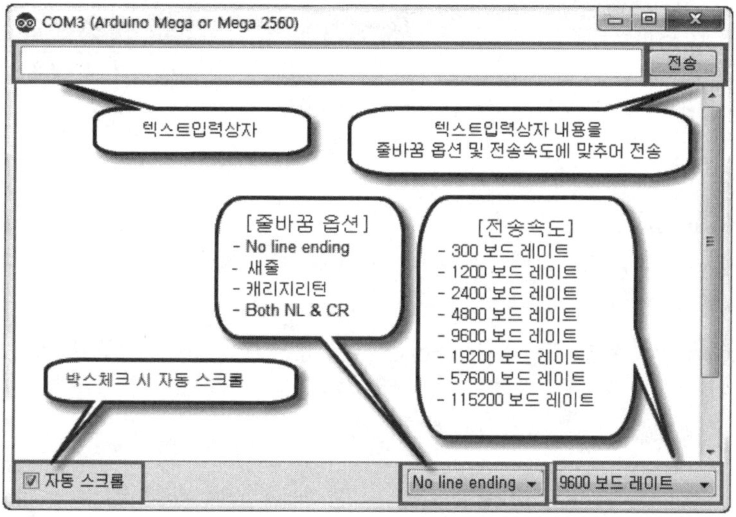

그림 1.24 IDE의 시리얼 모니터

아두이노 IDE의 시리얼 모니터 사용방법

1) 통신속도 설정

- [그림 1.24]의 전송속도는 아두이노와 통신하는 속도로 아두이노 스케치 프로그램에서 Serial.begin() 함수에서 설정한 통신속도와 일치시켜야 함 ([그림 1.25] 예 참조)

그림 1.25

2) **모니터에 값 출력** :

- 아두이노 스케치 프로그램에서 Serial.print(문자열) 함수를 이용하여 문자열을 시리얼 모니터에 출력
- Serial.println(문자열) 함수를 이용하는 경우 문자열을 시리얼 모니터에 출력하고 다음 줄로 이동
- [그림 1.25] 예 참조

실험 1-3

스케치 프로그램의 기본 구조 (1)

- 아두이노 입장에서 시리얼 모니터는 단순하게 정보를 표시하는 모니터라고 생각하면 됨.
- 아래의 스케치 프로그램을 업로드

```
void setup() {
      Serial.begin(9600); //시리얼 통신개방, 통신속도설정
      Serial.println("KOREATECH"); // 문자열 출력
}

void loop() {
}
```

[결과]

- 아두이노와 PC 시리얼모니터는 서로 9600bps 속도로 통신
- seup() 함수는 단지 한번 실행되므로 문자열이 한번만 출력

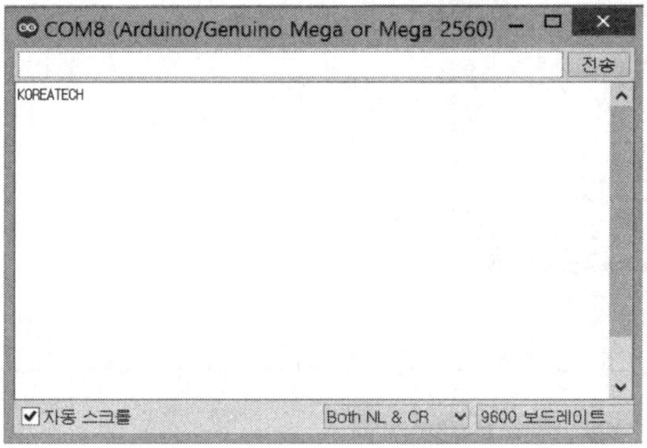

실험 1-4

스케치 프로그램의 기본 구조 (2)

- 아래의 스케치 프로그램을 업로드

```
void setup() {
       Serial.begin(9600); //시리얼 통신개방, 통신속도설정
}

void loop() {
       Serial.println("KOREATECH"); // 문자열 출력
       delay(1000); //1초 지연
}
```

[결과]

- 아두이노와 PC 시리얼모니터는 서로 9600bps 속도로 통신
- loop() 함수는 무한 반복되므로 1초마다 문자열이 출력
- delay() 함수는 지정된 밀리초(millisecond) 동안 프로그램이 멈춰 서는 시간 함수임

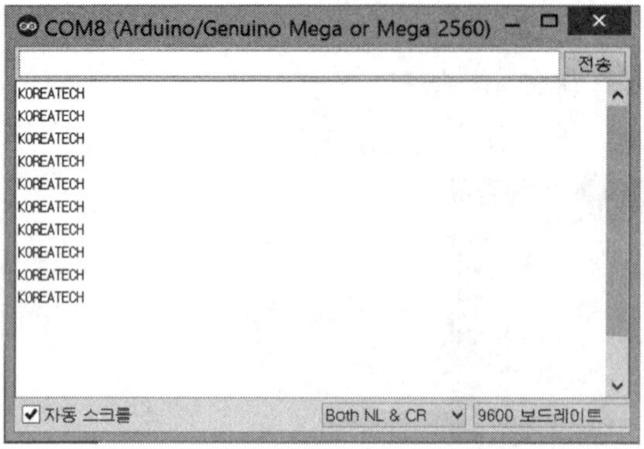

실험 1-5

if 제어문과 for 반복문 사용

- 아래의 스케치 프로그램을 업로드

```
boolean doorStatus=true; // 전역변수

void setup() {
	Serial.begin(9600); //시리얼 통신개방, 통신속도설정
}

void loop() {
	if (doorStatus) {
		for(int i=0; i<3; i++) {
			Serial.println(“KOREATECH”); // 문자열 출력
		}
		doorStatus=false;
	}
}
```

[결과]

- 아두이노와 PC 시리얼모니터는 서로 9600bps 속도로 통신
- loop() 함수는 무한 반복되나 doorStatus가 참인 동안 문자열을 3번 출력

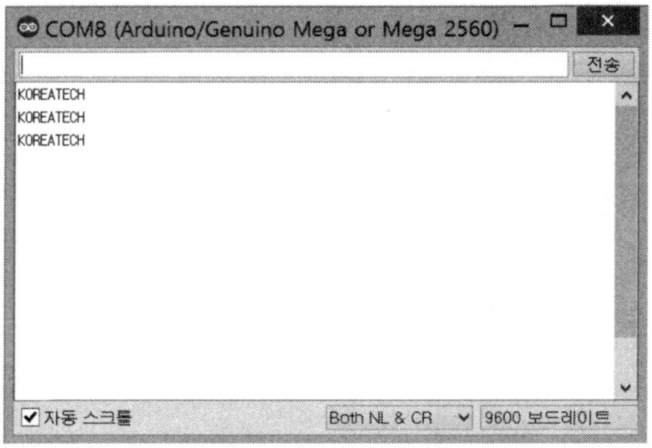

실험 1-6

while 반복문 사용

- 아래의 스케치 프로그램을 업로드

```
int numMax=3; // 전역변수

void setup() {
	Serial.begin(9600); //시리얼 통신개방, 통신속도설정
}

void loop() {
	while(numMax) {
		Serial.println("KOREATECH"); // 문자열 출력
		numMax--;
	}
}
```

[결과]

- 아두이노와 PC 시리얼모니터는 서로 9600bps 속도로 통신
- loop() 함수는 무한 반복되나 numMax가 참인 동안 문자열을 3번 출력

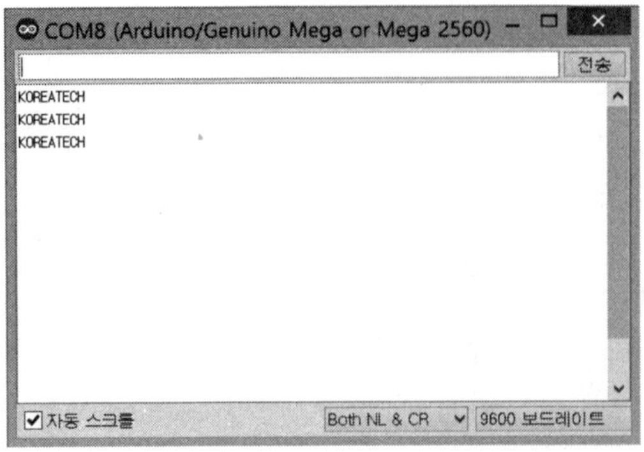

실험 1-7

switch~case 제어문 사용

- 아래의 스케치 프로그램을 업로드

```
int num=0; // 전역변수

void setup() {
       Serial.begin(9600); //시리얼 통신개방, 통신속도설정
}

void loop() {
   switch (num) {
       case 0 :
              Serial.println("KOREATECH"); // 문자열 출력
              num++;
              break;
       case 1 :
              Serial.print("Department of "); // 문자열 출력
              num++;
              break;
       case 2 :
              Serial.println("Information and Communication Eng."); // 문자열 출력
              num++;
              break;
       case 3 :
              Serial.println("Fighting !!!!!"); // 문자열 출력
              num++;
              break;
   }
}
```

[결과]

- 아두이노와 PC 시리얼모니터는 서로 9600bps 속도로 통신
- loop() 함수는 무한 반복되어 num이 1씩 증가되고 num이 4가 되면 출력 문자열이 없음

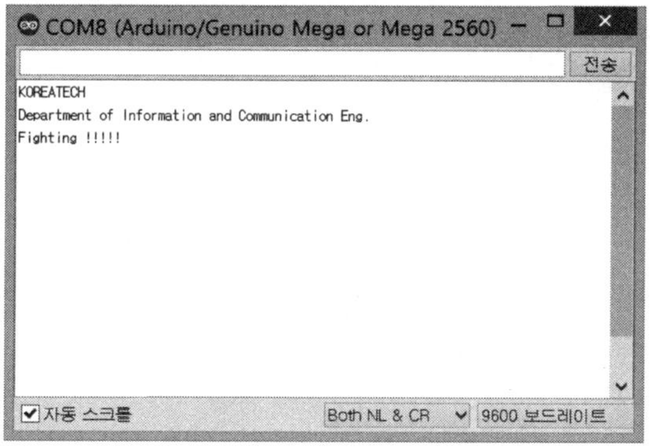

실험 1-8

1바이트 값을 8비트로 표현

- 아래의 스케치 프로그램을 업로드

```
unsigned char num=158; // 전역변수
boolean doorStatus=true; // 전역변수

void setup() {
       Serial.begin(9600); //시리얼 통신개방, 통신속도설정
}

void loop() {
       if (doorStatus) {
             Serial.print((String)num+“ ===> B”);
              for(int i=7; i>=0; i--) {
                        boolean Bit=bitRead(num,i);//해당위치 비트값을 읽음
                      if (Bit) Serial.print(“1”); //비트값이 1이면 1 출력
                      else Serial.print(“0”); //비트값이 0이면 0 출력
              }
             Serial.println(); //줄바꿈
              doorStatus=false;
       }
}
```

[결과]

- 아두이노와 PC 시리얼모니터는 서로 9600bps 속도로 통신
- loop() 함수는 무한 반복되나 doorStatus가 참인 동안 1바이트 값을 8비트로 출력

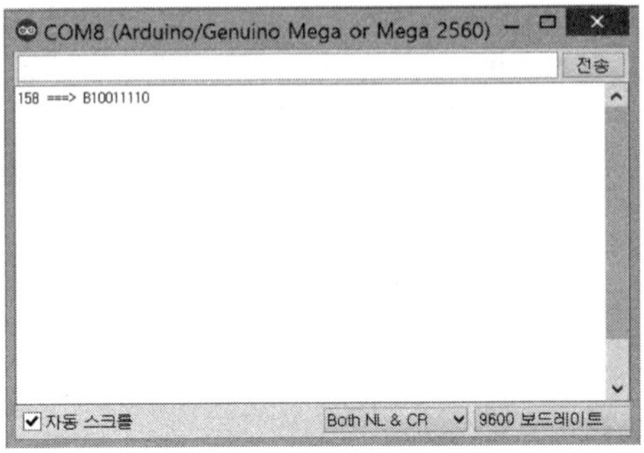

실험 1-9

문자배열 및 Sting 객체를 활용한 문자 출력

- 아래의 스케치 프로그램을 업로드

○ 문자배열 사용

```
char initMsg[]="KOREATECH"; // 전역변수
boolean doorStatus=true; // 전역변수

void setup() {
	Serial.begin(9600); //시리얼 통신개방, 통신속도설정
}

void loop() {
	if (doorStatus) {
		for(int i=0; i<3; i++) {
			Serial.println(initMsg); // 문자열 출력
		}
		doorStatus=false;
	}
}
```

○ String 객체 사용

```
String initMsg=“KOREATECH”; // 전역변수
boolean doorStatus=true; // 전역변수

void setup() {
        Serial.begin(9600); //시리얼 통신개방, 통신속도설정
}

void loop() {
        if (doorStatus) {
                for(int i=0; i<3; i++) {
                        Serial.println(initMsg); // 문자열 출력
                }
                doorStatus=false;
        }
}
```

[결과]

- 아두이노와 PC 시리얼모니터는 서로 9600bps 속도로 통신
- 문자배열을 사용한 경우나 String 객체를 사용한 경우나 동일한 결과

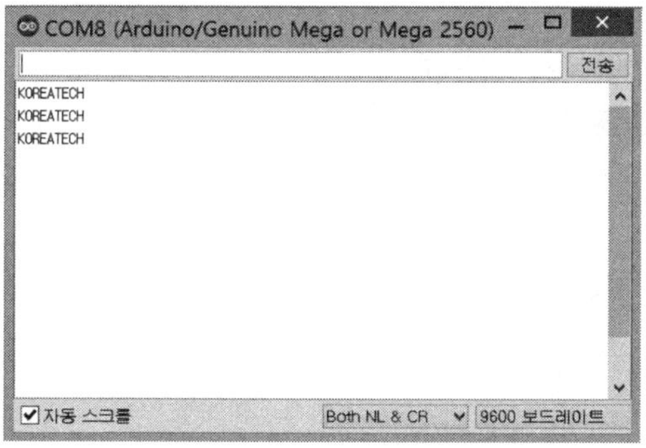

실험 1-10

Sting 객체를 활용한 문자 출력

- 아래의 스케치 프로그램을 업로드

```
String LedColor[]={"NO", "Red(R)", "Green(G)", "Blue(B)"}; // 전역변수
boolean doorStatus=true; // 전역변수

void setup() {
	Serial.begin(9600); //시리얼 통신개방, 통신속도설정
}

void loop() {
	if (doorStatus) {
		for(int i=0; i<4; i++) {
			Serial.println(LedColor[i]); // 문자열 출력
		}
		doorStatus=false;
	}
}
```

[결과]

- 아두이노와 PC 시리얼모니터는 서로 9600bps 속도로 통신

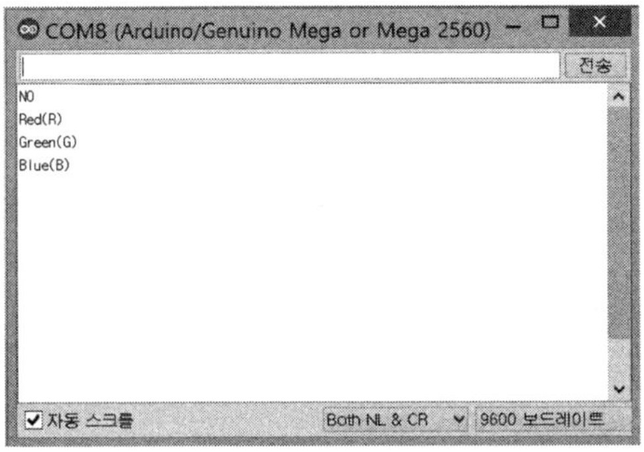

실험 1-11

delay() 시간 함수를 사용하여 5초마다 1~10까지 출력

- 아래의 스케치 프로그램을 업로드

```
unsigned char num=0; // 전역변수
boolean Status=true; // 전역변수

void setup() {
  Serial.begin(9600); //시리얼 통신개방, 통신속도설정
  Serial.println("Delay 함수 사용");
}

void loop() {
  if (Status) {
    if(++num == 10) {
      Status=false;
    }
    Serial.println(num);
  }
  delay(5000); //5초동안 프로그램 멈춤
}
```

[결과]

- 아두이노와 PC 시리얼모니터는 서로 9600bps 속도로 통신
- delay() 함수는 지정된 밀리초(millisecond) 동안 작업을 중단하고 프로그램이 멈춰 서는 시간 함수임. 즉, 프로세서가 계속 어떤 일을 수행하는 것이 아니라 프로세서가 멈추어있게 되고 시간이 경과된 후에 다른 작업을 수행할 수 있는 차단함수 임.
- 5초 간격으로 1부터 10까지 출력

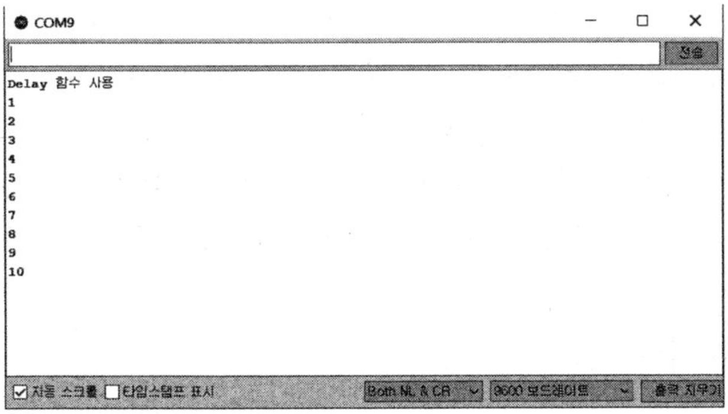

실험 1-12

millis() 타이머 시간 함수를 사용하여 5초마다 1~10까지 출력

- 아래의 스케치 프로그램을 업로드

```
unsigned char num=0; // 전역변수
boolean Status=true; // 전역변수
unsigned long lastTime = 0; // millis() 함수가 리턴한 이전 시간을 저장하는 변수(초기값 0)

void setup() {
  Serial.begin(9600); //시리얼 통신개방, 통신속도설정
  Serial.println("millis 함수 사용");
}

void loop() {
  if (Status) {
    if (millis() - lastTime > 5000) { // 시간 차를 이용하여 5초가 지났는지 확인
      lastTime = millis(); // 현재시간을 이전시간에 저장

      if(++num == 10) {
        Status=false;
      }
      Serial.println(num);
    }
  }
}
```

[결과]

- 아두이노와 PC 시리얼모니터는 서로 9600bps 속도로 통신
- millis() 함수는 호출될 때마다 프로그램이 시작한 이후 경과한 시간을 밀리초(millisecond) 단위로 시간을 알려주는 타이머 함수 임.
- millis() 함수가 반환한 현재시간과 저장된 이전시간과의 시간차를 이용하여 시간 경과를 측정할 수 있으며 이러한 방법을 사용하면 프로세서가 멈추어서는 일이 없이 계속적으로 어떤일을 수행할 수 있게 됨.
- 5초 간격으로 1부터 10까지 출력

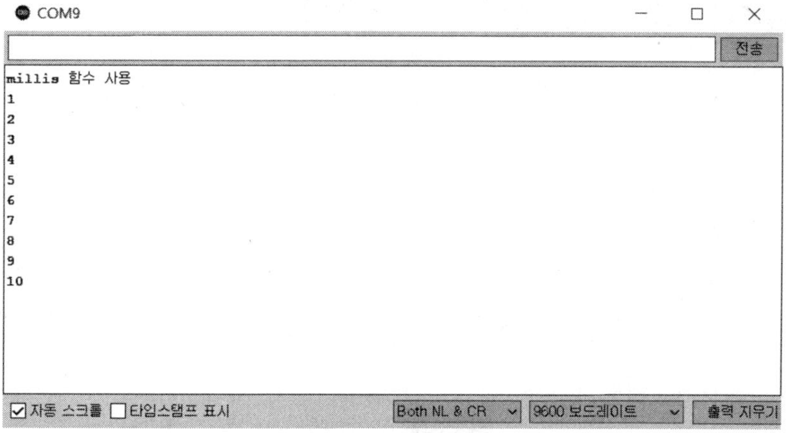
COM9
전송
millis 함수 사용
1
2
3
4
5
6
7
8
9
10
자동 스크롤
타임스탬프 표시
Both NL & CR
9600 보드레이트
출력 지우기

제2장 디지털 입출력 제어

실험에 필요한 부품

LED	캐소드 공통형 3색 RGB LED	부저 (SM-1212C)	1KΩ 저항	4.7KΩ 저항
4개	1개	1개	7개	1개

자석스위치	**터치스위치 (IM120710023)**	**디지털릴레이 모듈 (DFR0017)**	**DC 12V 팬 (DF0501512SEU2F)**	**키패드 (4행×4열)**
1개	1개	1개	1개	1개
				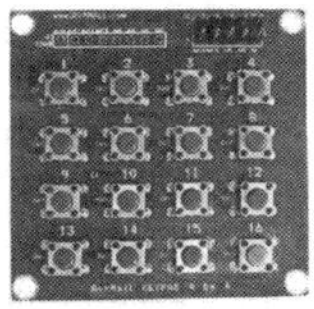
9V 전원	**9V 전원 커넥터**			
1개	1개			

아두이노와 같은 마이크로 콘트롤러는 많은 수의 핀으로 구성되어 있으며 각 핀은 개발자 의도에 따라 입력 또는 출력(Input/Output, I/O)으로 사용할 수 있으므로 GPIO(General Purpose Input Output: 범용 입출력) 핀이라 한다. 본 장에서는 GPIO 핀을 디지털 입력 및 출력으로 사용하는 방법에 대하여 학습한다.

2.1 디지털 I/O 함수

2.1.1 디지털 I/O 함수

GPIO 핀을 디지털 입출력(I/O)으로 사용하기 위해서는 [그림 2.1], [표 2.1]과 같이 pinMode() 함수를 통하여 핀의 용도를 설정하고 digitalRead() 함수와 digitalWrite() 함수를 사용하여 디지털 데이터를 입출력한다.

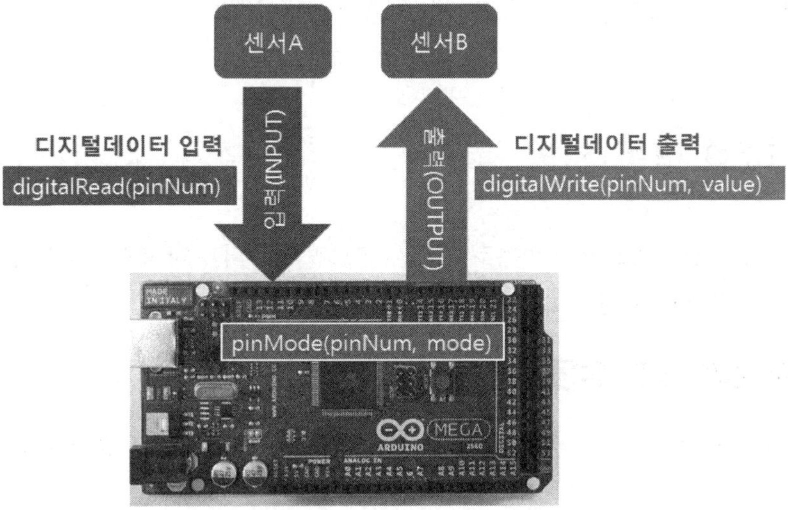

그림 2.1 디지털 I/O 함수

표 2.1 디지털 I/O 함수

void pinMode(pinNum, mode)		
기능	해당 핀을 입력으로 사용할지 출력으로 사용할지 설정	
매개변수	pinNum	설정하고 싶은 핀 번호
	mode	입력(INPUT), 출력(OUTPUT) 또는 내부 풀업저항을 사용하여 입력 시 내부 풀업(INPUT_PULLUP) 설정
리턴 값	void	없음

void digitalWrite(pinNum, value)		
기능	지정된 핀에 디지털 값 출력	
매개변수	pinNum	출력할 핀 번호
	value	디지털 값 0(LOW) 또는 5V(HIGH)
리턴 값	void	없음

int digitalRead(pinNum)		
기능	지정된 핀으로 입력된 디지털 값 읽어오기	
매개변수	pinNum	값을 읽어올 핀 번호
리턴 값	value	디지털 값 0(LOW) 또는 5V(HIGH)

2.2 LED 점등 회로

LED는 Light Emitted Diode의 약자로 전류가 흐르면 점등되는 다이오드이다. 입출력 장치로 LED를 구동할 때 두 가지 LED 점등 회로로 구성할 수 있다.

2.2.1 부논리 LED 점등회로

첫 번째는 출력 장치(GPIO 핀)을 [그림 2.2]와 같이 전류의 싱크(Sink)로 사용하는 것이다.

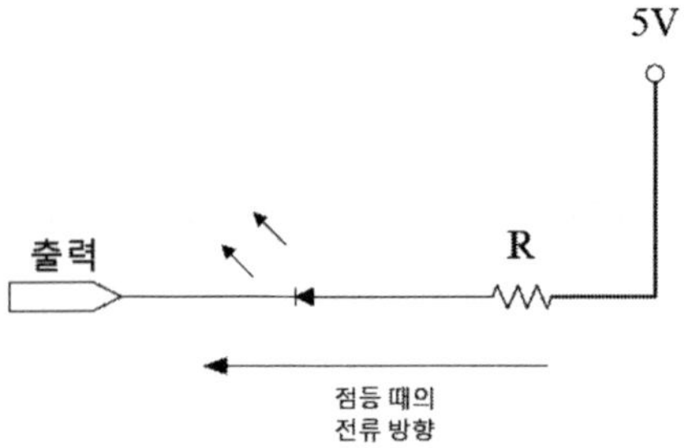

출력	LED
0(0V)	켜짐
1(5V)	꺼짐

그림 2.2 부논리 LED 점등

- 마이크로컨트롤러에서 GPIO 핀에 LOW(논리 0)을 출력하면 출력 단의 전압은 0V이고 따라서 다이오드에 순방향 바이어스가 걸리고 전류가 흘러 LED가 켜진다.

- HIGH(논리 1)을 출력하면 출력 단의 전압은 5V가 되어 전류가 흐르지 않아 LED가 꺼진다.
- 이와 같은 논리를 부논리로 동작한다고 한다.

2.2.2 정논리 LED 점등회로

두 번째 방법은 [그림 2.3]과 같이 출력 장치(GPIO 핀)을 전류의 소스(Source)로 사용하는 것이다.

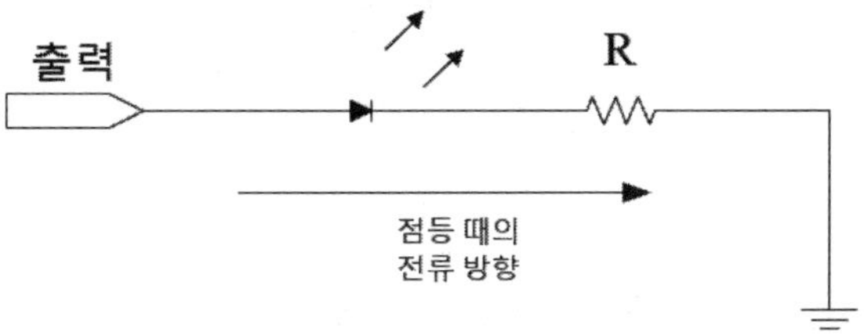

출력	LED
0(0V)	꺼짐
1(5V)	켜짐

그림 2.3 정논리 LED 점등

- 마이크로컨트롤러에서 GPIO 핀에 LOW(논리 0)을 출력하면 출력 단의 전압은 0V이어서 전류가 흐르지 않고 LED가 꺼진다.
- HIGH(논리 1)을 출력하면 출력 단의 전압은 5V가 되어 다이오드에 순방향 바이어스가 걸려 LED가 켜진다.
- 이와 같은 논리를 정논리로 동작한다고 한다.

2.2.3 LED 밝기

- LED의 밝기는 전류에 비례하는데 LED의 전압 강하(약 1.5V)를 고려하면

$$i = \frac{5-1.5}{R}$$

이므로 저항이 작을수록 밝아진다. R=1KΩ을 사용하면 흐르는 전류는 약 3.5mA이다.

2.3 3색 RGB LED

- RGB LED는 다양한 색의 빛을 한 개의 LED로 표현할 수 있으며 빨간색(Red), 초록색(Green), 파란색(Blue)의 밝기를 변경하여 색을 조합
- RGB LED는 4개의 단자를 가지며 3개의 단자는 RGB 색상에 연결되며 나머지 하나는 공통단자
- [그림 2.4]와 같이 공통단자를 GND에 연결하는 것이 캐소드 공통형(Common Cathode)이며 정논리로 동작하며 공통단자를 Vcc에 연결하는 것이 애노드 공통형(Common Anode)이며 부논리로 동작

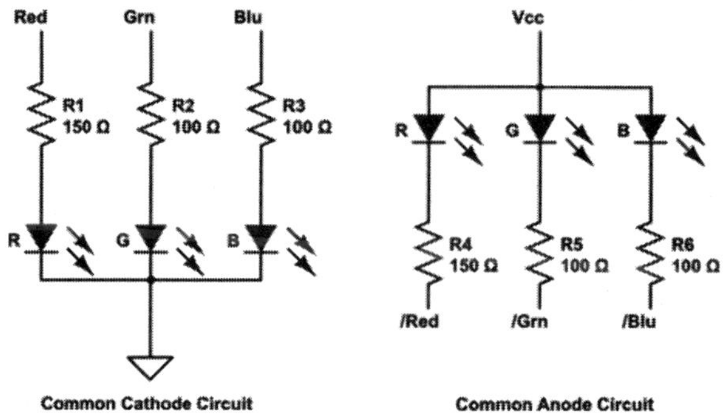

그림 2.4 캐소드 공통형과 애노드 공통형

- 본 실험에서는 [그림 2.5]와 같은 핀 구성을 갖는 캐소드 공통형을 사용

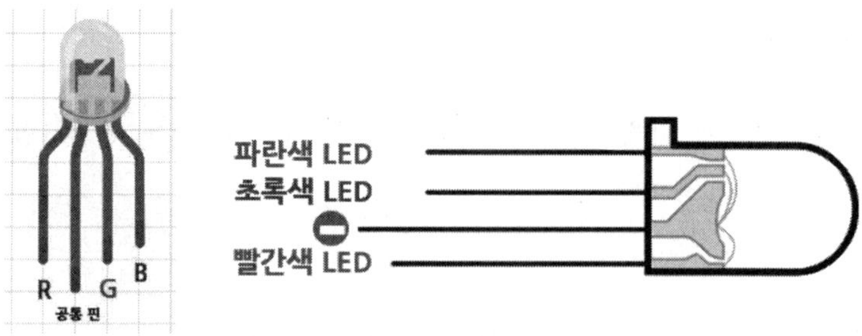

그림 2.5 캐소드 공통형 3색 RGB LED의 핀 구성

2.4 피에조 부저(Piezo Buzzer)

- 피에조(Piezo)란 외부의 압력 변화에 전압이 발생하고, 반대로 전압이 걸리면 물리변형이 발생하는 것을 말한다. 전자를 압전 효과, 후자를 역압전 효과라고 하며, 이런 성질을 활용하여 피에조 부저(Buzzer)는 전기신호를 받아 음파(진동)을 발생시켜 소리를 내도록 하는 장치로 사용
- 이 부저는 얼마만큼의 주파수를 전달해 주는가에 따라 출력되는 소리가 달라짐
- 실험에서 사용하는 피에조 부저는 [표 2.2]의 계이름에 따른 주파수를 활용

표 2.2 계이름에 따른 주파수

계이름	주파수(Hz)	계이름	주파수(Hz)	계이름	주파수(Hz)
도	262	도	523	도	1047
도#	277	도#	554	도#	1109
레	294	레	587	레	1175
레#	311	레#	622	레#	1245
미	330	미	659	미	1319
파	349	파	698	파	1397
파#	370	파#	740	파#	1480
솔	392	솔	784	솔	1568
솔#	415	솔#	831	솔#	1661
라	440	라	880	라	1760
라#	466	라#	932	라#	1864
시	494	시	988	시	1975
				도	2093

- 아두이노 보드의 디지털 입출력 핀을 사용하여 주파수 신호를 만들어 내려면, 주파수와 주기 간의 개념을 이해하고 신호를 발생시켜야 하며 주파수와 주기 간의 관계는 다음과 같음

$$T = 1/f$$

- 위 식에서 T는 주기(시간)이며 f는 주파수. 예를 들어 위의 표에서 4옥타브 솔 음은 392Hz 이다. 이 주파수는

$$T=1/392Hz=2551.02[\mu sec]$$

2551.02 ㎲의 주기를 가지며 이 주기 마다 파형을 한 번씩 출력하여야만 4옥타브 솔 음을 피에조 부저를 통해 낼 수 있다.

2.4.1 부저제어용 함수

void tone(pinNum, frequency) void tone(pinNum, frequency, duration)		
기능	지정된 핀에 지정된 주파수의 구형파(50% 듀티비)를 발생	
매개변수	pinNum	톤(구형파)이 출력되는 핀 번호
	frequency	Hz 단위의 톤 주파수 - unsigned int
	duration	millisecond 단위의 톤의 지속시간-unsigned long
리턴 값	void	없음

void noTone(pinNum)		
기능	tone()에 의해 발생된 구형파 발생을 정지	
매개변수	pinNum	톤 발생을 정지시키는 핀 번호
리턴 값	void	없음

2.5 자석스위치

- [그림 2.6]과 같은 DC용 자석스위치는 주로 문이나 창문 등에 설치되어 개폐여부를 확인하는데 이용

붙으면 ON (두 개의 연결 단자가 연결)	떨어지면 OFF (두 개의 연결 단자가 분리)

그림 2.6 자석스위치

- 2가지 형태의 자석스위치가 존재. [그림 2.7]에 나타낸 것과 같이 자석스위치가 붙어 있을 때 내부적으로 스위치가 OFF이고 떨어졌을 때 ON이 되는 자석스위치와 붙어 있을 때 내부적으로 스위치가 ON이고 떨어졌을 때가 내부적으로 스위치가 OFF 되는 형태

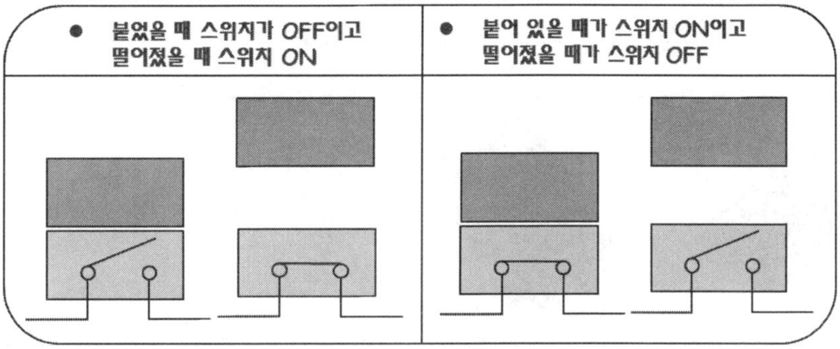

그림 2.7 자석스위치

- 실험에서는 자석스위치 붙어 있으면 내부적으로 스위치가 ON이고 떨어져 있으면 내부적으로 스위치가 OFF 되는 자석스위치를 이용
- 실험에서는 [그림 2.8]과 같이 자석스위치가 붙어 있으면 내부 스위치가 ON이 되어 아두이노 디지털 입력 핀으로 LOW 값이 입력되고 자석스위치가 떨어져 있으면 내부 스위치가 OFF가 되어 아두이노 디지털 입력 핀으로 HIGH 값이 입력되도록 회로 구성

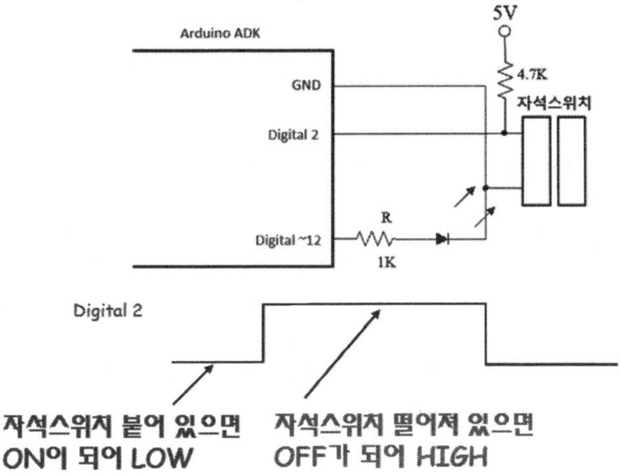

그림 2.8 자석스위치

2.6 터치센서

- 터치가 없을 때는 HIGH 상태이고 터치가 있으면 LOW 상태로 변화하는 센서 이용
- [그림 2.9]는 실험에 사용할 터치센서(IM120710023)

		S : 디지털 출력 V : 5V G : GND

그림 2.9 터치센서

- 실험에서는 [그림 2.10]과 같이 터치가 없을 때는 아두이노 디지털 입력 핀으로 HIGH 값이 입력되고 터치가 있으면 아두이노 디지털 입력 핀으로 LOW 값이 입력

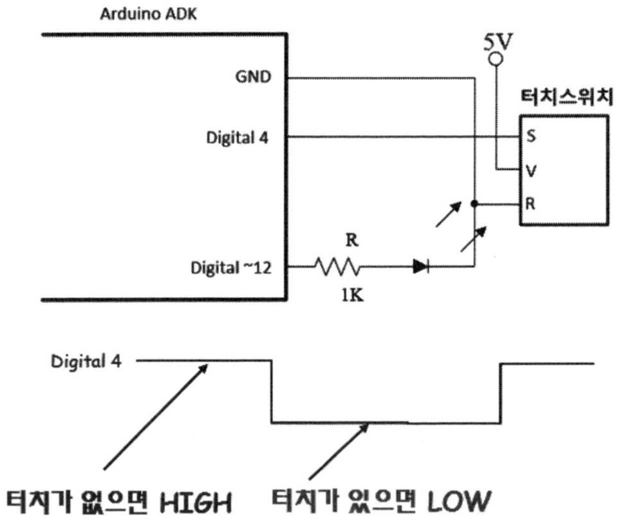

그림 2.10 터치센서

2.7 디지털 릴레이

- 코일을 이용하여 자기장을 발생시키고 발생된 자기장으로 금속 물체를 움직이게 하여 ON, OFF 스위칭 동작을 하는 장치
- 일반적으로 스위치는 사람에 의해 수동으로 ON, OFF 동작되는데 반해 릴레이는 전기 흐름을 제어하여 스위칭 되도록 하는 소자
- [그림 2.11]에 릴레이를 사용한 예를 나타낸 것으로 선풍기나 전구에 220V의 전원을 공급하거나 차단하기 위하여 릴레이를 사용하여 스위칭

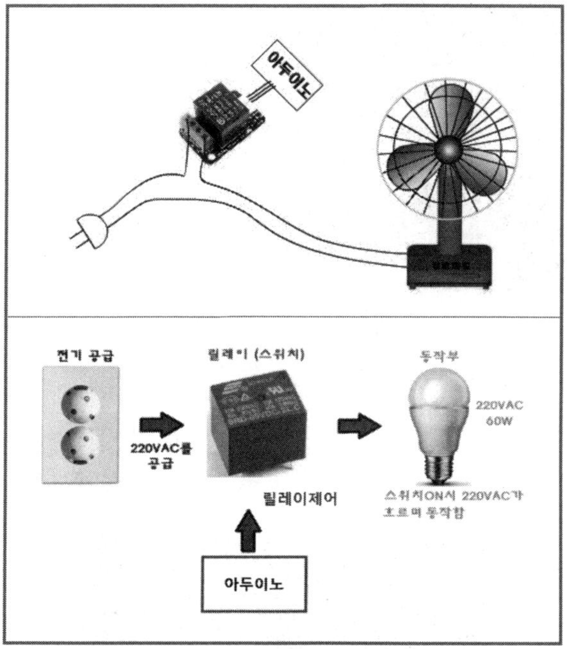

그림 2.11 릴레이 사용 예

- 실험에서는 9V~12V로 동작하는 팬(Fan)을 구동하기 위해서는 아두이노 전원으로 불충분하므로 외부 전원을 사용하여야 하고 팬을 켜고 끄기 위해서는 릴레이를 사용하여 스위칭

- [그림 2.12]는 실험에 사용할 1채널 릴레이 모듈(DFR0017)

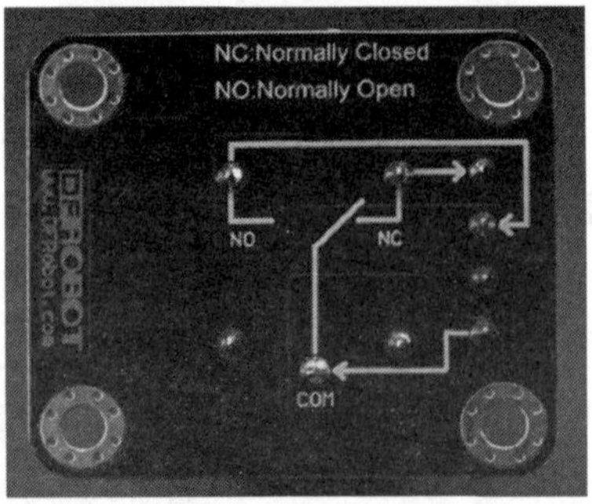

빨간색 : 5V
검은색 : GND
초록색 : 디지털 입력

NC : Normal Closed
NO : Normal Open
COM : 공통 단자

그림 2.12 1채널 릴레이

- 렐리이 동작 : 입력 단자가 LOW가 되면 [그림 2.13]에서 COM 단자가 b접점(NC : Normal Closed)에 붙게 되며 입력 단자가 HIGH가 되면 COM 단자가 a접점(NO : Normal Open)으로 붙게 됨. 즉 입력 단자의 값에 따라 COM 단자가 연결되는 접점의 위치가 스위칭됨.

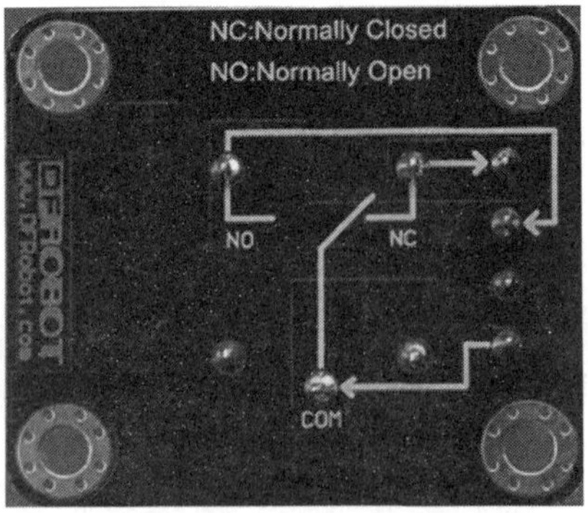

그림 2.13 릴레이 동작

• 실험에서는 [그림 2.14]와 같이 아두이노에서 LOW를 출력하면 전류가 흐르지 않아 COM 단자가 b접점(NC : Normal Closed)에 붙게 되면 폐 회로가 구성되지 않아 DC 팬이 정지하고, 아두이노에서 HIGH를 출력하면 전류가 흘러 COM단자가 a접점(NO : Normal Open)으로 붙게 되고 폐회로가 구성되어 DC 팬이 구동 됨

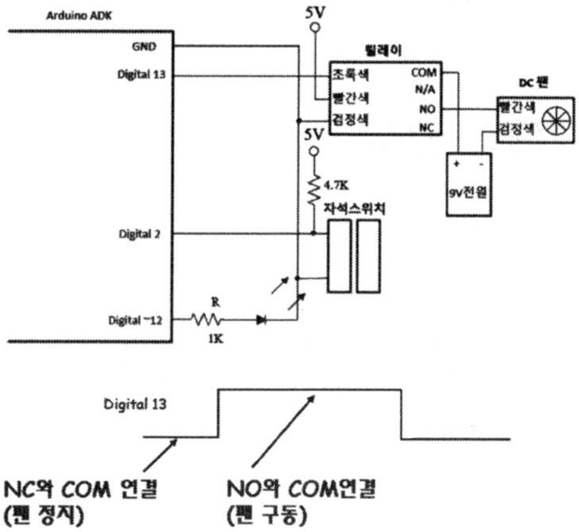

그림 2.14 릴레이 동작을 통한 팬 제어

2.8 키패드

• 키패드는 푸시버튼 스위치를 행렬로 배열한 것이며 [그림 2.15]는 실험에 사용할 4행×4열 키패드를 보여준다.

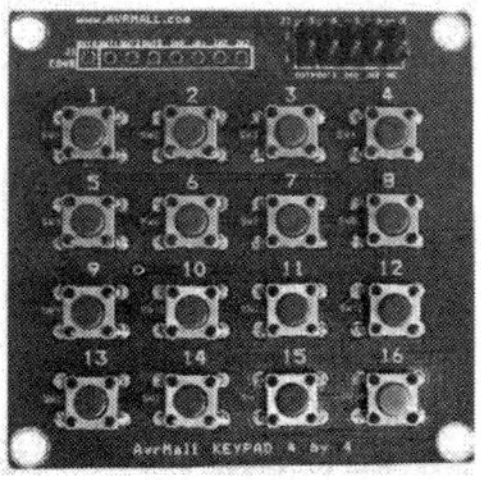

그림 2.15 4행×4열 키패드

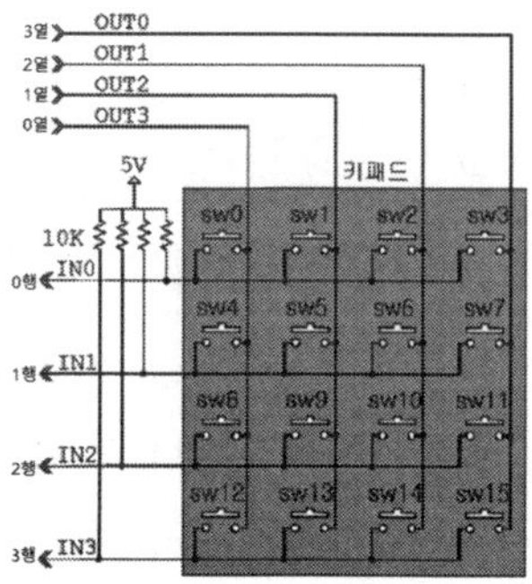

그림 2.16 4행×4열 키패드 구성 회로도

- 스위치를 제어하기 위해서는 MCU의 디지털 핀과 연결을 하여야 한다. 실습 키패드는 4행×4열의 16개 스위치로 구성되어 있으므로 16개의 디지털 핀이 있어야 하지만 MCU에 다른 센서들도 연결하여야 하므로 최소한의 핀을 사용해서 제어할 수 있도록 해야 한다. [그림 2.16]은 키패드 회로를 보여주는데 8개의 핀으로 행과 열 방식으로 연결하여 16개의 스위치를 제어 할 수 있다.

2.8.1 아두이노와 키패드 연결

- 4행×4열 키패드 핀을 아두이노 디지털 핀과 [표 2.3]과 같이 연결

표 2.3

아두이노 핀	키패드 핀	행 번호	열 번호
39번	OUT3		0열
41번	OUT2		1열
43번	OUT1		2열
45번	OUT0		3열
37번	IN0	0행	
35번	IN1	1행	
33번	IN2	2행	
31번	IN3	3행	

2.8.2 키패드 라이브러리

- 키패드 라이브러리를 사용하기 위해서는 아래의 사이트에서 Keypad.zip을 다운받아 압축을 풀고
  - https://playground.arduino.cc/Code/Keypad#Download
- 폴더 그대로 아래의 아두이노 라이브러리 폴더로 복사하고 아두이노 IDE를 재 시작해야 설치한 라이브러리를 사용할 수 있음.
  - 문서\Arduino\libraries

2.8.3 키패드 라이브러리에서 제공하는 키패드 제어용 함수들

Keypad(char *userKeymap, byte *row, byte *col, byte numRows, byte numCols)		
기능	keypad 객체 생성 및 초기화	
매개변수	userKeymap	키패드 키 값 설정 테이블
	row	키패드 행과 연결될 아두이노 핀 리스트
	col	키패드 열과 연결될 아두이노 핀 리스트
	numRows	행 개수
	numCols	열 개수
리턴 값	-	없음

void begin(char *userKeymap)		
기능	사용자가 지정한 키 맵으로 설정	
매개변수	userKeymap	각 키에 설정될 키 값
리턴 값	void	없음

char getKey(void)		
기능	눌려진 키 값 반환	
매개변수	void	없음
리턴 값	char	눌려진 키 값
※ 키 패드는 기계적 스위치인 푸쉬 버튼 스위치들로 이루어졌으므로 스위치를 누르면 채터링 현상이 벌어지게 되고 이를 피하기 위하여 디바운싱 처리를 하여야 하는데 getKey() 함수는 내부적으로 디바운싱을 처리하고 눌려진 키 값 만을 반환		

bool isPressed(char keyChar)		
기능	해당 키의 눌려졌는지 확인	
매개변수	keyChar	조사하고 싶은 키 값
리턴 값	bool	true : 눌려진 상태 false : 눌려지지 않음

KeyState getState(void)		
기능	키패드 각 키의 상태 조회	
매개변수	void	없음
리턴 값	KeyState	IDLE, PRESSED, HOLD, RELEASED의 4가지 상태 중 현재 상태 리턴

실험 2-1

다중 LED 제어

- 아두이노 보드에 LED 4개를 연결하고 1초 간격으로 켜고 끄기를 순차적으로 반복
- [그림 2.17]과 같이 회로를 연결하고 아래의 스케치 프로그램을 업로드

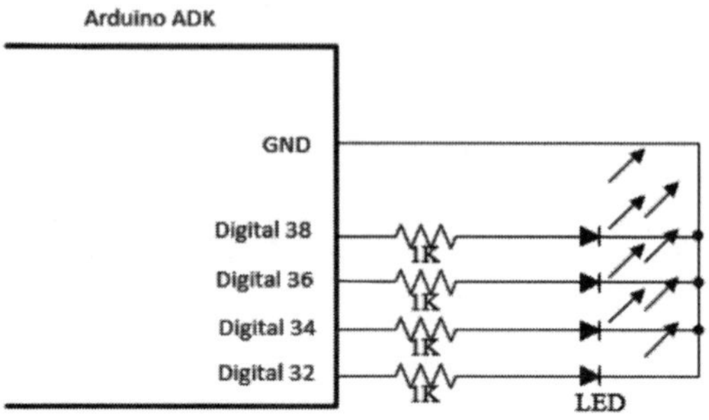

그림 2.17 실험 2-1 회로 연결

소스 프로그램 MultiLED_Blink

```
const int ledPin[4]={32,33,36,38}; //LED와 연결된 핀 번호 변수를 배열로 정의

void setup() {
  for(int i=0;i<4;i++)
    pinMode(ledPin[i], OUTPUT); // for 문을 이용하여 LED와 연결된 핀을 출력으로 설정
}

void loop() {
    for (int i=0;i<4;i++) { // for 문을 이용하여 LED와 연결된 핀에 HIGH, LOW를 출력
      digitalWrite(ledPin[i], HIGH); // i번째 LED핀에 HIGH 출력
      delay(1000);                   // 1000ms 지연
      digitalWrite(ledPin[i], LOW);  // i번째 LED핀에 LOW 출력
      delay(1000);                   // 1000ms 지연
    }
}
```

실험 2-2

3색 RGB LED 제어하기

- 3색 RGB LED에 연결하고 꺼짐→빨간색→초록색→파란색→꺼짐→빨간색.... 순서로 1초 간격으로 순차적으로 반복
- 3색 RGB LED로는 캐소드 공통형을 사용
- [그림 2.18]과 같이 회로를 연결하고 아래의 스케치 프로그램을 업로드

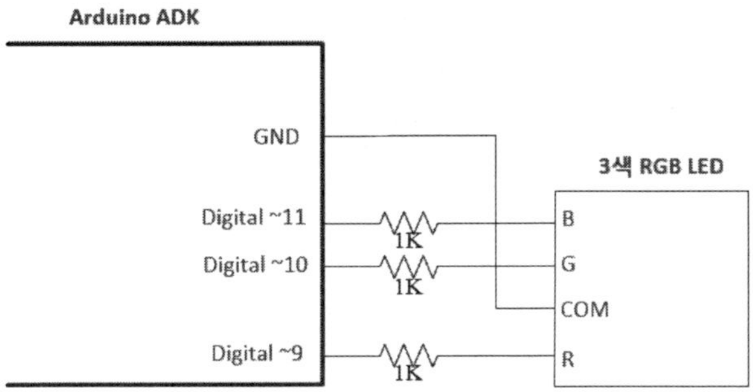

그림 2.18 실험 2-2 회로 연결

소스 프로그램 RGBLED_Ctrl

```
const int rLedPin = 9; //3색 LED 중 빨간색 LED와 연결된 핀 번호 변수 정의
const int gLedPin = 10; //3색 LED 중 초록색 LED와 연결된 핀 번호 변수 정의
const int bLedPin = 11; //3색 LED 중 파란색 LED와 연결된 핀 번호 변수 정의

void setup() {
  pinMode(rLedPin, OUTPUT); // rLED를 출력으로 설정
  pinMode(gLedPin, OUTPUT); // gLED를 출력으로 설정
  pinMode(bLedPin, OUTPUT); // bLED를 출력으로 설정

  digitalWrite(rLedPin, LOW);  //rLED에 LOW 출력(rLED 끄기)
  digitalWrite(gLedPin, LOW);  //gLED에 LOW 출력(gLED 끄기)
  digitalWrite(bLedPin, LOW);  //bLED에 LOW 출력(bLED 끄기)
}

void RGBLED_Display(int Num){
  switch (Num) {
```

```
    case 0 :
        digitalWrite(rLedPin, LOW);  //rLED 끄기
        digitalWrite(gLedPin, LOW);  //gLED 끄기
        digitalWrite(bLedPin, LOW);  //bLED 끄기
      break;
    case 1 :
        digitalWrite(rLedPin, HIGH);  //rLED 켜기
        digitalWrite(gLedPin, LOW);  //gLED 끄기
        digitalWrite(bLedPin, LOW);  //bLED 끄기
      break;
    case 2 :
        digitalWrite(rLedPin, LOW);  //rLED 끄기
        digitalWrite(gLedPin, HIGH);  //gLED 켜기
        digitalWrite(bLedPin, LOW);  //bLED 끄기
      break;
    case 3 :
        digitalWrite(rLedPin, LOW);  //rLED 끄기
        digitalWrite(gLedPin, LOW);  //gLED 끄기
        digitalWrite(bLedPin, HIGH);  //bLED 켜기
      break;
  }
}

void loop() {
    for (int i=0;i<4;i++) { //for 문을 이용하여 3색 LED에 순차적으로 HIGH, LOW를 출력
      RGBLED_Display(i); //RGB LED에 순차적으로 HIGH 출력(0: 꺼짐, 1:빨간색, 2:초록색, 3:파란색)
      delay(1000);                    // 1000ms 지연
    }
}
```

실험 2-3

부저소리 출력

- 배열을 사용하여 도~도까지를 500ms 간격으로 3번 반복하기
- [그림 2.19]와 같이 회로를 연결하고 아래의 스케치 프로그램을 업로드

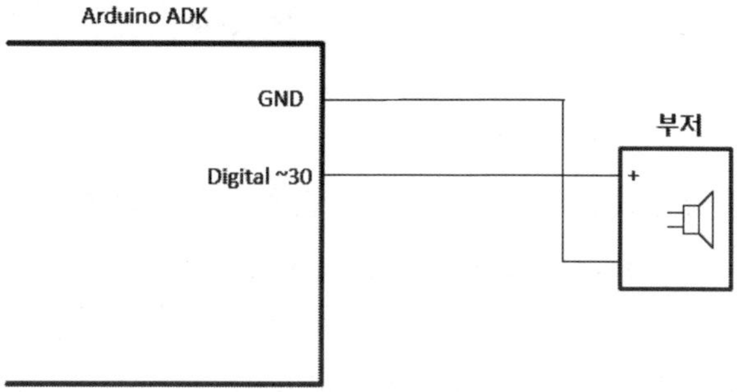

그림 2.19 실험 2-3 회로 연결

소스 프로그램 **Speaker1**

```
const int speakerPin=30; //부저와 연결된 핀 번호 변수 정의

int Do=262; //계이름 도 주파수
int Re=294; //계이름 레 주파수
int Mi=330; //계이름 미 주파수
int Pa=349; //계이름 파 주파수
int Sol=392; //계이름 솔 주파수
int Ra=440; //계이름 라 주파수
int Si=494; //계이름 시 주파수
int Do1=523; //계이름 도 주파수

int Notes[]={Do,Re,Mi,Pa,Sol,Ra,Si,Do1}; //계이름을 배열로 저장
int numMax=3; // 총 반복횟수를 저장하는 변수 선언

void setup() {
  pinMode(speakerPin,OUTPUT); // 부저(6번)을 출력으로 설정
  Serial.begin(9600);
}

void loop() {
  while (numMax) { // numMax번 반복
```

```
    for(int i=0;i<8;i++) { // 도~도 까지 8번 반복
      tone(speakerPin,Notes[i],500); // 500ms 동안 지정된 음 출력
      delay(500); // 500ms 지연
    }
    numMax--;  // 횟수를 일회 감소
    Serial.println(numMax);
  }
}
```

실험 2-4

터치스위치를 이용하여 3색 RGB LED를 순차적으로 켜기

- 터치스위치를 누를 때 즉, 터치스위치가 HIGH에서 LOW로 변할 때 터치입력이 발생한 것으로 간주
- 캐소드 공통형 3색 RGB LED를 연결하고 터치스위치 입력이 발생할 때 마다 끄기→빨간색→초록색→파란색→끄기→빨간색.... 순서로 순차적으로 반복
- [그림 2.20]과 같이 회로를 연결하고 아래의 스케치 프로그램을 업로드

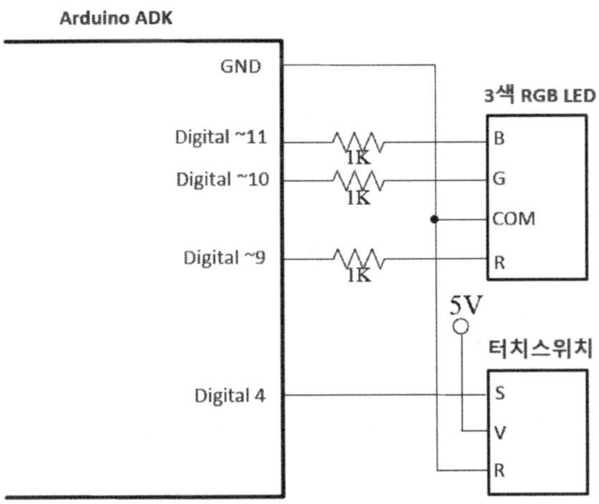

그림 2.20 실험 2-4 회로 연결

소스 프로그램 RGBLED_TouchSensor

```
const int touchSensorPin=4; // 터치센서에 연결된 핀 번호 변수 정의
const int rLedPin = 9; //3색 LED 중 빨간색 LED와 연결된 핀 번호 변수 정의
const int gLedPin = 10; //3색 LED 중 초록색 LED와 연결된 핀 번호 변수 정의
const int bLedPin = 11; //3색 LED 중 파란색 LED와 연결된 핀 번호 변수 정의

boolean lastTouch=LOW; //이전 터치스위치 상태
boolean currentTouch=LOW; //현재 터치스위치 상태
int touchInputNum=0; //터치센서 입력 횟수를 저장하는 변수 선언

void setup() {
  pinMode(touchSensorPin, INPUT); // 터치센서를 입력으로 설정
  pinMode(rLedPin, OUTPUT); // rLED를 출력으로 설정
  pinMode(gLedPin, OUTPUT); // gLED를 출력으로 설정
  pinMode(bLedPin, OUTPUT); // bLED를 출력으로 설정

  digitalWrite(rLedPin, LOW);  //rLED에 LOW 출력(rLED 끄기)
  digitalWrite(gLedPin, LOW);  //gLED에 LOW 출력(gLED 끄기)
  digitalWrite(bLedPin, LOW);  //bLED에 LOW 출력(bLED 끄기)
}

void RGBLED_Display(int Num){
  switch (Num) {
   case 0 :
     digitalWrite(rLedPin, LOW);  //rLED 끄기
     digitalWrite(gLedPin, LOW);  //gLED 끄기
     digitalWrite(bLedPin, LOW);  //bLED 끄기
    break;
   case 1 :
     digitalWrite(rLedPin, HIGH);  //rLED 켜기
     digitalWrite(gLedPin, LOW);  //gLED 끄기
     digitalWrite(bLedPin, LOW);  //bLED 끄기
    break;
   case 2 :
     digitalWrite(rLedPin, LOW);  //rLED 끄기
     digitalWrite(gLedPin, HIGH);  //gLED 켜기
     digitalWrite(bLedPin, LOW);  //bLED 끄기
    break;
   case 3 :
     digitalWrite(rLedPin, LOW);  //rLED 끄기
     digitalWrite(gLedPin, LOW);  //gLED 끄기
```

```
        digitalWrite(bLedPin, HIGH);  //bLED 켜기
      break;
  }
}

void loop() {
  currentTouch=digitalRead(touchSensorPin); //현재 터치스위치 상태 읽음

  if(lastTouch==HIGH && currentTouch==LOW) { //터치스위치가 눌려 졌음
    touchInputNum++;
    if(touchInputNum == 4) touchInputNum=0; // 터치입력이 4의 배수이면 초기화
  }
  RGBLED_Display(touchInputNum); //RGB LED에 순차적으로 HIGH 출력(0:끄기, 1:빨간색, 2:초록색,
3:파란색)

  lastTouch=currentTouch; //이전 터치스위치 상태를 현재 터치스위치 상태로 변경
}
```

실험 2-5

자석스위치를 이용하여 LED 점멸하기

- [그림 2.7]과 같이 자석스위치가 붙어 있으면 내부적으로 ON이 되어 아두이노 디지털 입력 핀으로 LOW값이 입력되고 자석스위치가 떨어져 있으면 내부적으로 OFF가 되어 아두이노 디지털 입력 핀으로 HIGH 값이 입력되는 자석스위치를 이용
- 자석스위치가 붙어 있으면 LED를 끄고 떨어져 있으면 LED를 켜기
- [그림 2.21]과 같이 회로를 연결하고 아래의 스케치 프로그램을 업로드

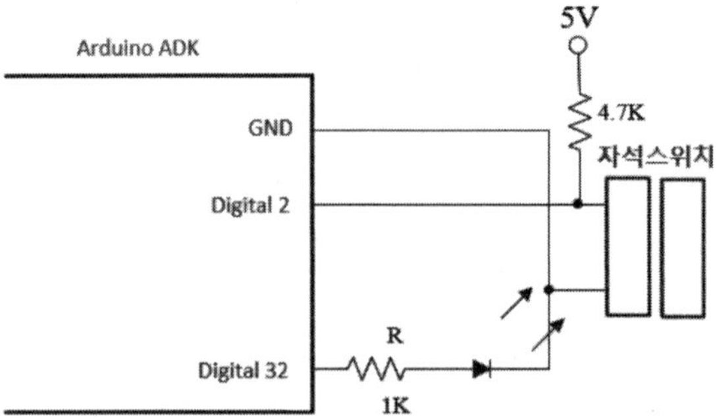

그림 2.21 실험 2-5 회로 연결

소스 프로그램 **MagneticSensor**

```
const int doorPin=2; // 자석스위치에 연결된 핀 번호 변수 정의
const int ledPin=32; // LED에 연결된 핀 번호 변수 정의

void setup() {
  pinMode(doorPin,INPUT); // 자석스위치를 입력으로 설정
  pinMode(ledPin,OUTPUT); // LED를 출력으로 설정
  Serial.begin(9600); // 시리얼 개방, 통신속도 설정
}

void loop() {
  boolean doorStatus=digitalRead(doorPin); //자석스위치 상태를 읽음
  if(doorStatus) { // 자석스위치가 떨어져 있으면
    digitalWrite(ledPin,HIGH); // LED(32번)에 HIGH 출력(LED 켜기)
    Serial.println("Door is open !!!");
  }
  else // 자석스위치가 붙어 있으면
  {
    digitalWrite(ledPin,LOW); // LED(32번)에 LOW 출력(LED 끄기)
    Serial.println("Door is closed !!!");
  }
}
```

실험 2-6

자석스위치를 이용하여 LED 점멸하기

- [그림 2.7]과 같이 자석스위치가 붙어 있으면 내부적으로 ON이 되어 아두이노 디지털 입력 핀으로 LOW값이 입력되고 자석스위치가 떨어져 있으면 내부적으로 OFF가 되어 아두이노 디지털 입력 핀으로 HIGH 값이 입력되는 자석스위치를 이용
- 붙어 있으면 끄고 떨어져 있으면 LED를 0.5초 간격으로 점멸하기
- [그림 2.21]의 회로를 사용하고 아래의 스케치 프로그램을 업로드

소스 프로그램 MagneticSensor_LedOnOff_NotWorking

```
const int doorPin=2; // 자석스위치에 연결된 핀 번호 변수 정의
const int ledPin=32; // LED에 연결된 핀 번호 변수 정의
boolean ledBlinking; //LED 점멸 여부를 결정하는 변수

void setup() {
  pinMode(doorPin,INPUT); // 자석스위치를 입력으로 설정
  pinMode(ledPin,OUTPUT); // LED를 출력으로 설정
  Serial.begin(9600);
}

void loop() {
  boolean doorStatus=digitalRead(doorPin); //자석스위치 상태를 읽음
  if(doorStatus) { // 자석스위치가 떨어져 있으면
     Serial.println("Door is open !!!");
     ledBlinking = true; //LED 점멸 허용
  }
  else { // 자석스위치가 붙어 있으면
     digitalWrite(ledPin,LOW); // LED(32번)에 LOW 출력(LED 끄기)
     Serial.println("Door is closed !!!");
     ledBlinking = false; //LED 점멸 불허
  }

  if(ledBlinking) //LED 점멸이 허용되었다면
  {
    digitalWrite(ledPin,HIGH); // LED(32번)에 HIGH 출력(LED 켜기)
    delay(500);              // 0.5초 지연
    digitalWrite(ledPin,LOW); // LED(32번)에 LOW 출력(LED 끄기)
    delay(500);              // 0.5초 지연
  }
}
```

[실험결과 관찰]

- [실험 2-6]을 수행하면 자석스위치가 떨어져서 LED가 점멸하는 동안에는 delay() 함수에 의해 지정된 시간 동안 아두이노는 작업을 중단하므로 이 시간동안 자석스위치가 붙게 되어도 delay() 함수가 수행을 완료하기 전에는 바로 동작을 하지 못하는 문제점이 발생
- LED가 점멸하는 동안에도 자석스위치의 상태를 확인하여야 하므로 delay() 함수를 사용

할 수 없고 시간을 밀리초(millisecond) 단위로 반환해 주는 타이머 함수인 millis() 함수를 사용하여 구현하여야 함

- millis() 함수는 백그라운드에서 동작하므로 다른 작업을 중단하지 않고도 millis() 함수가 호출되면 아두이노 스케치 프로그램이 시작한 이후부터 얼마나 지났는지 밀리초(millisecond) 단위로 알려주는 함수

실험 2-7

자석스위치를 이용하여 LED 점멸하기 + millis() 함수 사용

- [그림 2.7]과 같이 자석스위치가 붙어 있으면 내부적으로 ON이 되어 아두이노 디지털 입력 핀으로 LOW값이 입력되고 자석스위치가 떨어져 있으면 내부적으로 OFF가 되어 아두이노 디지털 입력 핀으로 HIGH 값이 입력되는 자석스위치를 이용
- 붙어 있으면 끄고 떨어져 있으면 LED를 0.5초 간격으로 점멸하기
- millis() 함수를 사용하여 LED를 0.5초 간격으로 점멸하기
- [그림 2.21]의 회로를 사용하고 아래의 스케치 프로그램을 업로드

소스 프로그램 MagneticSensor_LedOnOff

```
const int doorPin=2; // 자석스위치에 연결된 핀 번호 변수 정의
const int ledPin=32; // LED에 연결된 핀 번호 변수 정의

boolean ledBlinking; //LED 점멸 여부를 결정하는 변수
boolean ledValue=LOW; //LED 점멸 시 값을 저장하는 변수, 초기값 LOW
unsigned long time; //millis() 함수가 리턴한 이전 시간을 저장하는 변수

void setup() {
  pinMode(doorPin,INPUT); // 자석스위치를 입력으로 설정
  pinMode(ledPin,OUTPUT); // LED를 출력으로 설정
  Serial.begin(9600);
}

void loop() {
  boolean doorStatus=digitalRead(doorPin); //자석스위치 상태를 읽음
 if(doorStatus) { // 자석스위치가 떨어져 있으면
    Serial.println("Door is open !!!");
    ledBlinking = true; //LED 점멸 허용
```

```
  }
  else { // 자석스위치가 붙어 있으면
    digitalWrite(ledPin,LOW); // LED(32번)에 LOW 출력(LED 끄기)
    Serial.println("Door is closed !!!");
    ledBlinking = false; //LED 점멸 불허
  }

  if(ledBlinking) { //LED 점멸이 허용되었다면
    if(millis()-time>=500) { //millis()함수가 리턴한 시간과 이전시간의 차가 0.5초이상이면
      time=millis(); // 현재시간을 이전시간에 저장
      ledValue=!ledValue; // LED 값을 반전
      digitalWrite(ledPin,ledValue); // LED(32번)에 값을 출력
    }
  }
}
```

실험 2-8

자석스위치를 이용하여 LED 점멸하고 릴레이를 이용하여 팬을 켜고 끄기

- [그림 2.7]과 같이 자석스위치가 붙어 있으면 내부적으로 ON이 되어 아두이노 디지털 입력 핀으로 LOW값이 입력되고 자석스위치가 떨어져 있으면 내부적으로 OFF가 되어 아두이노 디지털 입력 핀으로 HIGH 값이 입력되는 자석스위치를 이용
- 자석스위치가 붙어 있으면 LED를 끄고 떨어져 있으면 LED를 켜기
- 자석스위치가 붙어 있으면 팬을 끄고 떨어져 있으면 팬을 켜기
- [그림 2.22]와 같이 회로를 연결하고 아래의 스케치 프로그램을 업로드

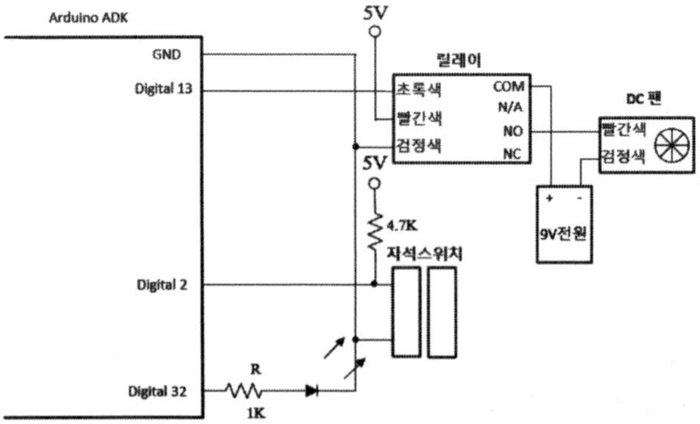

그림 2.22 실험 2-8 회로 연결

소스 프로그램 MagneticSensor_Relay

```
const int doorPin=2; // 자석스위치에 연결된 핀 번호 변수 정의
const int ledPin=32; // LED에 연결된 핀 번호 변수 정의
const int relayPin=13; // 릴레이에 연결된 핀 번호 변수 정의

void setup() {
  pinMode(doorPin,INPUT); // 자석스위치를 입력으로 설정
  pinMode(ledPin,OUTPUT); // LED를 출력으로 설정
  pinMode(relayPin, OUTPUT); // 릴레이를 출력으로 설정

  digitalWrite(ledPin,LOW); // LED에 LOW 출력(LED 끄기)
  digitalWrite(relayPin,LOW); // 릴레이에 LOW 출력(릴레이 끄기)
  Serial.begin(9600);
}

void loop() {
  boolean doorStatus=digitalRead(doorPin); //자석스위치 상태를 읽음
  if(doorStatus) { // 자석스위치가 떨어져 있으면
     digitalWrite(ledPin,HIGH); // LED(32번)에 HIGH 출력(LED 켜기)
     digitalWrite(relayPin,HIGH); // 릴레이에 HIGH 출력(릴레이 켜기)
     Serial.println("Door is open !!!");
  }
  else { // 자석스위치가 붙어 있으면
     digitalWrite(ledPin,LOW); // LED(32번)에 LOW 출력(LED 끄기)
     digitalWrite(relayPin,LOW); // 릴레이에 LOW 출력(릴레이 끄기)
     Serial.println("Door is closed !!!");
  }
}
```

실험 2-9

키 패드의 눌려진 키 값을 시리얼 모니터에 표시

- 4행×4열 키 보드 키 값을 [그림 2.23]과 같이 설정

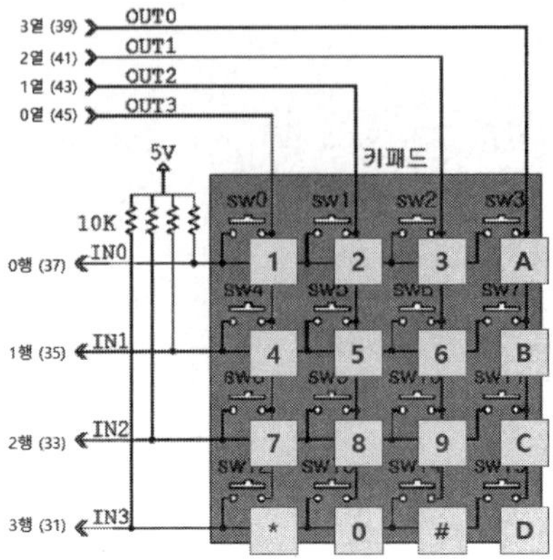

그림 2.23

- 시리얼 모니터에 눌려진 키 값을 다음과 같이 출력
  Pressed Key : 눌려진 키 값
- [그림 2.24]와 같이 회로를 연결하고 아래의 스케치 프로그램을 업로드

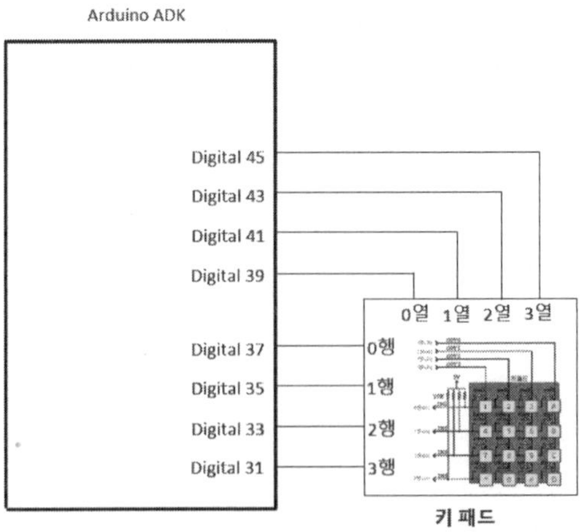

그림 2.24 실험 2-9 회로 연결

소스 프로그램 keypadTest

```
#include <Keypad.h> //키패드 라이브러리 삽입

const byte ROWS = 4; //키패드 행 크기 상수
const byte COLS = 4; //키패드 열 크기 상수

char myKeys[ROWS][COLS] = { //키패드 키에 대응되는 값 설정
  {'1','2','3','A'},
  {'4','5','6','B'},
  {'7','8','9','C'},
  {'*','0','#','D'}
};
byte rowPins[ROWS] = {37, 35, 33, 31}; //키패드 행 핀에 연결된 아두이노 핀 번호
byte colPins[COLS] = {39, 41, 43, 45}; //키패드 열 핀에 연결된 아두이노 핀 번호

//Keypad 객체 생성 및 초기화
Keypad myKeypad = Keypad( makeKeymap(myKeys), rowPins, colPins, ROWS, COLS);

void setup(){
  Serial.begin(9600); // 시리얼 개방, 통신속도 설정
}

void loop(){
  char customKey = myKeypad.getKey(); //키 값 읽어오기

  if (customKey){ //눌러진 키 값이 있는지 확인
    Serial.println("Pressed Key : "+(String)customKey); // 문자열 출력
  }
}
```

실험 2-10

키 패드로 4자리 비밀번호 입력받아 시리얼 모니터에 표시하고 설정한 비밀번호와 일치하는지 확인하기

- 4행×4열 키 보드 키 값으로 [그림 2.23]을 사용
- 4자리 비밀번호를 입력받아 시리얼 모니터에 다음과 같이 * 문자 출력
  Enter PIN Code : [****]

- 입력 비밀번호가 설정한 비밀번호와 일치한 경우
  - 3색 RGB LED의 초록색 LED 켜기
  - 시리얼 모니터 출력 : Match Success !!!
- 입력 비밀번호가 설정한 비밀번호와 불일치한 경우
  - 3색 RGB LED의 빨간색 LED 켜기
  - 시리얼 모니터 출력 : Match Failure !!!
- [그림 2.25]와 같이 회로를 연결하고 아래의 스케치 프로그램을 업로드

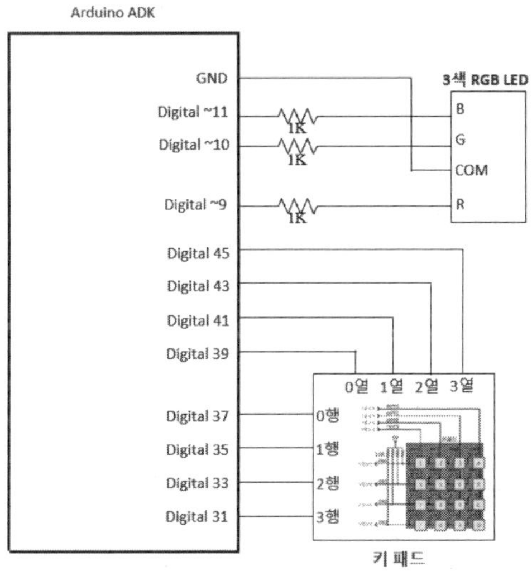

그림 2.25 실험 2-10 회로 연결

소스 프로그램 keypad_PinCode_SerialMonitor

```
#include <Keypad.h>  //Keypad 라이브러리 삽입

const int rLedPin = 9; //LED와 연결된 핀 번호 변수 정의
const int gLedPin = 10; //LED와 연결된 핀 번호 변수 정의
const int bLedPin = 11; //LED와 연결된 핀 번호 변수 정의

const byte ROWS = 4; //키패드 행 크기 상수
const byte COLS = 4; //키패드 열 크기 상수
```

```
char myKeys[ROWS][COLS] = { //키패드 키에 대응되는 값 설정
  {'1','2','3','A'},
  {'4','5','6','B'},
  {'7','8','9','C'},
  {'*','0','#','D'}
};
byte rowPins[ROWS] = {37, 35, 33, 31}; //키패드 행 핀에 연결된 아두이노 핀 번호
byte colPins[COLS] = {39, 41, 43, 45}; //키패드 열 핀에 연결된 아두이노 핀 번호

//Keypad 객체 생성 및 초기화
Keypad myKeypad = Keypad( makeKeymap(myKeys), rowPins, colPins, ROWS, COLS);

String pinCode="1234";  //비밀번호를 저장하는 변수설정
String enterPinCode=""; //입력 비밀번호를 저장하는 변수설정
int currentPosition=0;  //입력 비밀번호 개수를 저장하는 변수설정

void displayCodeEntry() {
  Serial.print("Enter PIN Code : "); //초기메시지 문자열 출력
  Serial.print('['); //문자 출력
}

void setup(){
  pinMode(rLedPin, OUTPUT); // rLED를 출력으로 설정
  pinMode(gLedPin, OUTPUT); // gLED를 출력으로 설정
  pinMode(bLedPin, OUTPUT); // bLED를 출력으로 설정

  digitalWrite(rLedPin, LOW);  //rLED에 LOW 출력(rLED 끄기)
  digitalWrite(gLedPin, LOW);  //gLED에 LOW 출력(gLED 끄기)
  digitalWrite(bLedPin, LOW);  //bLED에 LOW 출력(bLED 끄기)

  Serial.begin(9600); // 시리얼 개방, 통신속도 설정
  displayCodeEntry();
}

void loop(){
  char customKey = myKeypad.getKey(); //키 값 읽어오기

  if (customKey){ //눌러진 키 값이 있는지 확인
    Serial.print('*'); // * 표시
    currentPosition++; //입력 비밀번호 개수 증가
```

```
    enterPinCode += customKey; //입력문자를 입력 비밀번호 문자열에 추가

    if (currentPosition == 4) { //비밀번호 4자리가 입력되었는지 확인
      Serial.println(']'); //문자 출력
      if (!enterPinCode.compareTo(pinCode)) { //입력된 비밀번호가 설정된 비밀번호와 같은지 확인
        Serial.println(" Match Success  "); // 문자열 표시
        Serial.println("------------------------");
        digitalWrite(rLedPin, LOW);  //rLED에 LOW 출력(rLED 끄기)
        digitalWrite(gLedPin, HIGH); //gLED에 HIGH 출력(gLED 켜기)
        digitalWrite(bLedPin, LOW); //bLED에 LOW 출력(bLED 끄기)
      }
      else {
        Serial.println(" Match Failure  "); //문자열 표시
        Serial.println("------------------------");
        digitalWrite(rLedPin, HIGH);  //rLED에 HIGH 출력(rLED 켜기)
        digitalWrite(gLedPin, LOW); //gLED에 LOW 출력(gLED 끄기)
        digitalWrite(bLedPin, LOW); //bLED에 LOW 출력(bLED 끄기)
      }

      delay(3000); //3초 지연

      displayCodeEntry();
      enterPinCode=""; //입력 비밀번호 초기화
      currentPosition=0; //입력 비밀번호 개수 초기화
      digitalWrite(rLedPin, LOW);  //rLED에 LOW 출력(rLED 끄기)
      digitalWrite(gLedPin, LOW);  //gLED에 LOW 출력(gLED 끄기)
      digitalWrite(bLedPin, LOW);  //bLED에 LOW 출력(bLED 끄기)
    }
  }
}
```

실험 2-11

키 패드 및 시리얼 모니터를 이용하여 간단한 계산기 만들기

- 4행×4열 키 보드 키 값으로 [그림 2.26]과 같이 설정

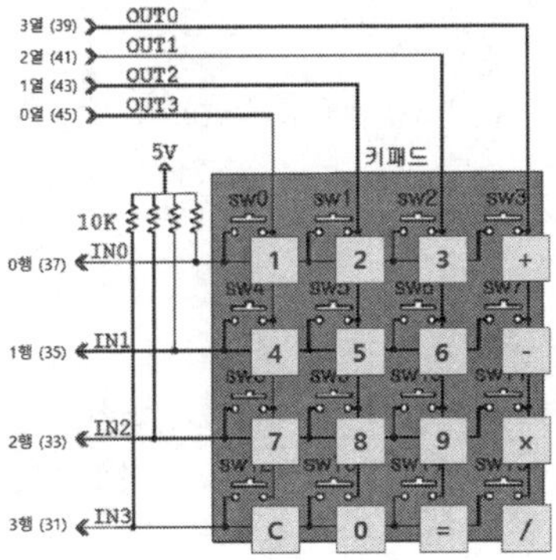

그림 2.26

- 첫 번째 입력 숫자, 연산자(+, -, x, /), 두 번째 입력 숫자, 등호(=)를 입력할 때까지 키 입력을 바로 시리얼 모니터에 출력
- 등호(=)를 입력하면 결과 값을 시리얼 모니터에 출력
- 문자 C는 입력을 모두 지우는 기능
- [그림 2.27]과 같이 회로를 연결하고 아래의 스케치 프로그램을 업로드

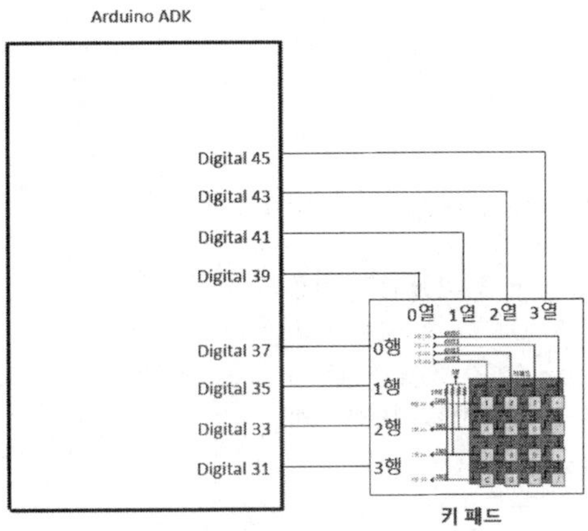

그림 2.27 실험 2-11 회로 연결

소스 프로그램 keypad_Calculator_SerialMonitor

```
#include <Keypad.h>  //Keypad 라이브러리 삽입

const byte ROWS = 4; //키패드 행 크기 상수
const byte COLS = 4; //키패드 열 크기 상수

char myKeys[ROWS][COLS] = { //키패드 키에 대응되는 값 설정
  {'1','2','3','+'},
  {'4','5','6','-'},
  {'7','8','9','*'},
  {'C','0','=','/'}
};
byte rowPins[ROWS] = {37, 35, 33, 31}; //키패드 행 핀에 연결된 아두이노 핀 번호
byte colPins[COLS] = {39, 41, 43, 45}; //키패드 열 핀에 연결된 아두이노 핀 번호

//Keypad 객체 생성 및 초기화
Keypad myKeypad = Keypad( makeKeymap(myKeys), rowPins, colPins, ROWS, COLS);

String firstNum=""; //첫번째 숫자를 저장하는 변수설정
String secondNum=""; //두번째 숫자를 저장하는 변수설정
char sign; //부호를 저장하는 변수
boolean makeFirstNum=false; //첫번째 숫자 입력이 완료되었는지 나타내는 변수
long calResult=0; // 덧셈, 뺄셈, 곱셈 결과값을 저장하는 변수
double calResult1=0.0; // 나눗셈 결과값을 저장하는 변수

void setup(){
  Serial.begin(9600); // 시리얼 개방, 통신속도 설정
}

void loop(){
  char customKey = myKeypad.getKey(); //키 값 읽어오기

  if (customKey){ //눌러진 키 값이 있는지 확인
    Serial.print(customKey); // 눌러진 값 표시
    if (customKey>='0' && customKey<='9') { // 숫자인지 확인
      if(!makeFirstNum) firstNum+=customKey;
      else secondNum+=customKey;
    }

    if (customKey=='+' || customKey=='-' || customKey=='*' || customKey=='/') { //부호인지 확인
      sign = customKey; // 부호 저장
```

```
    makeFirstNum=true;  // 첫번째 숫자 입력 완료
   }

   if (customKey == '=') { // 등호인지 확인
    switch (sign) {
     case '+' :
      calResult=firstNum.toInt()+secondNum.toInt();
      break;
     case '-' :
      calResult=firstNum.toInt()-secondNum.toInt();
      break;
     case '*' :
      calResult=firstNum.toInt()*secondNum.toInt();
      break;
     case '/' :
      calResult1=(float)firstNum.toInt()/secondNum.toInt();
    }

    if(sign == '/')   Serial.print(calResult1);
    else            Serial.print(calResult);
   }

   if (customKey == 'C' || customKey == '=') {
    Serial.println();
    firstNum="";
    secondNum="";
    makeFirstNum=false;
   }
  }
}
```

제3장 문자LCD 제어

실험에 필요한 부품

16×2 문자LCD	터치스위치 (IM120710023)	10KΩ 가변저항		
1개	1개	1개		

3.1 문자 LCD

3.1.1 문자 LCD

- LCD는 Liquid Crystal Display의 약자로 모든 아스키문자를 표현할 수 있어서 마이크로컨트롤러를 사용하는 많은 기기에서 문자 출력에 널리 사용
- LCD 표시 장치는 크게 문자형과 그래픽형 두 가지로 분류. 문자형은 드라이버 내에 글꼴을 가지고 있어 영문자나 숫자를 쉽게 표시할 수 있고 그래픽 형은 문자형에 폰트가 없는 한글 또는 그래픽을 표시할 수 있으나 문자형보다는 사용하기 어려움
- LCD 모듈은 디스플레이 드라이버와 디스플레이가 합쳐진 것인데 현재 시판되는 문자형 LCD 표시 장치의 드라이버로서 Hitachi사의 HD44780가 주로 사용

3.1.2 문자 LCD 인터페이스

- 실습에서는 핀 16개가 있는 16×2(16문자×2줄) 문자형 LCD를 사용
- 각 문자는 5×8 픽셀로 구성되며 모든 아스키문자를 지원하고 부가적으로 8개의 사용자 정의 문자를 만들어 사용 가능
- 마이크로 컨트롤러와 LCD의 인터페이스는 4비트 인터페이스와 8비트 인터페이스 두 가지가 있으나 실습에서는 4비트 인터페이스를 사용하여 아두이노와 연결
- 16개 핀을 갖는 16×2 문자형 LCD를 4비트 인터페이스를 통해 아두이노에 연결하는 핀 배열로 [표 3.1]을 사용

표 3.1 4비트 인터페이스를 갖는 문자형 LCD와 아두이노에 연결

LCD 핀번호	이름	기능	아두이노 연결
1	V_{SS}	GND	GND
2	V_{DD}	5V	5V
3	V_o	가변저항으로 밝기 조절	가변저항 가운데 핀에 연결
4	RS	레지스터선택(문자/명령)	22번핀
5	R/W	읽기/쓰기	GND(쓰기 전용)
6	EN	인에이블	23번핀
7	D0	데이터라인 0	
8	D1	데이터라인 1	
9	D2	데이터라인 2	
10	D3	데이터라인 3	
11	D4	데이터라인 4	24번핀
12	D5	데이터라인 5	25번핀
13	D6	데이터라인 6	26번핀
14	D7	데이터라인 7	27번핀
15	A	백라이트 애노드	5V
16	K	백라이트 캐소드	GND

3.2 LiquidCrystal 클래스 라이브러리 제공 함수

3.2.1 LiquidCrystal 클래스 라이브러리 제공 함수

- 아두이노 IDE는 LCD를 편리하게 제어하기 위한 다양한 함수를 LiquidCrystal 라이브러리에 내장하고 있으므로 프로그램 맨 윗부분에 LiquidCrystal.h를 추가하고 다음과 같은 다양한 함수를 사용

```
#include <LiquidCrystal.h>  //LCD 라이브러리 삽입

// 4비트 인터페이스를 사용하여 객체명 lcd를 생성하는 2가지 방법
① LiquidCrystal lcd(22,23,24,25,26,27); // 이 방법을 선호
② LiquidCrystal lcd = LiquidCrystal(22,23,24,25,26,27);
```

LiquidCrystal *lcd*(rs, enable, d4, d5, d6, d7) LiquidCrystal *lcd*(rs, rw, enable, d4, d5, d6, d7) LiquidCrystal *lcd*(rs, enable, d0, d1, d2, d3, d4, d5, d6, d7) LiquidCrystal *lcd*(rs, rw, enable, d0, d1, d2, d3, d4, d5, d6, d7)		
기능	LiquidCrystal 형의 변수를 생성 (lcd 객체 생성 및 초기화)	
매개변수	rs	LCD RS핀에 연결되는 아두이노 핀 번호
	rw	LCD RW핀에 연결되는 아두이노 핀 번호
	enable	LCD enable에 연결되는 아두이노 핀 번호
	d0,d1,d2,d3,d4, d5,d6,d7	데이터라인에 연결되는 아두이노 핀 번호
리턴 값	void	없음

void *lcd*.begin(cols, rows)		
기능	LCD 화면 인터페이스를 초기화, 행과 열을 지정	
변수	*lcd*	LiquidCrystal 타입의 변수
매개변수	cols	열의 수
	rows	행의 수
리턴 값	void	없음

(예) 2행 16열 설정 : lcd.begin(16,2);

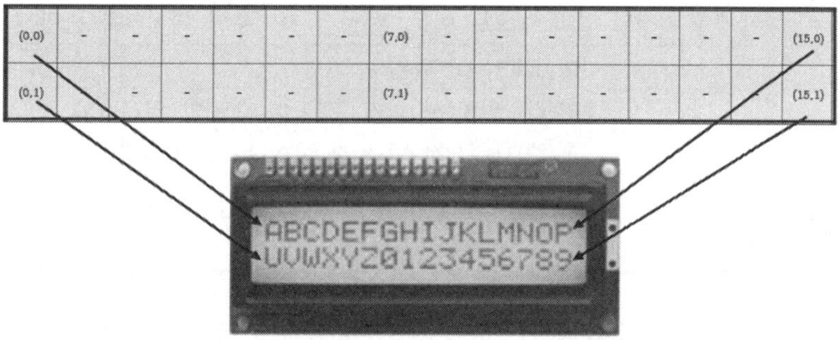

void *lcd*.clear(void)		
기능	LCD 화면을 지우고 커서를 상단 좌측에 위치	
변수	*lcd*	LiquidCrystal 타입의 변수
매개변수	void	없음
리턴 값	void	없음

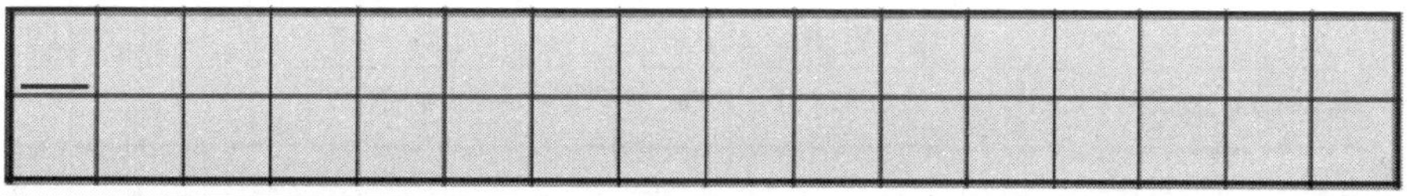

void *lcd*.home()		
기능	커서를 상단 좌측으로 이동	
변수	*lcd*	LiquidCrystal 타입의 변수
매개변수	void	없음
리턴 값	void	없음

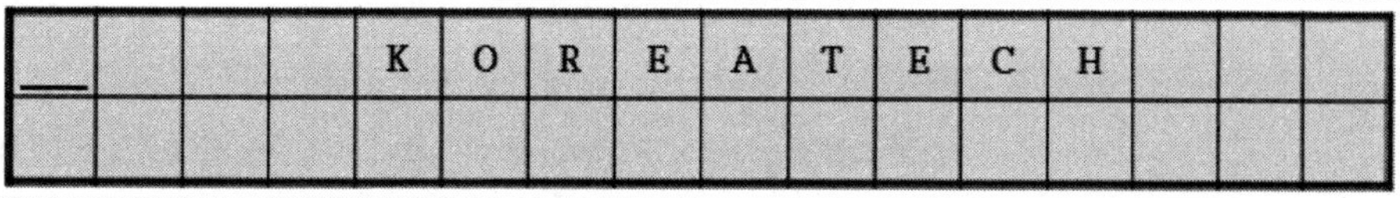

void *lcd*.setCursor(col, row)		
기능	커서를 지정된 열과 행으로 이동. 이동된 자리부터 데이터를 출력	
변수	*lcd*	LiquidCrystal 타입의 변수
매개변수	col	열(칸) 위치(첫 번째 열은 0~ 마지막 열은 15)
	row	행(줄) 위치(첫 번째 행은 0, 두 번째 행은 1)
리턴 값	void	없음

(예) `lcd.setCursor(4,0);`

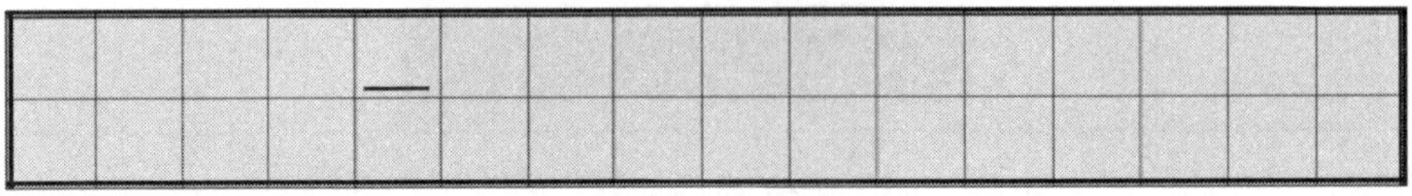

byte *lcd*.write(data)		
기능	LCD에 문자를 출력	
변수	*lcd*	LiquidCrystal 타입의 변수
매개변수	data	출력할 문자
리턴 값	byte	출력한 바이트 수

(예) `lcd.setCursor(4,0); lcd.write(97) // 97에 해당하는 문자 a 출력`

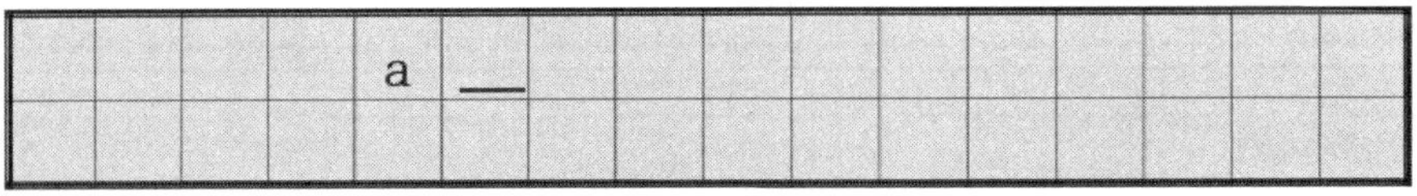

byte *lcd*.print(data) byte *lcd*.print(data, BASE)		
기능	LCD에 텍스트를 출력	
변수	*lcd*	LiquidCrystal 타입의 변수
매개변수	data	출력할 데이터(char, byte, int, long, string)
	BASE	출력할 진수, 2진수(BIN) 10진수(DEC) 8진수(OCT) 16진수(HEX)
리턴 값	byte	출력한 바이트 수

(예) `lcd.setCursor(4,0); lcd.print(97) // 문자열 97 출력`

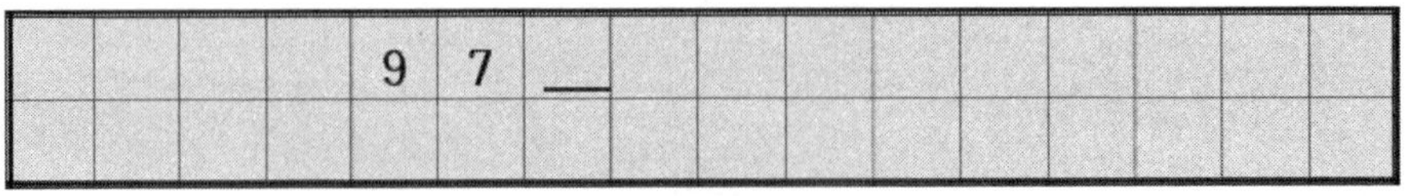

void *lcd*.cursor()		
기능	커서를 표시. 다음 문자가 출력될 위치에서 밑줄로 표시	
변수	*lcd*	LiquidCrystal 타입의 변수
매개변수	void	없음
리턴 값	void	없음

void *lcd*.noCursor()		
기능	커서를 숨김	
변수	*lcd*	LiquidCrystal 타입의 변수
매개변수	void	없음
리턴 값	void	없음

byte *lcd*.createChar(num, data)		
기능	사용자 정의문자 생성. 8개까지의 5×8 픽셀 문자를 지원하며 사용자 정의문자 ID에 0~7까지 할당. 사용자 정의 문자 출력은 사용자 정의문자 ID(0~7)를 사용하여 write() 함수로 출력	
변수	*lcd*	LiquidCrystal 타입의 변수
매개변수	num	사용자 정의문자 ID(0~7)
	data	문자 픽셀 데이터
리턴 값	void	없음

3.3 사용자 정의문자

3.3.1 사용자 정의문자

- LCD에는 8자의 새로운 사용자 정의문자(글꼴)을 생성 가능
- 사용자 정의문자는 8×5 픽셀로 구성되며 [그림 3.1]과 같이 8개의 byte형 배열로 표시

<table>
<tr><th>UpArrow 문자</th><th>2진수로 표현</th><th>16진수로 표현</th></tr>
<tr><td>
<table>
<tr><td>0</td><td>0</td><td>1</td><td>0</td><td>0</td></tr>
<tr><td>0</td><td>1</td><td>1</td><td>1</td><td>0</td></tr>
<tr><td>1</td><td>1</td><td>1</td><td>1</td><td>1</td></tr>
<tr><td>0</td><td>0</td><td>1</td><td>0</td><td>0</td></tr>
<tr><td>0</td><td>0</td><td>1</td><td>0</td><td>0</td></tr>
<tr><td>0</td><td>0</td><td>1</td><td>0</td><td>0</td></tr>
<tr><td>0</td><td>0</td><td>1</td><td>0</td><td>0</td></tr>
<tr><td>0</td><td>0</td><td>1</td><td>0</td><td>0</td></tr>
</table>
</td><td>

```
byte UpArrow[]={
  0b00100,
  0b01110,
  0b11111,
  0b00100,
  0b00100,
  0b00100,
  0b00100,
  0b00100};
```

</td><td>

```
byte UpArrow[]={
  0x04,
  0x0e,
  0x1f,
  0x04,
  0x04,
  0x04,
  0x04,
  0x04};
```

</td></tr>
</table>

그림 3.1 사용자 정의문자

- setup() 함수에서 createChar() 함수를 호출하여 byte 배열을 0~7까지의 사용자 정의문자 ID에 할당. 위쪽 화살표를 정의문자 ID 0에 할당하는 경우 아래와 같이 표현

```
lcd.createChar(0, UpArrow);
```

- 사용자 정의 문자 출력은 사용자 정의문자 ID(0~7)를 사용하여 write() 함수로 출력. 정의 문자 ID 0에 할당된 위쪽 화살표를 출력하는 경우 아래와 같이 (byte)를 꼭 붙여야 함

```
lcd.write((byte)0);
```

실험 3-1

LCD에 문자 출력

- LCD에 텍스트 표시 및 1초에 1씩 증가시켜 0~100을 반복 표시
- LCD에 다음과 같이 표시

W	e	l	c	o	m	e		a	r	d	u	i	n	o	
0															

- [그림 3.2]와 같이 회로를 연결하고 아래의 스케치 프로그램을 업로드

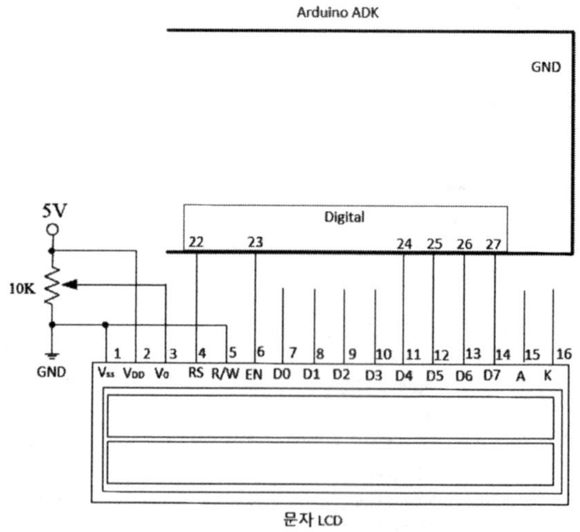

그림 3.2 실험 3-1 회로 연결

소스 프로그램 LCD_Text

```
#include <LiquidCrystal.h>  //LCD 라이브러리 삽입

int numValue=0; //시작 숫자를 저장하는 변수 선언
LiquidCrystal lcd(22,23,24,25,26,27); // 회로에 연결된 핀 번호를 사용하여 lcd 객체 생성
char InitMessage[]="Welcome Arduino"; // 초기메시지

void setup() {
  lcd.begin(16,2);  //2행 16열 설정
  lcd.print(InitMessage); //초기메시지 문자열 출력
}

void loop() {
  lcd.setCursor(0,1); // 커서를 2행 1열로 이동
  lcd.print(numValue);    //값을 출력
  delay(1000);        // 1초 지연
  if(++numValue == 101) { // 값이 101이 되었는지 확인
    numValue=0; // 값을 0으로 초기화
    lcd.setCursor(0,1); // 커서를 2행 1열로 이동
    lcd.print("                "); //2행을 모두 지우기
  }
}
```

실험 3-2

터치스위치 입력이 발생할 때마다 입력숫자를 LCD에 출력

- 터치스위치 입력이 발생할 때 마다 1씩 증가시켜 LCD에 입력 숫자를 0~100을 반복 표시
- LCD에 다음과 같이 표시

W	e	l	c	o	m	e		a	r	d	u	i	n	o	
T	o	u	c	h		N	u	m		:		0			

- [그림 3.3]과 같이 회로를 연결하고 아래의 스케치 프로그램을 업로드

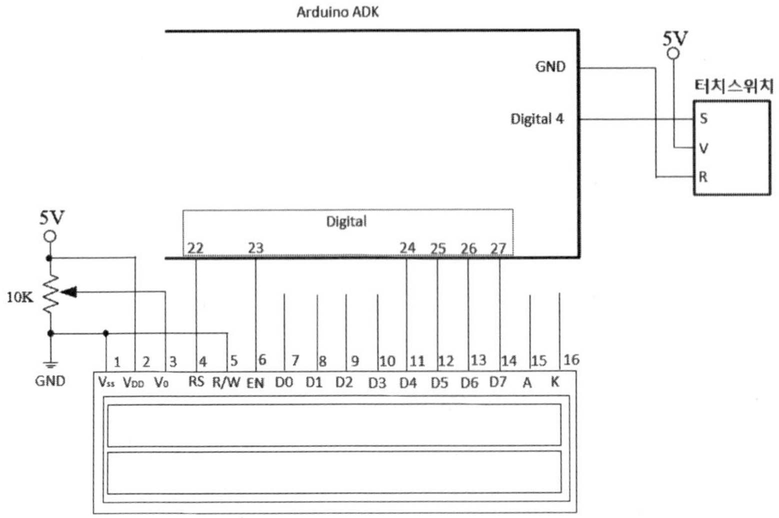

그림 3.3 실험 3-2 회로 연결

소스 프로그램 LCD_TouchSensor

```
#include <LiquidCrystal.h>  //LCD 라이브러리 삽입

const int touchSensorPin=4; // 터치센서에 연결된 핀 번호 변수 정의

LiquidCrystal lcd(22,23,24,25,26,27); // 회로에 연결된 핀 번호를 사용하여 lcd 객체 생성
boolean lastTouch=LOW; //이전 터치스위치 상태
boolean currentTouch=LOW; //현재 터치스위치 상태
int touchInputNum=0; //터치센서 입력 횟수를 저장하는 변수 선언
char firstRowInitMessage[]="Welcome Arduino"; // 첫 번째 행 초기메시지
char secondRowInitMessage[]="Touch Num :     "; // 두 번째 행 초기메시지

void setup() {
  lcd.begin(16,2);  //2행 16열 설정
  lcd.print(firstRowInitMessage); //첫 번째 행 문자열 출력
  lcd.setCursor(0,1); // 커서를 2행 1열로 이동
  lcd.print(secondRowInitMessage); //두 번째 행 문자열 출력
  pinMode(touchSensorPin, INPUT); // 터치센서를 입력으로 설정
}
```

```
void loop() {
  currentTouch=digitalRead(touchSensorPin); //현재 터치스위치 상태 읽음

  if(lastTouch==HIGH && currentTouch==LOW) { //터치스위치가 눌려 졌음
      if(++touchInputNum == 101) { // 터치 횟수가 101이 되었는지 확인
             touchInputNum=0; // 터치입력 횟수를 초기화
             lcd.setCursor(0,1); // 커서를 2행 1열로 이동
             lcd.print(secondRowInitMessage); //두 번째 행 초기메시지
      }
  }
  lcd.setCursor(12,1); // 커서를 2행 13열로 이동
  lcd.print(touchInputNum);    //터치입력 횟수 출력
  lastTouch=currentTouch; //이전 터치스위치 상태를 현재 터치스위치 상태로 변경
}
```

실험 3-3

문자열 출력과 스크롤하기

- 문자 메시지를 20ms 간격으로 우측으로 스크롤하고 끝까지 갔으면 다시 좌측으로 스크롤시켜 좌측으로 끝까지 도착했으면 다시 우측으로 스크롤하는 동작을 무한 반복
- 초기 문자 메시지 내용

W	E	L	C	O	M	E		!							
K	O	R	E	A	T	E	C	H							

- [그림 3.2]의 회로를 사용하고 아래의 스케치 프로그램을 업로드

소스 프로그램 LCD_Scroll

```
#include <LiquidCrystal.h>  //LCD 라이브러리 삽입

LiquidCrystal lcd(22,23,24,25,26,27); // 회로에 연결된 핀 번호를 사용하여 lcd 객체 생성
char firstRowInitMessage[]="WELCOME !"; // 첫 번째 행 초기메시지
char secondRowInitMessage[]="KOREATECH"; // 두 번째 행 초기메시지

void setup() {
  lcd.begin(16,2);  //2행 16열 설정
```

```
  lcd.print(firstRowInitMessage); //첫 번째 행 문자열 출력
  lcd.setCursor(0,1); // 커서를 2행 1열로 이동
  lcd.print(secondRowInitMessage); //두 번째 행 문자열 출력
}

void loop() {
  for(int i=0;i<15;i++) { // 15회 반복
    lcd.scrollDisplayRight(); //우측으로 한번 이동
    delay(200); // 200ms 지연
  }

  for(int i=0;i<23;i++) { // 23회 반복
    lcd.scrollDisplayLeft(); //좌측으로 한번 이동
    delay(200); // 200ms 지연
  }

  for(int i=0;i<8;i++) { // 8회 반복
    lcd.scrollDisplayRight(); //우측으로 한번 이동
    delay(200); // 200ms 지연
  }
}
```

실험 3-4

사용자 정의문자 생성

- 사용자 정의문자로 8개까지의 8×5 픽셀 문자를 생성할 수 있으므로 위쪽 화살표(↑)와 아래쪽 화살표(↓)를 생성하여 사용자 정의문자 정의문자 ID 0, 1에 할당
- 1초 간격으로 100까지 카운트를 하고 짝수이면 위쪽 화살표(↑) 홀수이면 아래쪽 화살표(↓)를 표시
- LCD에 다음과 같이 표시

W	e	l	c	o	m	e		a	r	d	u	i	n	o	
0	-	-	>	↑											

- [그림 3.2]의 회로를 사용하고 아래의 스케치 프로그램을 업로드

소스 프로그램 LCD_SChar

```
#include <LiquidCrystal.h>  //LCD 라이브러리 삽입

int numValue=0; //시작 숫자를 저장하는 변수 선언
LiquidCrystal lcd(22,23,24,25,26,27); // 회로에 연결된 핀 번호를 사용하여 lcd 객체 생성
char InitMessage[]="Welcome Arduino"; // 초기메시지
String numDisplay=""; //"숫자 -->"를 표시하기 위하여 문자열 변수 선언

byte UpArrow[]={  //8×5 위쪽 화살표 문자 생성
  0b00100,
  0b01110,
  0b11111,
  0b00100,
  0b00100,
  0b00100,
  0b00100,
  0b00100};

byte DownArrow[]={ //8×5 아래쪽 화살표 문자 생성
  0b00100,
  0b00100,
  0b00100,
  0b00100,
  0b00100,
  0b11111,
  0b01110,
  0b00100};

void setup() {
  lcd.begin(16,2);  //2행 16열 설정
  lcd.print(InitMessage); //초기메시지 문자열 출력
  lcd.createChar(0, UpArrow); // 위쪽 화살표를 정의문자 ID 0에 할당
  lcd.createChar(1, DownArrow); // 아래쪽 화살표를 정의문자 ID 1에 할당
}

void loop() {
  lcd.setCursor(0,1); // 커서를 2행 1열로 이동
  numDisplay=(String)numValue+"-->"; // LCD에 표시할 문자열 생성
  lcd.print(numDisplay); // "숫자 -->"을 LCD에 표시
```

```
  if(numValue%2) lcd.write((byte)1); // 홀수이면 아래쪽 화살표 출력
  else lcd.write((byte)0); // 짝수이면 위쪽 화살표 출력

  delay(1000); // 1초 지연

  if(++numValue == 101) { // 값이 101이 되었는지 확인
    numValue=0; // 값을 0으로 초기화
    lcd.setCursor(0,1); // 커서를 2행 1열로 이동
    lcd.print("                "); //2행을 모두 지우기
  }
}
```

제4장 아날로그 입출력 제어

실험에 필요한 부품

온도센서 (LM35DZ)	먼지센서 (샤프 GP2Y1010AU0F)	디지털릴레이 모듈 (DFR0017)	서보모터 (HES-288 플라스틱)	16×2 문자LCD
1개	1개	1개	1개	1개

DC 12V 팬 (DF0501512SEU2F)	**캐소드 공통형 3색 RGB LED**	**LED**	**10KΩ 가변저항**	**10KΩ 저항 가변저항**
	1개	1개	1개	1개

9V 전원	**9V 전원 커넥터**	**220uF 캐패시터**	**1KΩ 저항**	**150Ω 저항**
1개	1개	1개	4개	1개

본 장에서는 GPIO 핀을 아날로그 입력으로 사용하여 온도센서, 먼지센서와 같은 아날로그 센서를 제어하고 GPIO 핀을 아날로그 출력으로 사용하여 서보모터와 같은 액추레이터를 제어하는 방법에 대하여 학습한다.

4.1 아날로그 I/O 함수

4.1.1 아날로그 I/O 함수

GPIO 핀을 아날로그 입출력으로 사용하기 위해서는 [그림 4.1], [표 4.1]과 같이 analogRead() 함수와 analogWrite() 함수를 사용하여 아날로그 데이터를 입출력한다. 아날로그 입출력의 경우 입력핀과 출력핀이 정해져 있기 때문에 pinMode() 함수를 통하여 핀의 용도를 설정할 필요는 없다.

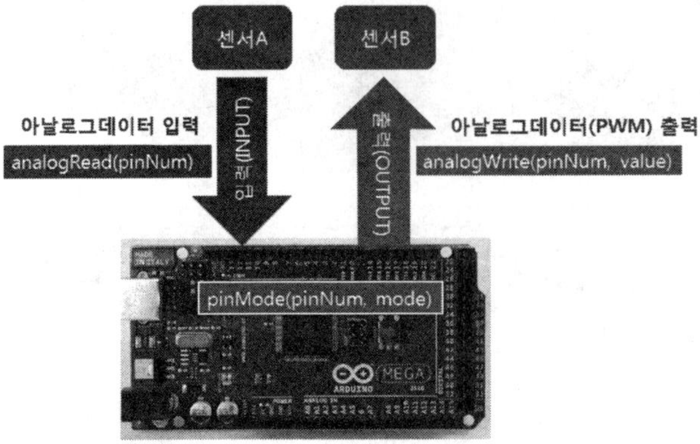

그림 4.1 아날로그 I/O 함수

표 4.1 아날로그 I/O 함수

void analogReference(type)			
기능	아날로그 핀에 입력되는 기준 전압 설정(즉, 입력 받을 수 있는 최대 접압을 설정)		
매개변수	type	DEFAULT	디폴트 기준 전압(5V 아두이노 보드의 경우 5V, 3.3V 아두이노 보드의 경우 3.3)
		INTERNAL	내장 기준 접압(아두이노 메가보드에서는 사용 불가)
		INTERVAL1V1	내장 1.1V 기준 전압(메가 전용)
		INTERNAL2V56	내장 2.56V 기준 전압(메가 전용)
		EXTERNAL	AREF 핀 인가 전압(0~5V)
리턴 값	void	없음	

void analogWrite(pinNum, value)		
기능	지정된 핀에 아날로그 값 출력	
매개변수	pinNum	출력할 핀 번호
	value	0~255 값 : PWM으로 생성할 수 있는 파형 듀티비
리턴 값	void	없음

int analogRead(pinNum)		
기능	지정된 핀으로 입력된 아날로그 값 읽어오기	
매개변수	pinNum	값을 읽어올 핀 번호
리턴 값	value	0~1023 범위 값 : 10비트 ADC 범위

4.2 아날로그 입력

4.2.1 아날로그-디지털 변환기(ADC : Analog-Digital Conveter)

- 먼지센서의 먼지밀도, UV 센서의 UV 강도 값, 온도센서의 온도 값, 조도센서의 조도 값, 거리센서의 거리 값 등은 최소 값에서 최대 값 사이에 어떠한 값도 가질 수 있는 연속적인 아날로그 신호
- 아두이노와 같은 마이크로컨트롤러는 불연속적인 디지털 신호만을 처리할 수 있는 장치
- [그림 4.2]와 같이 아날로그-디지털 변환기(Analog-Digital Conveter)는 이름 그대로 아날로그 전압 신호를 받아 마이크로컨트롤러가 인지할 수 있는 디지털 값으로 변환하는 장치이며, 줄여서 영문 약자로 ADC라고 표기
- 아두이노에는 아날로그 값을 디지털 값으로 변환해 주는 ADC를 내장

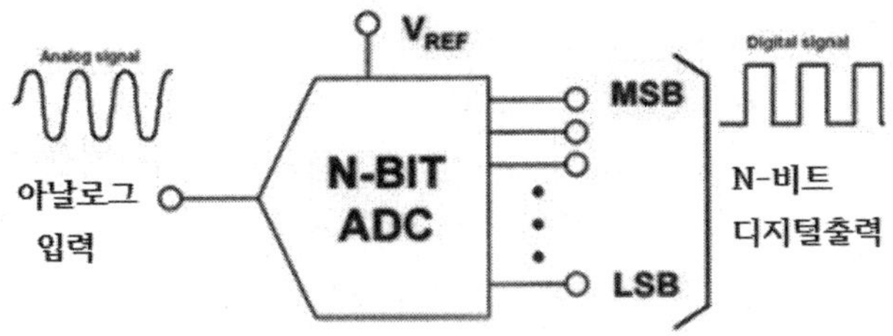

그림 4.2 아날로그-디지털 변환

4.2.2 아날로그-디지털 변환기(ADC : Analog-Digital Conveter) 동작

- 연속적인 아날로그 값을 디지털 값으로 변환하기 위해서는 [그림 4.3]과 같이 표본화, 양자화, 부호화의 과정을 거쳐 변환

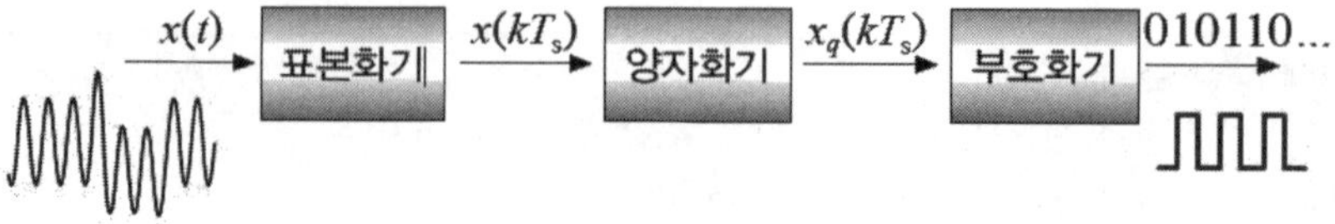

그림 4.3 표본화, 양자화, 부호화의 과정

- 아날로그 신호는 시간과 진폭이 모두 연속적인 신호이므로 불연속적인 시간에서 아날로그 신호를 샘플하는 것을 표본화라 함. 즉, 표본화란 샘플할 시간을 결정하는 것
- 표본화 과정을 거쳐 표본화된 샘플은 진폭 축에서 연속이므로 연속적인 진폭을 불연속인 진폭으로 변환해 주기 위해 양자화를 거치는데 진폭을 2^v개로 균일하게 나눈다고 하면 양자화된 값은 0 ~ (2^v-1)일 것 임.
- 양자환된 값은 0 ~ (2^v-1)의 값을 가지므로 부호화 과정에 의해 양자화된 값들은 v비트로 변환되고 이러한 과정을 v비트 ADC 또는 v비트 해상도를 갖는 ADC라 부름. 즉, 각 샘플을 v비트로 변환하기 위해서는 2^v개의 양자화 레벨이 필요하다는 것을 알 수 있으며 v가 클수록 양자화 레벨 수가 많아지므로 정밀도가 높아지게 됨.
- 2비트 ADC 또는 2비트 해상도를 갖는 ADC는 [그림 4.4]와 같음.

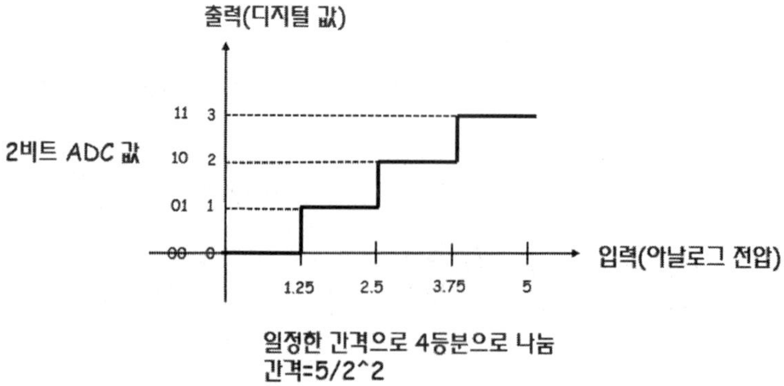

그림 4.4 2비트 ADC

- 아두이노에서는 10비트 해상도를 갖는 10비트 ADC가 내장되어 아날로그 신호를 디지털 신호로 변환
- 10비트를 사용하여 나타낼 수 있는 수의 개수는 2^{10}(=1024)이므로 10비트 ADC는 기준 전압을 1024(=2^{10})등분하여 1024개의 디지털 값으로 표시
- [그림 4.5]는 10비트 ADC가 아날로그 전압을 디지털값으로 변환하는 방법을 보여주는데 기준 전압을 1024등분하여 계단 형태로 아날로그 전압을 0(0000000000)~1023 (1111111111)의 디지털값으로 변환. 우리는 기준 전압으로 5V를 사용하므로 5V 신호는 1023으로 변환되고 0V 신호는 0 값으로 2.5V 신호는 512로 변환 될 것임.

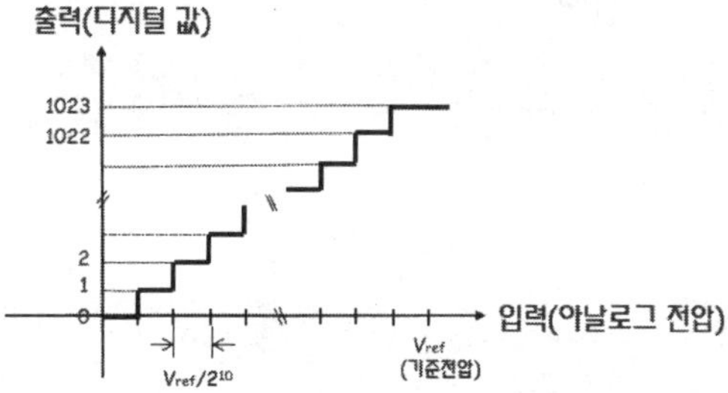

그림 4.5 10비트 ADC

4.3 온도센서

4.3.1 온도센서

- [그림 4.6]은 -55°C~150°C의 측정범위를 갖는 온도센서 LM35DZ의 외관과 핀 구성 및 주요특징을 나타냄

- 1. Vcc
- 2. 출력
- 3. GND

- 섭씨 온도 측정
- +10mV/$^{\circ}$C의 선형특성
- 25°C에서 0.5°C의 정확도
- -55°C~150°C의 측정범위
- 원격응용에 적합
- 4V~30V 범위에서 동작
- 60uA보다 적은 소모 전류

그림 4.6 LM35DZ의 외관, 핀 구성 및 주요특징

4.3.2 온도센서를 이용하여 온도값을 계산하는 절차

1) anlogRead() 함수를 이용하여 AD 값을 읽어와 변수 getTempC에 저장하였다고 가정
2) getTempC에는 0~1023의 값이 들어 있을 것임. 이 값에 대한 실제 전압 값을 다음과 같이 계산

```
x[V]= (getTempC* 5)/1023
```

3) 이 온도 센서는 1^{0}C당 10mV의 선형 특성을 가지므로 2)에서 계산한 전압 값에 대한 온도 값을 다음과 같이 환산

```
tempC = x[V]*100 = (getTempC* 5*100)/1023
```

4.4 먼지 센서

4.4.1 먼지 센서

- 먼지센서는 공기 중 담배연기와 같은 미세먼지를 측정할 수 있도록 만들어졌으며 공기청정기, 미세먼지 검출기 등에 주로 사용
- 먼지센서는 적외선(IR) LED와 포토트랜지스터가 내장되어서 먼지에 의해 반사된 빛을 감지하여 미세 먼지를 측정
- [그림 4.7]은 실험에 사용할 샤프사의 광학먼지센서 (GP2Y1010AU0F) 모듈을 보여주며 [표 4.2]와 같은 주요특징을 가짐

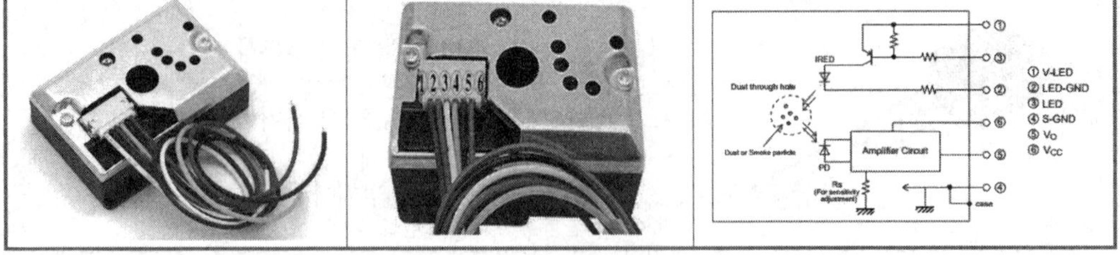

그림 4.7 샤프사의 광학먼지센서 모듈

표 4.2 샤프사의 광학먼지센서 (GP2Y1010AU0F) 모듈 주요특징

• 광학식 공기 품질 센서 • PM2.5 미만의 초 미세먼지 검출 • 동작전류 : 저전력으로 구동되며 (20mA max, 11mA typical) • 동작전압 : 5~7V • 출력 : 아날로그 값을 출력하며 값은 먼지의 농도에 비례

4.4.2 먼지 센서와 아두이노 연결

- 먼지센서를 아두이노에 연결하는 핀 배열로 [표 4.3]을 사용
- 먼지 센서의 ③ LED 핀 값에 따라 적외선 송출이 결정, 즉 ③ LED 핀 값이 LOW 일 때 적외선이 발생되고 HIGH 일 때 멈추게 됨. 이를 제어하기 위하여 아두이노 디지털 28번 핀(D28)에 연결
- ③ LED 핀 값이 LOW 일 때 송출 된 적외선은 먼지에 의해 반사되고 PD에서 감지되며 ⑤ V_0를 샘플하여 미세 먼지를 측정하게 되는데 이 값을 읽어 들이기 위하여 아두이노 아날로그 2번 핀(A2)에 연결

4.4.3 먼지 센서 제어 과정

1) 아두이노 디지털 28번 핀(D28)에 연결된 먼지센서 LED 핀에 LOW 출력 → 적외선 LED가 ON되고 포토트랜지스터에서 먼지에 의해 반사된 빛 검파 ([그림 4.8] (a) 참조)
2) 0.28ms 후에 먼지센서 V_0 핀에 연결된 아날로그 핀 A2를 샘플링 ([그림 4.8] (a) 참조)
3) 0.04ms 후에 아두이노 28번 핀(D28)에 연결된 먼지센서 LED 핀에 HIGH 출력 → 적외선 LED가 OFF 됨 ([그림 4.8] (a) 참조)
4) 10ms 단위로 반복하기 위하여 9.680ms를 기다림 ([그림 4.8] (b) 참조)

표 4.3 먼지 센서와 아두이노 연결

먼지센서	아두이노
① V-LED	5V (150Ω 저항을 연결)
② LED-GND	GND
③ LED	디지털 핀 28 (D28)
④ S-GND	GND
⑤ V_0	아날로그 핀 2 (A2)
⑥ V_{cc}	5V

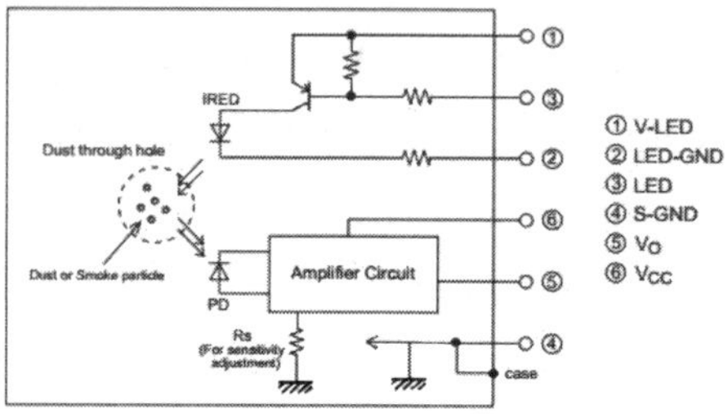

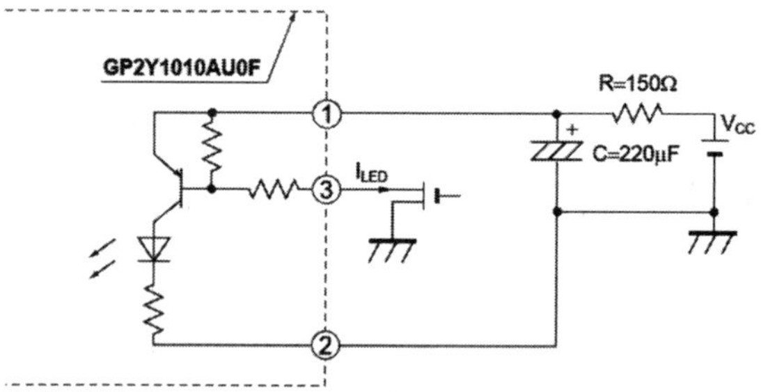

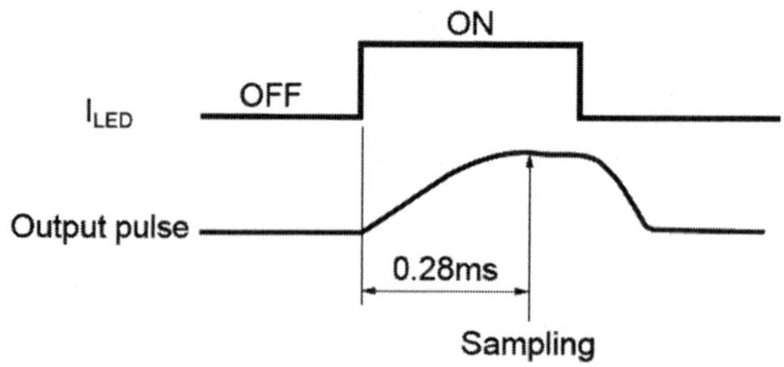

(a)

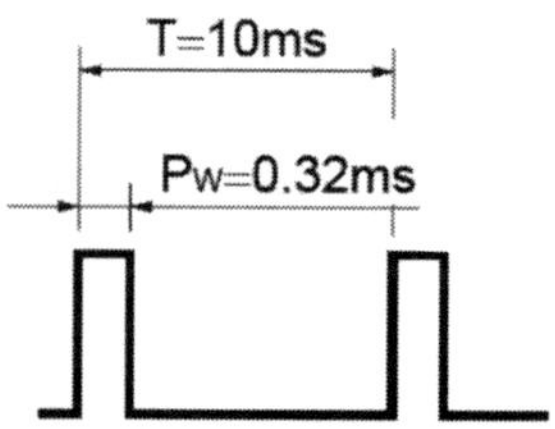

(b)

그림 4.8 적외선 거리 센서 제어

4.4.4 먼지 센서 먼지 밀도 측정

- 먼지 센서의 출력은 [그림 4.9]와 같으며 먼지 센서의 출력전압(V: (v))과 먼지밀도(D: (mg/m^3))는 다음과 같은 관계를 가짐

$$D = 0.17 * V - 0.1$$

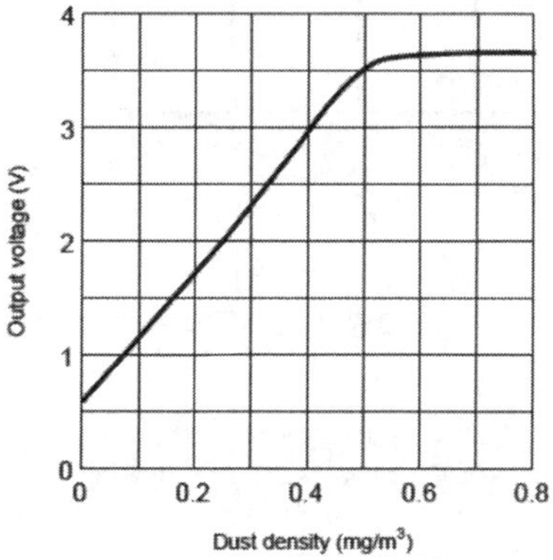

그림 4.9 적외선 거리 센서 출력

4.5 아날로그 출력

4.5.1 PWM(Pulse Width Modulation)

- 디지털 출력에서는 HIGH 또는 LOW 상태에 따라 5V 또는 0V 전압 한 가지만 출력
- LED 밝기를 조절한다거나 모터 속도 조절을 하고 싶다면 5V 또는 0V 전압 외에 다른 아날로그 출력 전압을 사용하여야 하는데 이를 위해 디지털-아날로그 변화기(DAC : Digital-Analog Converter)를 사용해야 함, 그러나 아두이노 듀이(Arduino Due) 보드를 제외한 대부분의 아두이노에는 DAC가 내장되어 있지 않음
- 아두이노에서는 디지털 신호 값으로 아날로그 신호 값과 유사한 효과를 만들어내는 기술로 PWM 방식을 사용. PWM은 Pulse Width Modulation의 약자로 펄스 폭 변조라고 함

- PWM에서는 반복되는 펄스의 1주기 내에서 5V(HIGH) 전압의 시간 폭과 0V(LOW) 전압의 시간 폭 비율을 변경하면서 평균 직류 전압의 크기를 변화시키는 방법으로 아날로그 출력 전압을 만드는 효과를 이용
- [그림 4.10]과 같이 반복되는 펄스의 1주기 시간 T 중에 5V(HIGH) 전압의 시간 T_{on}의 비를 듀티비(duty cycle)이라 하며 단위는 %를 사용

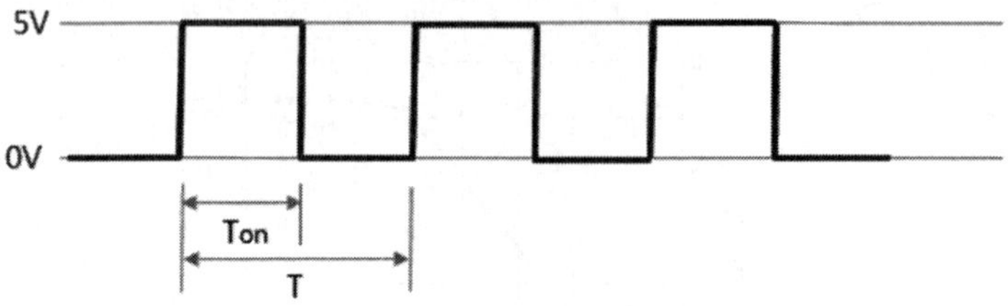

그림 4.10 듀티비

$$듀티비(\%) = T_{on}/T \times 100\ [\%]$$

- 반복되는 펄스의 1주기 시간 (T)의 역수는 주파수 임

4.5.2 analogWrite() 함수를 사용한 PWM 출력

void analogWrite(pinNum, value)		
기능	지정된 핀에 아날로그 값 출력	
매개변수	pinNum	출력할 핀 번호
	value	0~255 값 : PWM으로 생성할 수 있는 파형 듀티비
리턴 값	void	없음

- analogWrite() 함수는 지정된 듀티비의 사각파를 발생하며 제어할 핀 번호와 출력 값 두 개의 인수로 구성
- 메가 ADK 보드의 경우 핀 2~13, 핀 44~46을 PWM 출력 핀으로 사용할 수 있으며 이 경우 pinMode() 함수를 통해 핀을 출력으로 설정하지 않아도 됨

- PWM 주파수는 약 488Hz의 주파수를 가지며 2ms 마다 1 주기의 펄스 파형이 만들어 짐
- 출력 값은 8비트로 0~255 사이의 숫자를 지정하여 0~5V 사이의 다양한 직류전압 값이 비례 변환하여 표현. 출력 값에 따른 듀티비는 다음과 같으며 [그림 4.11]과 같음

```
듀티비(%) = (출력 값+1)/256 × 100%
```

- 출력 값에 0을 지정하면 듀티비는 0%에 가깝고 평균직류전압은 0V 출력
- 출력 값에 63을 지정하면 듀티비는 25%이고 평균직류전압은 1.25V 출력
- 출력 값에 127을 지정하면 듀티비는 50%이고 평균직류전압은 2.5V 출력
- 출력 값에 191을 지정하면 듀티비는 75%이고 평균직류전압은 3.75V 출력
- 출력 값에 255를 지정하면 듀티비는 100%이고 평균직류전압은 5V 출력

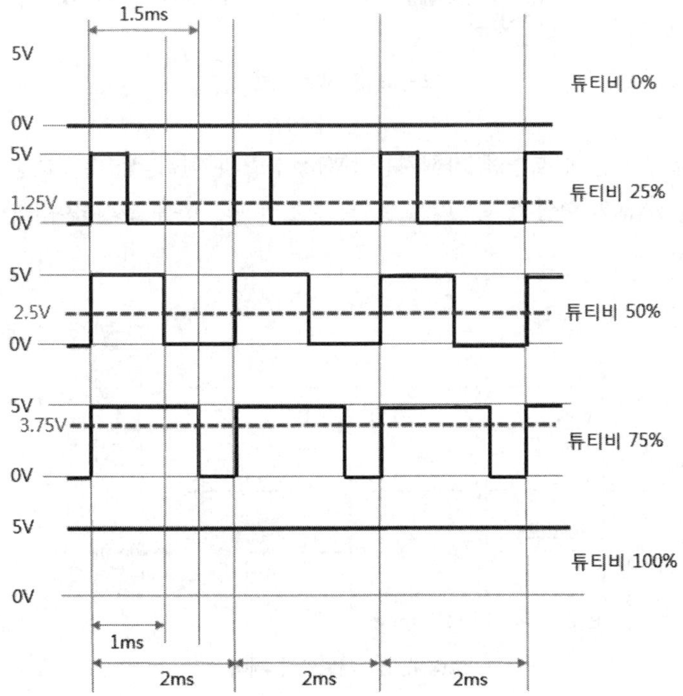

그림 4.11 PWM 신호

4.6 서보 모터

4.6.1 서보(Servo) 모터

- 서보모터는 값에 따라 특정 위치로 이동하고 새로운 값을 받기 전에 그 위치에 머무르는 모터로 회전 범위는 0^0~180^0로 고정되어 있음
- 서보모터는 위치를 제어하는 시스템으로 입력선은 [그림 4.12]와 같이 전원선 2개와 신호선 1개로 구성되어 있음

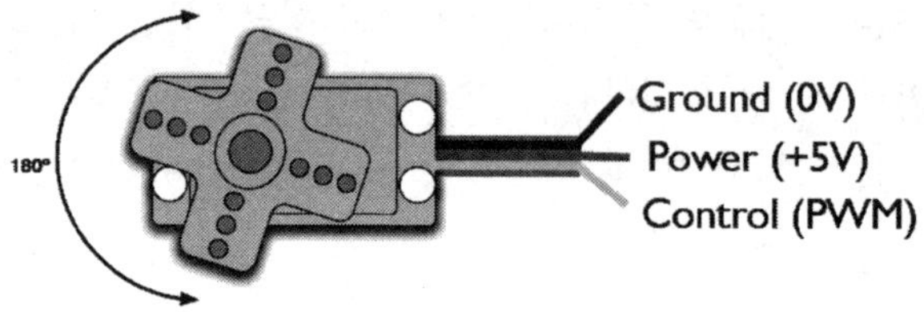

그림 4.12 서보모터

- 서보모터의 위치는 신호선에 가해지는 PWM 신호의 펄스 폭으로 설정
- 서보모터는 20ms의 반송주기를 갖는 PWM 신호의 펄스폭을 조절하여 [그림 4.13]과 같이 각도를 제어

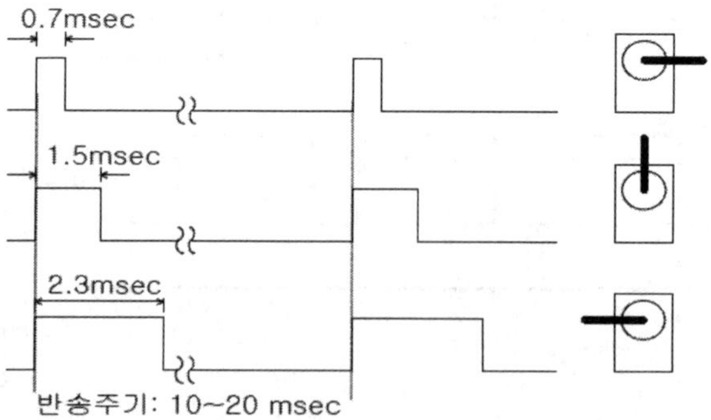

그림 4.13 서보모터 제어

- ON 시간이 0.7msec일 때 서보모터는 0^0에 위치하고 1.5msec일 때 90^0로 이동하며

2.3msec일 때 왼쪽으로 180^0로 이동 즉, 서보의 변위는 펄스의 ON 시간에 비례

4.6.2 서보(Servo) 라이브러리 제공 함수

- 아두이노 IDE는 서보모터를 편리하게 제어하기 위한 다양한 함수를 Servo 라이브러리에 내장하고 있으므로 프로그램 맨 윗부분에 Servo.h를 추가

```
#include <Servo.h>  //서보 라이브러리 삽입
```

- 다음과 같은 다양한 함수를 사용

Servo 객체명; (예) Servo *myServo*; //myServo 객체 생성	
기능	Servo 클래스의 객체 생성

void *myServo*.attach(servoPin)		
기능	servoPin에 연결된 서보모터 초기화	
변수	*myServo*	Servo 객체명
매개변수	servoPin	서보모터가 연결된 핀 번호
리턴 값	void	없음

void *myServo*.write(pos)		
기능	지정된 위치로 서보 이동	
변수	*myServo*	Servo 객체명
매개변수	pos	이동위치 값 (0~180)
리턴 값	void	없음

실험 4-1

가변저항을 연결하고 10비트 ADC한 값 및 실제저항 값을 0.5초 간격으로 LCD 및 시리얼 모니터에 출력

- 10KΩ 가변저항을 아날로그 입력단자에 연결
- 0.5초 간격으로 가변저항 값을 읽어들임
- AD값 및 실제가변 저항 값을 LCD 및 시리얼 모니터에 출력
- LCD에 다음과 같이 표시

A	D	C		V	a	l	u	e	:						
P	O	T		V	a	l	u	e	:						

- 시리얼 모니터에 다음과 같이 출력

  Resistor Value : ADC값 ADC값을 2진수로 출력==〉 실제저항값 ohm
- (예) 시리얼 모니터에 출력

  Resistor Value : 110 B0001101110 ==〉 1075 ohm
- [그림 4.14]와 같이 회로를 연결하고 아래의 스케치 프로그램을 업로드

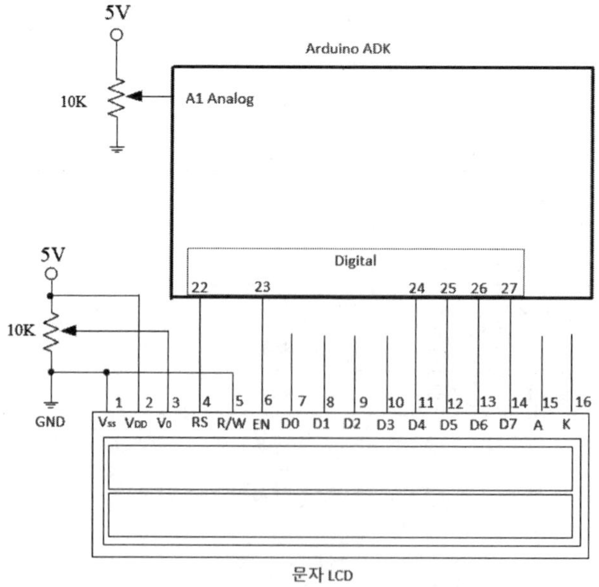

그림 4.14 실험 4-1 회로 연결

소스 프로그램 **VarR_Read_Lcd**

```
#include <LiquidCrystal.h>  //LCD 라이브러리 삽입

const int varR=A1; // 가변저항에 연결된 핀 번호 변수 정의

int adcRead=0; // 가변저항 값을 ADC한 값을 저장하는 변수 선언
int varRValue=0; // 실제 가변저항 값을 저장하는 변수 선언
LiquidCrystal lcd(22,23,24,25,26,27); // 회로에 연결된 핀 번호를 사용하여 lcd 객체 생성
char firstRowInitMessage[]="ADC Value: "; // 첫 번째 행 초기메시지
char secondRowInitMessage[]="POT Value: "; // 두 번째 행 초기메시지

void setup() {
  lcd.begin(16,2);  //2행 16열 설정
  lcd.print(firstRowInitMessage); //첫 번째 행 문자열 출력
  lcd.setCursor(0,1); // 커서를 2행 1열로 이동
  lcd.print(secondRowInitMessage); //두 번째 행 문자열 출력
  Serial.begin(9600); // 시리얼 개방, 통신속도 설정
}

void loop() {
  adcRead=analogRead(varR); //아날로그 입력 0번 핀의 가변저항 값 읽음
  varRValue=map(adcRead,0,1023,0,10000); //읽어들인 값을 0~10K 사이로 매핑

  Serial.print("Resistor Value: "+(String)adcRead+" B"); //ADC로 읽어들인 값 출력
  for(int i=9;i>=0;i--) { //10비트 값을 2진수로 출력하기 위해 10번 반복
    boolean Bit=bitRead(adcRead,i); // 해당위치의 비트값을 읽음
    if (Bit) Serial.print("1"); //비트값이 1이면 1 출력
    else Serial.print("0");  // 비트값이 0이면 0 출력
  }
  Serial.print(" ==> "+(String)varRValue+" ohm"); //실제 가변저항 값을 출력
  Serial.println(); //줄바꿈

  lcd.clear(); // LCD를 지움
  lcd.print(firstRowInitMessage); //첫 번째 행 문자열 출력
  lcd.print(adcRead); //LCD에 ADC로 읽어들인 값 출력

  lcd.setCursor(0,1); // 커서를 2행 1열로 이동
  lcd.print(secondRowInitMessage); //두 번째 행 문자열 출력
  lcd.print(varRValue); //LCD에 실제 가변저항 값을 출력

  delay(500); // 500ms 지연
}
```

실험 4-2

온도센서 값을 LCD 및 시리얼 모니터에 출력

- LM35 온도센서를 아날로그 입력단자에 연결
- 3초마다 온도 값을 읽어 LCD 및 시리얼 모니터에 출력
- LCD에 다음과 같이 표시

T	e	m	p	.		:		2	6	°	C				

- LCD에 표시할 사용자 정의문자로 섭씨온도 단위의 (°) 문자를 생성하여 사용자 정의 문자 ID 0에 할당
- 시리얼 모니터에 다음과 같이 출력
  Current Temp. : 온도값 C
- [그림 4.15]와 같이 회로를 연결하고 아래의 스케치 프로그램을 업로드

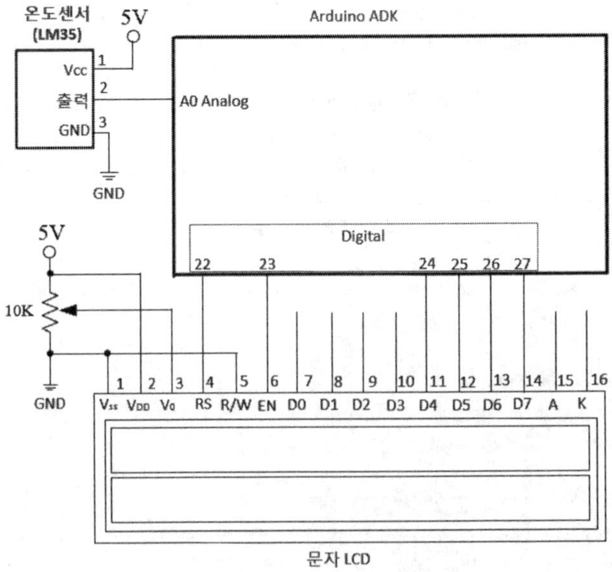

그림 4.15 실험 4-2 회로 연결

소스 프로그램 LM35_LCD

```
#include <LiquidCrystal.h>  //LCD 라이브러리 삽입

const int tempPin=0; //온도센서와 연결된 핀 번호 변수 정의
LiquidCrystal lcd(22,23,24,25,26,27); // 회로에 연결된 핀 번호를 사용하여 lcd 객체 생성
int tempC; //온도 값을 저장하는 변수 선언

byte degree[]={  //8×5 온도 ( ° ) 문자 생성
  0b00110,
  0b01001,
  0b01001,
  0b00110,
  0b00000,
  0b00000,
  0b00000,
  0b00000};

void setup() {
  lcd.begin(16,2);  //2행 16열 설정
  lcd.print("Temp. : "); // LCD에 초기메시지 문자열 출력
  lcd.createChar(0, degree); // 온도 ( ° ) 를 정의문자 ID 0에 할당
  Serial.begin(9600); // 시리얼 개방, 통신속도 설정
}

void loop() {

  int getTempC=analogRead(tempPin); //아날로그 입력 핀의 값 읽음
  tempC=(int) ((5.0*getTempC*100.0)/1023.0); // 값을 온도로 환산
  Serial.println("Current Temp. : "+(String)tempC+" C"); // 온도를 출력

  lcd.setCursor(8,0); // 커서를 1행 9열로 이동
  lcd.print(tempC); // 온도를 LCD에 출력
  lcd.write((byte)0); // 온도 ( ° ) 를 출력
  lcd.write('C');  // 문자 C를 출력

  delay(3000); // 3초 지연
}
```

실험 4-3

온도센서 값을 LCD 및 시리얼 모니터에 출력하고 설정한 온도보다 높은 경우 LED 와 팬을 동작

- [실험 4-2]와 동일
- 희망 온도를 설정
- 설정 온도 이상일 때 LED를 켜고 릴레이에 연결된 팬을 동작
- 설정 온도 이하일 때 LED를 끄고 릴레이에 연결된 팬을 정지
- LCD에 다음과 같이 표시

T	e	m	p	.		:		2	6	°	C				
F	a	n		O	N										

- [그림 4.16]과 같이 회로를 연결하고 아래의 스케치 프로그램을 업로드

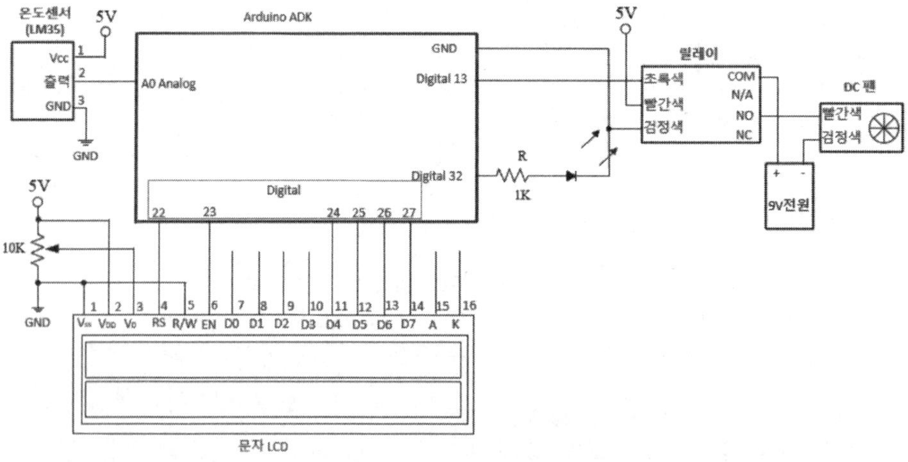

그림 4.16 실험 4-3 회로 연결

소스 프로그램 LM35_LCD_Fan

```
#include <LiquidCrystal.h>  //LCD 라이브러리 삽입

const int tempPin=0; //온도센서와 연결된 핀 번호 변수 정의
const int relayPin=13; // 릴레이에 연결된 핀 번호 변수 정의
const int ledPin=32; // LED에 연결된 핀 번호 변수 정의

LiquidCrystal lcd(22,23,24,25,26,27); // 회로에 연결된 핀 번호를 사용하여 lcd 객체 생성
int tempC; //온도 값을 저장하는 변수 선언
const int setTempC=25; //희망 온도를 설정

byte degree[]={  //8×5 온도 ( ° ) 문자 생성
  0b00110,
  0b01001,
  0b01001,
  0b00110,
  0b00000,
  0b00000,
  0b00000,
  0b00000};

void setup() {
  lcd.begin(16,2);  //2행 16열 설정
  lcd.print("Temp. : "); // LCD에 초기메시지 문자열 출력
  lcd.setCursor(0,1);  //2행 1열 설정
  lcd.print("Fan "); // LCD에 초기메시지 문자열 출력
  lcd.createChar(0, degree); // 온도 ( ° ) 를 정의문자 ID 0에 할당
  Serial.begin(9600); // 시리얼 개방, 통신속도 설정

  pinMode(ledPin, OUTPUT);  // LED를 출력으로 설정
  pinMode(relayPin, OUTPUT); // 릴레이를 출력으로 설정
}

void loop() {
  int getTempC=analogRead(tempPin); //아날로그 입력 핀의 값 읽음
  tempC=(int) ((5.0*getTempC*100.0)/1023.0); // 값을 온도로 환산
  Serial.println("Current Temp. : "+(String)tempC+" C"); // 온도를 출력
```

```
  lcd.setCursor(8,0); // 커서를 1행 9열로 이동
  lcd.print(tempC); // 온도를 LCD에 출력
  lcd.write((byte)0); // 온도 ( ° ) 를 출력
  lcd.write('C');  // 문자 C를 출력

  if(tempC > setTempC) { //설정온도 보다 높은지 확인
    digitalWrite(ledPin,HIGH); // LED 켜기
    digitalWrite(relayPin,HIGH); // 릴레이 켜기
    lcd.setCursor(4,1);  //2행 5열 설정
    lcd.print("ON "); // LCD에 ON 문자열 출력
  }
  else { //설정온도 이하 이면
    digitalWrite(ledPin,LOW);  // LED 끄기
    digitalWrite(relayPin,LOW);  // 릴레이 끄기
    lcd.setCursor(4,1);  //2행 5열 설정
    lcd.print("OFF"); // LCD에 OFF 문자열 출력
  }

  delay(3000); // 3초 지연
}
```

실험 4-4

먼지센서로부터 미세먼지(PM2.5)의 값을 읽어 값 범위에 따라 시리얼 모니터와 3색 LED에 공기상태 표시

- 1초 간격으로 먼지센서 값을 읽어 들임
- 미세먼지 값 범위에 따라 다음과 같이 공기 상태를 시리얼 모니터에 출력하고 RGB LED 색을 제어

먼지밀도(mg/m^3)	0~0.015	0.016~0.05	0.051~0.1	0.101
공기 상태	Good	Fair	Poor	Very Poor
공기 상태 LED 표시	파란색	초록색	노란색	빨간색

- [그림 4.17]과 같이 회로를 연결하고 아래의 스케치 프로그램을 업로드

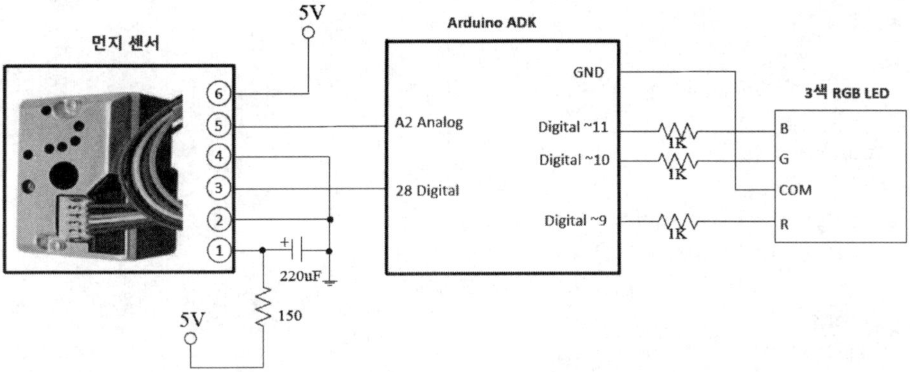

그림 4.17 실험 4-4 회로 연결

소스 프로그램 dustSensorLedCtrl

```
const int measurePin = A2; // 먼지센서 출력(5번 핀)에 연결된 핀 번호 변수 정의 (A2)
const int ledPower = 28;   // 먼지센서 적외선 LED 드라이버(3번 핀)에 연결된 핀 번호
                           // 변수 정의 (D28)
const int rLedPin = 9; //3색 LED 중 빨간색 LED와 연결된 핀 번호 변수 정의
const int gLedPin = 10; //3색 LED 중 초록색 LED와 연결된 핀 번호 변수 정의
const int bLedPin = 11; //3색 LED 중 파란색 LED와 연결된 핀 번호 변수 정의

int samplingTime = 280; // 0.28ms 후 출력을 샘플링하기 위한 시간 값을 저장하는 변수
int deltaTime = 40;  // 0,04ms 후 LED를 끄기 위한 시간 값을 저장하는 변수
int sleepTime = 9680; // 10ms 마다 반복하기 위해 9.68ms를 기다리는 시간 값을 저장하는 변수
float dustSensorValue = 0; // 먼지센서의 ADC 한 값을 저장하는 변수 선언
float dustSensorVolValue = 0; // ADC 값을 전압 값으로 환산한 값을 저장하는 변수 선언
float dustDensity = 0; // 먼지밀도 값을 저장하는 변수 선언

void setup(){
  Serial.begin(9600);
  pinMode(ledPower,OUTPUT);
  pinMode(rLedPin, OUTPUT); // rLED를 출력으로 설정
  pinMode(gLedPin, OUTPUT); // gLED를 출력으로 설정
  pinMode(bLedPin, OUTPUT); // bLED를 출력으로 설정

  digitalWrite(rLedPin, LOW);  //rLED에 LOW 출력(rLED 끄기)
  digitalWrite(gLedPin, LOW);  //gLED에 LOW 출력(gLED 끄기)
```

```
  digitalWrite(bLedPin, LOW);  //bLED에 LOW 출력(bLED 끄기)
}

void RGBLED_Display(int Num){

  switch (Num) {
    case 0 :
        digitalWrite(rLedPin, LOW);  //rLED 끄기
        digitalWrite(gLedPin, LOW);  //gLED 끄기
        digitalWrite(bLedPin, LOW);  //bLED 끄기
      break;
    case 1 :
        digitalWrite(rLedPin, HIGH);  //rLED 켜기
        digitalWrite(gLedPin, LOW);  //gLED 끄기
        digitalWrite(bLedPin, LOW);  //bLED 끄기
      break;
    case 2 :
        digitalWrite(rLedPin, LOW);  //rLED 끄기
        digitalWrite(gLedPin, HIGH);  //gLED 켜기
        digitalWrite(bLedPin, LOW);  //bLED 끄기
      break;
    case 3 :
        digitalWrite(rLedPin, LOW);  //rLED 끄기
        digitalWrite(gLedPin, LOW);  //gLED 끄기
        digitalWrite(bLedPin, HIGH);  //bLED 켜기
        break;
    case 4 : //노란색
        digitalWrite(rLedPin, HIGH);  //rLED 켜기
        digitalWrite(gLedPin, HIGH);  //gLED 켜기
        digitalWrite(bLedPin, LOW);  //bLED 끄기
      break;
  }
}

void loop(){
  digitalWrite(ledPower,LOW); // 적외선 LED를 켬 power on the LED
  delayMicroseconds(samplingTime); // 0.28ms 후 출력을 샘플링하기 위해 지연

  dustSensorValue = analogRead(measurePin); // 먼지센서 출력값을 읽음 (AD값:0~1023)
```

```
  delayMicroseconds(deltaTime); // 0.04ms 지연
  digitalWrite(ledPower,HIGH); // 적외선 LED를 끔
  delayMicroseconds(sleepTime); // 9.68ms 지연

  // 먼지 센서 출력 AD 값을 전압 값으로 환산
  dustSensorVolValue = dustSensorValue * (5.0 / 1023.0);

  // 접압 값을 먼지밀도(mg/m^3) 값으로 환산
  dustDensity = 0.17 * dustSensorVolValue - 0.1;

  Serial.print("Dust AD Value (0-1023): ");
  Serial.print(dustSensorValue);

  Serial.print(" - Voltage: ");
  Serial.print(dustSensorVolValue);

  Serial.print(" - Dust Density: ");
  Serial.print(dustDensity); // unit: mg/m^3

  if (dustDensity <= 0.015) {
    Serial.println(" ==> Good !! ");
    RGBLED_Display(3);
  }
  else if (dustDensity > 0.015 && dustDensity <= 0.05) {
    Serial.println(" ==> Fair !! ");
    RGBLED_Display(2);
  }
  else if (dustDensity > 0.05 && dustDensity <= 0.1) {
    Serial.println(" ==> Poor !! ");
    RGBLED_Display(4);
  }
  else {
    Serial.println(" ==> Very Poor !! ");
    RGBLED_Display(1);
  }

  delay(1000);
}
```

실험 4-5

온도센서 값을 LCD 및 시리얼 모니터에 출력하고 설정한 온도보다 높은 경우 LED, 팬, 서보모터 제어

- [실험 4-3]과 동일
- 희망 온도를 설정
- 설정 온도 이상일 때 LED를 켜고 릴레이에 연결된 팬을 동작시키며 서보모터를 동작시켜 창문을 열기
- 설정 온도 이하일 때 LED를 끄고 릴레이에 연결된 팬을 정지시키며 서보모터를 동작시켜 창문을 닫기
- LCD에 다음과 같이 표시

T	e	m	p	.		:		2	6	°	C				
F	a	n		O	N			W	:	O	P	E	N		

- [그림 4.18]과 같이 회로를 연결하고 아래의 스케치 프로그램을 업로드

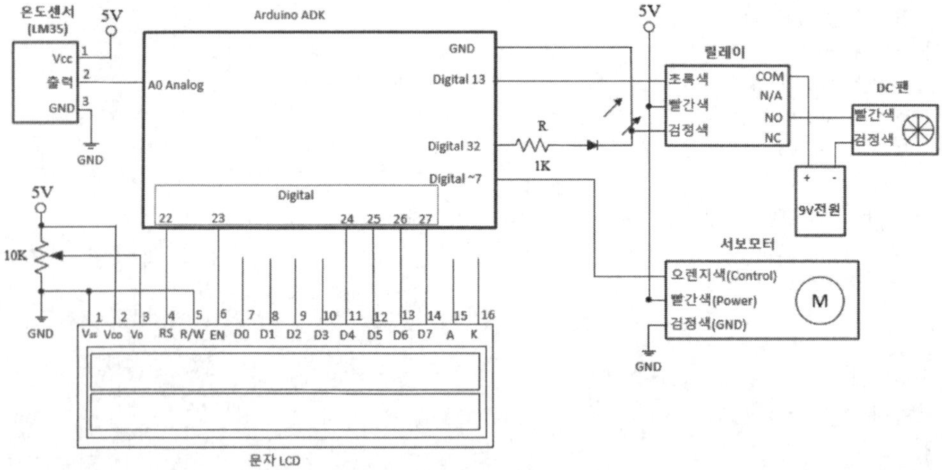

그림 4.18 실험 4-5 회로 연결

소스 프로그램 LM35_LCD_Fan_Servo

```
#include <LiquidCrystal.h>  //LCD 라이브러리 삽입
#include <Servo.h> //서보 라이브러리 삽입

const int tempPin=A0; //온도센서와 연결된 핀 번호 변수 정의
const int relayPin=13; // 릴레이에 연결된 핀 번호 변수 정의
const int ledPin=32; // LED에 연결된 핀 번호 변수 정의
const int servoPin=7; //서보에 연결된 핀 번호 변수 정의

Servo myServo; // myServo 객체 생성
LiquidCrystal lcd(22,23,24,25,26,27); // 회로에 연결된 핀 번호를 사용하여 lcd 객체 생성
int tempC; //온도 값을 저장하는 변수 선언
const int setTempC=25; //희망 온도를 설정
int pos=0; //서보 위치 값을 저장하는 변수 선언(문이 닫힘)

byte degree[]={  //8×5 온도 ( ° ) 문자 생성
  0b00110,
  0b01001,
  0b01001,
  0b00110,
  0b00000,
  0b00000,
  0b00000,
  0b00000};

void setup() {
  lcd.begin(16,2);  //2행 16열 설정
  lcd.print("Temp. : "); // LCD에 초기메시지 문자열 출력
  lcd.setCursor(0,1);  //2행 1열 설정
  lcd.print("Fan "); // LCD에 초기메시지 문자열 출력
  lcd.createChar(0, degree); // 온도 ( ° ) 를 정의문자 ID 0에 할당
  Serial.begin(9600); // 시리얼 개방, 통신속도 설정

  pinMode(ledPin, OUTPUT);  // LED를 출력으로 설정
  pinMode(relayPin, OUTPUT); // 릴레이를 출력으로 설정
  myServo.attach(servoPin); // servoPin에 연결된 서보모터를 초기화

}

void loop() {
```

```
  int getTempC=analogRead(tempPin); //아날로그 입력 핀의 값 읽음
  tempC=(int) ((5.0*getTempC*100.0)/1023.0); // 값을 온도로 환산
  Serial.println("Current Temp. : "+(String)tempC+" C"); // 온도를 출력

  lcd.setCursor(8,0); // 커서를 1행 9열로 이동
  lcd.print(tempC); // 온도를 LCD에 출력
  lcd.write((byte)0); // 온도 ( ° ) 를 출력
  lcd.write('C');  // 문자 C를 출력

  if(tempC > setTempC) { //설정온도 보다 높은지 확인
    digitalWrite(ledPin,HIGH); // LED 켜기
    digitalWrite(relayPin,HIGH); // 릴레이 켜기
    pos=180; //서보 위치를 180도로 위치(문이 열림)
    myServo.write(pos); // 지정된 위치로 서보 이동
    lcd.setCursor(4,1);  //2행 5열 설정
    lcd.print("ON "); // LCD에 ON 문자열 출력
    lcd.setCursor(8,1);  //2행 9열 설정
    lcd.print("W:"); // LCD에 ON 문자열 출력
    lcd.print("OPEN"); // LCD에 ON 문자열 출력
  }
  else { //설정온도 이하 이면
    digitalWrite(ledPin,LOW);  // LED 끄기
    digitalWrite(relayPin,LOW);  // 릴레이 끄기
    pos=0; //서보 위치를 0도로 위치(문이 닫힘)
    myServo.write(pos); // 지정된 위치로 서보 이동
    lcd.setCursor(4,1);  //2행 5열 설정
    lcd.print("OFF"); // LCD에 OFF 문자열 출력
    lcd.setCursor(8,1);  //2행 9열 설정
    lcd.print("W:"); // LCD에 ON 문자열 출력
    lcd.print("CLOSED"); // LCD에 ON 문자열 출력
  }

  delay(3000); // 3초 지연
}
```

제5장 I2C 통신을 활용한 센서 제어

실험에 필요한 부품

조도 센서 (BH1750FVI)	온도 센서 (TC74A0–5.0VAT)	4.7KΩ 저항		
1개	1개	2개		

5.1 I2C 통신 또는 TWI 통신

5.1.1 I2C 통신

- I2C 통신 또는 인터페이스는 IC(집적 회로)사이에 데이터 통신을 목적으로 1980년대 초반 필립스에서 개발한 직렬 통신 방식
- 2개의 선(DATA 선, CLOCK 선)만을 사용하여 통신이 이루어지기 때문에 TWI(Two Wire Serial Interface)라고도 부름
- 2개의 선을 사용하기 때문에 회로가 간단하고 PCB 등을 제작할 때 비용이 적게 들고, 잡음 등의 문제도 줄어들게 되는 장점
- I2C 인터페이스는 DATA 선(SDA)과 CLOCK 선(SCL) 2개의 선을 사용하여 통신
- 데이터를 보내는 칩 혹은 마이크로 프로세서를 마스터(Master)라고 하고, 데이터를 받는 칩 혹은 마이크로 프로세서를 슬레이브(Slave)라고 함
- 마스터는 하나만 존재하고 슬레이브는 하나 혹은 두개 이상이 될 수 있음
- [그림 5.1]은 I2C 인터페이스 통신 구성 예로, 1개의 마스터와 2개의 슬레이브로 구성

- 아두이노 메가 ADK 보드가 마스터이며 SDA는 20번 핀이고 SCL은 21번 핀임
- 슬레이브는 제어하고하는 센서들로 각 슬레이브는 7비트의 서로 다른 주소를 가져야 하고 두 회선에 풀업저항을 연결해 주어야 함

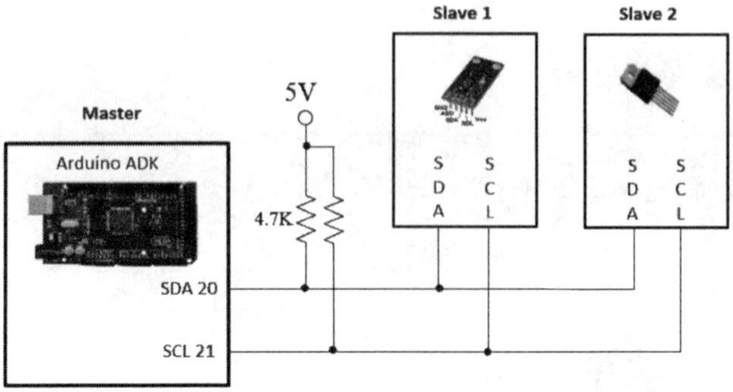

그림 5.1 I2C 인터페이스 통신 구성도

5.1.2 I2C 통신 동작원리

(1) 스타트조건 및 스톱조건

- SDA과 SCL 2개의 선을 사용하여 통신이 이루어지기 위해 스타트조건(Start Condition)과 스톱조건(Stop Condition)을 다음과 같이 정의

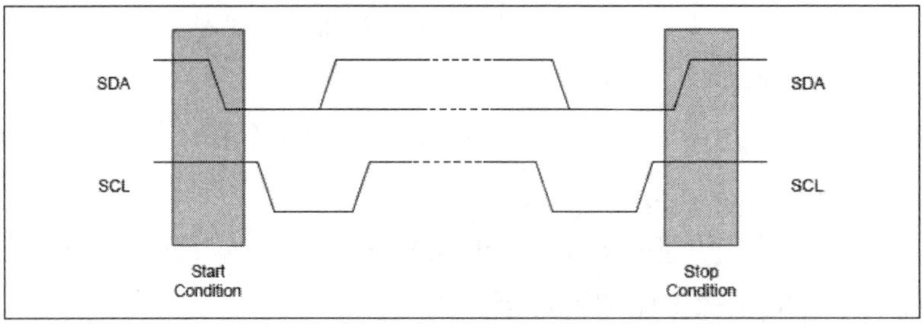

그림 5.2 스타트조건 및 스톱조건

■ **스타트조건**: 마스터가 슬레이브에게 '통신을 시작하겠다'라는 의미의 상태로 SCL의 상태가 High일 때, SDA의 상태가 High에서 Low로 바뀜으로써 슬레이브는 통신 시작을 감지

■ **스톱조건:** 마스터가 슬레이브에게 '통신을 종료하겠다'라는 의미의 상태로 SCL의 상태가 High일 때, SDA의 상태가 Low에서 High로 바뀜으로써 슬레이브는 통신 종료를 감지

(2) 데이터 전송 포맷

- SDA와 SCL 2개의 선을 사용하여 마스터가 슬레이브에 데이터를 쓰기 위한 데이터 전송 포맷과 마스터가 슬레이브로부터 데이터를 읽어오기 위한 데이터 전송 포맷을 [그림 5.3]에 나타냄. 데이터 전송 포맷은 칩 제조사마다 약간씩 상이할 수 있으므로 사용하고자 하는 칩의 데이터시트를 꼭 참조 필요

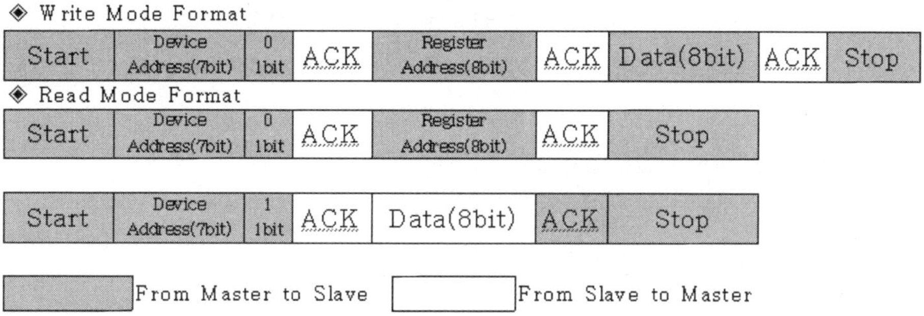

그림 5.3 데이터 전송 포맷

■ 마스터 프로세서가 슬레이브에 데이터를 쓰기 위한 방법

① 마스터는 시작조건(Start Condition) 신호를 발생

② 슬레이브의 7비트 주소와 R/W 플래그에 '0'(1bit)을 전송

③ 슬레이브가 신호를 제대로 수신하였다면 슬레이브는 마스터에게 ACK신호(LOW '0')를 발생

④ ACK 신호를 수신한 마스터는 Register Address(데이터를 쓸 장소)를 슬레이브에게 전송하고 슬레이브로부터 ACK 신호를 수신

⑤ 마스터는 ACK를 확인하고 쓰고자 하는 데이터를 전송

⑥ 마스터는 슬레이브로부터 ACK신호를 수신하고 스톱조건(Stop Condition)신호를 발생

■ 마스터가 슬레이브로부터 데이터를 읽기 위한 방법

① 마스터는 시작조건(Start Condition) 신호를 발생
② 슬레이브의 7비트 주소와 R/W 플래그에 '0'(1bit)을 전송
③ 슬레이브가 신호를 제대로 수신하였다면 슬레이브는 마스터에게 ACK신호(LOW '0')를 발생
④ ACK 신호를 수신한 마스터는 Register Address(데이터를 읽을 장소, 또는 명령어)를 슬레이브에게 전송하고 슬레이브로부터 ACK 신호를 수신
⑤ 마스터는 슬레이브로부터 ACK신호를 수신하고 스톱조건(Stop Condition)신호를 발생
⑥ 마스터는 시작조건(Start Condition) 신호를 발생
⑦ 슬레이브의 7비트 주소와 R/W 플래그에 '1'(1bit)을 전송
⑧ 슬레이브가 신호를 제대로 수신하였다면 슬레이브는 마스터에게 ACK신호(LOW '0')를 발생
⑨ 슬레이브는 ACK신호를 발생하고 이어서 데이터를 전송
⑩ 마스터는 슬레이브가 보낸 데이터를 받고 ACK신호를 발생
⑪ 마스터는 스톱조건(Stop Condition)신호를 발생

5.2 BH1750FVI 조도 센서

[그림 5.4]는 실험에 사용할 BH1750FVI 조도 센서를 보여주며 [표 5.1]과 같은 주요특징을 갖음

- GND : 접지
- ADD : HIGH, LOW에 따라 주소가 다름
- SDA : 아두이노 메가보드 SDA(20번 핀)에 연결
- SCL : 아두이노 메가보드 SCL(21번 핀)에 연결
- VCC : 5V

그림 5.4 BH1750FVI 조더 센서

표 5.1 BH1750FVI 조더 센서 주요특징

- I2C 인터페이스로 동작
- ADD 핀 값에 따라 2가지 형태의 I2C 슬레이브 주소
  - ADD 핀이 HIGH 일 때 7비트 슬레이브 주소 값 : 1011100 (0x5C)
  - ADD 핀이 LOW 일 때 7비트 슬레이브 주소 값 : 0100011 (0x23)
- 높은 resolution(0~65535 lux)의 넓은 범위를 검파
- 16비트 조도 값 출력(초기 값 0x00 0x00)
- 6가지의 모드를 지원. "continously H-resolution mode"의 경우 1 lux의 resolution을 갖음

5.3 TC74A0-5.0VAT 온도 센서

- [그림 5.5]는 실험에 사용할 TC74A0-5.0VAT 온도 센서를 보여주며 [표 5.2]와 같은 주요특징을 갖음

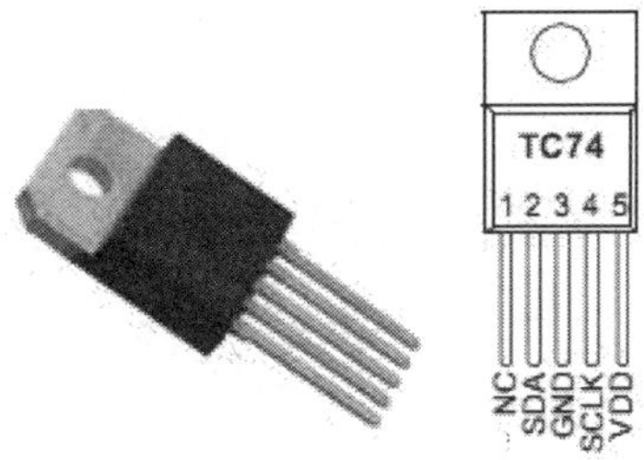

- NC : No Connection
- SDA : 아두이노 메가보드 SDA(20번 핀)에 연결
- GND : 접지
- SCLK : 아두이노 메가보드 SCL(21번 핀)에 연결
- VDD : 5V

그림 5.5 TC74A0–5.0VAT 온도 센서

표 5.2 TC74A0–5.0VAT 온도 센서 주요특징

- I2C 인터페이스로 동작
- 7비트 슬레이브 주소 값 : 1001000 (0x48)
- 8비트 온도 값 출력
- 동작온도 : $-40^0C \leq T_A \leq 125^0C$
- 동작전원 : 2.7~5.5V

5.4 Wire 라이브러리

- Wire 라이브러리는 I2C/TWI 다바이스와 통신을 하는데 유용한 함수를 제공

void Wire.begin(address)		
기능	Wire 라이브러리 초기화(I2C 통신을 위한 초기화). 마스터 또는 슬레이브로 I2C 통신에 참여	
매개변수	address	7비트 슬레이브 주소. 주소가 없는 경우 마스터로서 I2C 통신에 참여
리턴 값	void	없음

void Wire.beginTransmission(address)		
기능	주어진 주소를 갖는 슬레이브 디바이스에 전송을 시작. write()함수로 전송한 바이트는 큐(버퍼)에 쌓이고 endTransmission() 함수를 호출하면 버퍼에 저장된 바이트를 전송	
매개변수	address	7비트 슬레이브 주소. 주소가 없는 경우 마스터로서 I2C 통신에 참여
리턴 값	void	없음

byte Wire.write(value) byte Wire.write(string) byte Wire.write(data, length)		
기능	마스터에 대한 요청으로 슬레이브가 데이터를 씀 또는 마스터로부터 슬레이브에 전송할 바이트 데이터를 큐(버퍼)에 저장	
매개변수	value	1바이트로 전송할 값
	string	일련의 바이트로 전송할 스트링
	data	바이트들로 전송할 데이터 배열
	length	전송할 바이트 수
리턴 값	byte	쓰여진 바이트 수를 반환

byte Wire.endTransmission() byte Wire.endTransmission(stop)		
기능	beginTransmission()함수에 의해 시작되고 write() 함수에 의해 버퍼에 저장된 바이트를 전송	
매개변수	stop	true : 데이터 요청 후 stop 메시지를 보내고 I2C 버스를 해제 false : 데이터 요청 후 restart 메시지를 보내고 I2C 버스는 연결된 상태를 유지
리턴 값	byte	0: 성공 1: 송신데이터가 너무 길어 송신 버퍼에 맞지 않음 2: 주소 전송에 대한 NACK 수신 3: 데이터 전송에 대한 NACK 수신 4: 다른 오류

byte Wire.requestFrom(address, quantity) byte Wire.requestFrom(address, quantity, stop)		
기능	마스터가 슬레이브에 바이트 단위의 데이터를 요청하는데 사용. 데이터는 available()과 read() 함수에 의해 읽힘.	
매개변수	address	7비트 슬레이브 주소
	quantity	요청된 바이트 수
	stop	true : 데이터 요청 후 stop 메시지를 보내고 I2C 버스를 해제 false : 데이터 요청 후 restart 메시지를 보내고 I2C 버스는 연결된 상태를 유지
리턴 값	byte	슬레이브로부터 반환된 바이트 수

byte Wire.available()		
기능	read() 함수로 읽어 들일 수 있는 바이트 수를 반환	
매개변수	void	없음
리턴 값	byte	읽어 들일 수 있는 바이트 수

byte Wire.read()		
기능	requestFrom() 함수에 의해 슬레이브가 마스터에게 전송한 데이터가 버퍼가 쌓여 available() 함수에 의해 읽을 수 있는 바이트가 존재 시 데이터를 읽어옴	
매개변수	void	없음
리턴 값	byte	읽어들인 바이트

실험 5-1

BH1750FVI 조더 센서와 I2C 통신

- I2C 인터페이스를 갖는 BH1750FVI 조도 센서를 사용하여 5초마다 조도 값을 읽어 시리얼 모니터에 출력
- I2C 조도 센서의 SDA와 SDL 핀을 아두이노 메가 ADK 보드 SDA(20번 핀)와 SDL(21번 핀)에 연결
- SDA와 SDL 라인에 4.7KΩ의 풀업 저항 사용
- BH1750FVI 조도 센서 데이터시트를 보면 ADD에 HIGH를 인가하느냐 LOW를 인가하느냐에 따라 주소 값이 상이
- ADD에 LOW를 인가 한 경우 주소는 “0100011”로 16진수 0x23에 해당

• 센서에서 데이터를 가져오기 위해서는 [그림 5.6]과 같은 절차를 수행

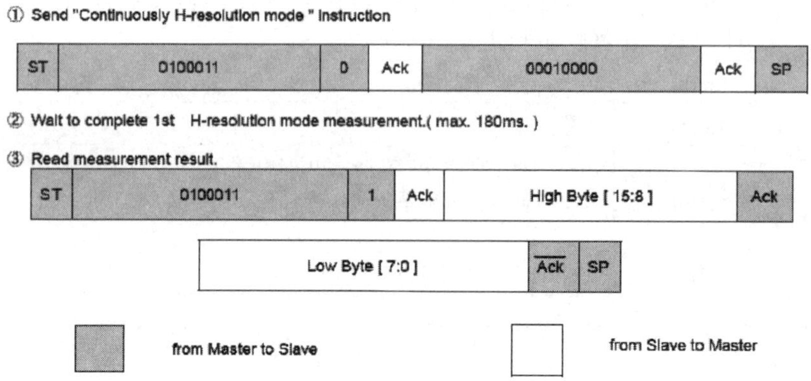

그림 5.6 BH1750FVI 조도 센서에서 데이터를 가져오는 절차

– 쓰기 모드에서 7비트 주소 0x23에 0(쓰기)을 붙인 값을 슬레이브에 보내고 "continously H-resolution mode"을 나타내는 0x10을 보냄
– 이후 7비트 주소 0x23에 1(읽기)을 붙인 바이트를 슬레이브에 보내고 2바이트의 조도 값을 읽음
– 읽은 2바이트로부터 조도 계산 : (firstByte*256+secondByte)/1.2

• [그림 5.7]과 같이 회로를 연결하고 아래의 스케치 프로그램을 업로드

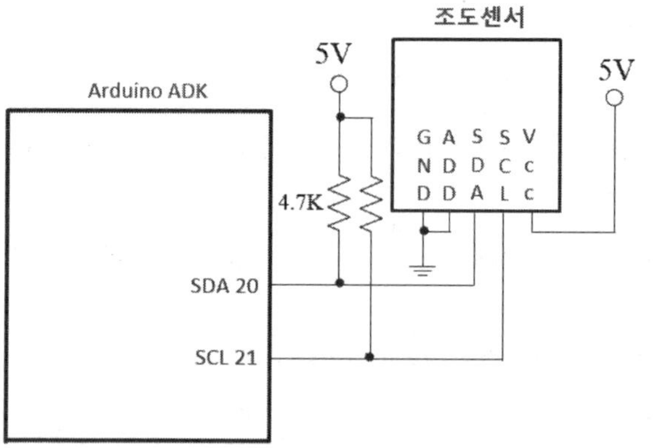

그림 5.7 실험 5-1 회로 연결

소스 프로그램 **I2C_illumination_Read**

```
#include <Wire.h> //I2C 라이브러리 삽입

byte lightSensorAddress=0x23; //7비트 조도센서 주소(0x00100011)
byte lightSensorCmd=0x10; //continously H-resolution mode 지정
byte numReadByte; // 조도센서로부터 읽을 바이트 수를 저장하는 변수 선언
byte firstByte, secondByte; // 조도센서로부터 읽을 2바이트를 저장할 변수 선언

void setup() {
  Serial.begin(9600); // 시리얼 모니터와 시리얼 개방, 통신속도 설정
  Wire.begin(); //I2C 객체 시작
}

void loop() {

  // H resolution mode instruction
  Serial.println("H resolution mode"); // 시리얼 모니터에 문자열 출력

  //조도센서 주소 0x23에 0(쓰기)을 붙인 값을 슬레이브에 전달
  Wire.beginTransmission(lightSensorAddress);
  Wire.write(lightSensorCmd); //"continously H-resolution mode"을 나타내는 커맨드 전달
  Wire.endTransmission(); //write() 함수에 의해버퍼에 저장된 바이트를 전송

  numReadByte=2; // 슬레이브 장치로부터 읽을 바이트 수 설정
  Wire.requestFrom(lightSensorAddress, numReadByte); //마스터가 슬레이브에 바이트
                                                      // 수 만큼의 데이터 요청

  if(Wire.available()) { // 슬레이브로부터 온 데이터가 있는지 확인
    firstByte=Wire.read(); // 첫 번째 바이트를 읽음
    secondByte=Wire.read(); // 두 번째 바이트를 읽음
  }

  float lux = (firstByte*256 + secondByte)/1.2; // 조도 값 계산

  Serial.print("illumination value : "); // 시리얼 모니터에 문자열 출력
  Serial.println(lux); // 시리얼 모니터에 조도 값 출력

  delay(5000); // 5초 지연
}
```

실험 5-2

BH1750FVI 조더 센서와 TC74A0-5.0VAT 온도 센서와 I2C 통신

- [그림 5.8]과 같이 2개의 I2C 슬레이브(조도센서, 온도센서)가 버스 형태로 통신 회선을 공유 즉, I2C 조도 센서와 온도센서의 SDA와 SDL 핀을 아두이노 메가보드 SDA(20번 핀)와 SDL(21번 핀)에 연결

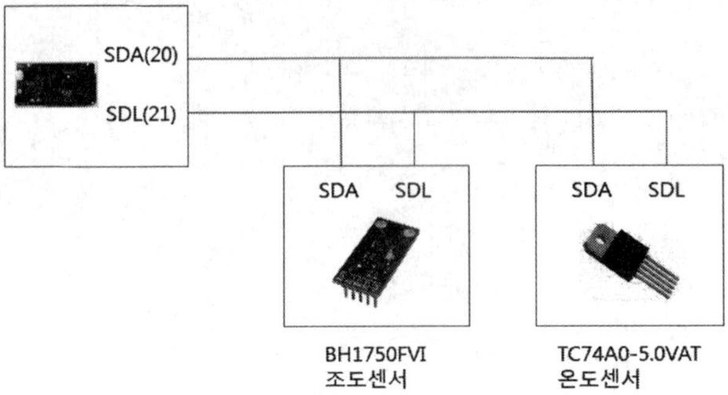

그림 5.8

- 공유된 SDA와 SDL 라인에 4.7KΩ의 풀업 저항 사용
- I2C 인터페이스를 갖는 BH1750FVI 조도 센서와 TC74A0-5.0VAT 온도 센서값을 5초마다 읽어 시리얼 모니터에 출력
- TC74A0-5.0VAT 온도 센서는 BH1750FVI 조도 센서는 데이터를 읽는 과정이 동일하나 TC74A0-5.0VAT 온도 센서 경우 7-비트 주소는 "1001000"로 16진수 0x48에 해당하고 센서에서 데이터를 가져오기 위해서는 [그림 5.9]와 같은 절차를 수행

Read Byte Format

S	Address	WR	ACK	Command	ACK	S	Address	RD	ACK	Data	NACK	P
	7 Bits			8 Bits			7 Bits			8 Bits		

Slave Address — Command Byte: selects which register you are reading from. — Slave Address: repeated due to change in data-flow direction. — Data Byte: reads from the register set by the command byte.

Receive Byte Format

S	Address	RD	ACK	Data	NACK	P
	7 Bits			8 Bits		

S = START Condition
P = STOP Condition
Shaded = Slave Transmission

Data Byte: reads data from the register commanded by the last Read Byte or Write Byte transmission.

그림 5.9 TC74A0-5.0VAT 온도 센서에서 데이터를 가져오는 절차

- 쓰기 모드에서 7비트 주소 0x48에 0(쓰기)을 붙인 값을 슬레이브에 보내고 섭씨 온도를 읽기 위해 커맨드로 0x00을 보냄
- 이후 7비트 주소 0x48에 1(읽기)을 붙인 바이트를 슬레이브에 보내고 1바이트의 온도 값을 읽음

• [그림 5.10]과 같이 회로를 연결하고 아래의 스케치 프로그램을 업로드

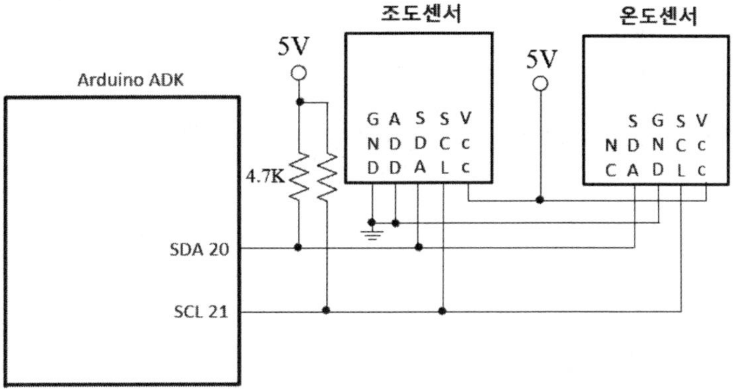

그림 5.10 실험 5-2 회로 연결

소스 프로그램 I2C_Temp_illumination_Ctrl

```
#include <Wire.h> //I2C 라이브러리 삽입

byte tempSensorAddress=0x48; //7비트 온도센서 주소 (0x01001000)
byte tempSensorCmd=0x00; // 섭씨온도를 읽어오기 위한 커맨드

byte lightSensorAddress=0x23; //7비트 조도센서 주소(0x00100011)
byte lightSensorCmd=0x10; //continously H-resolution mode 지정

byte firstByte, secondByte;
byte numReadByte; // 슬레이브 장치로부터 읽을 바이트 수를 저장하는 변수 선언
byte readByte[2];  // 슬레이브 장치로부터 읽을 바이트를 저장할 변수 선언(최대2바이트)

void setup() {
  Serial.begin(9600); // 시리얼 모니터와 시리얼 개방, 통신속도 설정
  Wire.begin(); //I2C 객체 시작
}
```

```
// 지정된 슬레이브로부터 바이트 수 만큼 데이터를 읽어오기 위한 함수
void wireSensorCtrl(byte SensorAddress, byte SensorCmd, byte numByte, byte *dataByte) {
  //슬레이브 7비트 주소에 0(쓰기)을 붙인 값을 슬레이브에 전달
  Wire.beginTransmission(SensorAddress);
  Wire.write(SensorCmd); //커맨드를 슬레이브에 전달하기 위해 큐(버퍼)에 쓰기
  Wire.endTransmission(); //write() 함수에 의해 버퍼에 저장된 바이트를 전송

  //마스터가 슬레이브에 numByte 수 만큼의 데이터 요청
  Wire.requestFrom(SensorAddress, numByte);
  int i=0; // 반복해서 데이터를 저장하기 위한 변수 초기값
  while(Wire.available()) { // 슬레이브로부터 온 데이터가 있는지 확인
    *(dataByte+i)=Wire.read(); // 슬레이브로부터 온 데이터를 읽음
    i++; // 다음번 데이터를 저장하기 위해 1증가
  }
}

void loop() {
  numReadByte=1; // 슬레이브 장치로부터 읽을 바이트 수 설정

  // 온도센서로부터 온도 값을 읽어 오기 위한 함수 호출
  wireSensorCtrl(tempSensorAddress, tempSensorCmd, numReadByte, readByte);
  int Celsius=readByte[0]; //읽어온 1 바이트 온도 값을 변수에 저장

  Serial.print("Temperature : "); // 시리얼 모니터에 문자열 출력
  Serial.println((String)Celsius+ " C"); // 시리얼 모니터에 온도 값 출력

  numReadByte=2; // 슬레이브 장치로부터 읽을 바이트 수 설정
  // 조도센서로부터 조도 값을 읽어 오기 위한 함수 호출
  wireSensorCtrl(lightSensorAddress, lightSensorCmd, numReadByte, readByte);
  float lux = (readByte[0]*256 + readByte[1])/1.2; // 조도 값 계산
  Serial.print("illumination value : "); // 시리얼 모니터에 문자열 출력
  Serial.println(lux); // 시리얼 모니터에 조도 값 출력
  Serial.println(); // 한줄 띄우기

  delay(5000); // 5초 지연
}
```

제6장 I2C 통신을 활용한 자이로 및 가속도 센서 제어

실험에 필요한 부품

자이로 및 가속도 센서 모듈 (GY-521)	서보모터 (HES-288 플라스틱)	LED	1KΩ 저항	
1개	1개	4개	4개	
	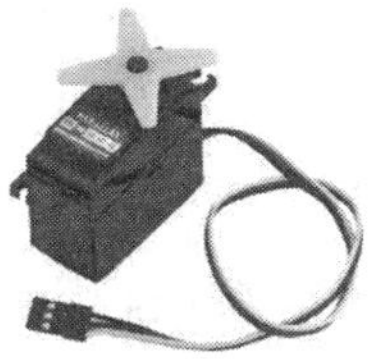			

6.1 자이로 센서 및 가속도 센서

6.1.1 자이로(Gyro)센서

- 자이로(Gyro) 센서 또는 자이로스코프(Gyroscope)라 불리며 운동하고 있는 물체의 한 축을 기준으로 1초 동안 물체가 회전한 각도 값을 검출하는 센서
- 예를 들어, 지구가 하루에 한 바퀴를 회전하므로 지구의 각속도는 360도/(60초*60분*24시간) = 약 0.004로 초당 0.004deg/sec 각속도를 가짐
- 물체를 나타내기 위하여 3가지 축이 있으며 명칭은 [그림 6.1]과 같음

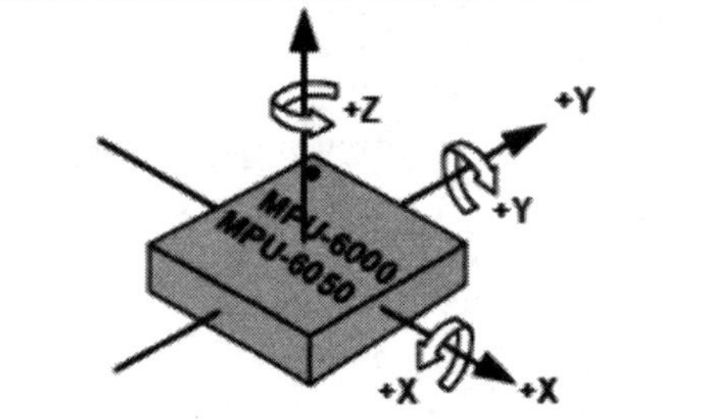

- Roll : 좌우 방향의 x축
- Pitch : 앞뒤방향의 y축
- Yaw : 상하방향의 z축

그림 6.1 3가지 축

- 자이로 센서는 운동 시 3축 각각에 대해 초당 회전각을 구해서 방향을 측정할 수 있음

6.1.2 가속도(Acceleration)센서

- 가속도센서는 물체가 특정 방향으로 직선운동을 할 경우 속도의 증감비를 측정하는 센서
- 모든 물체는 중력이 가해지는데 중력도 가속도의 하나이기 때문에 가속도센서는 기본적으로 항상 z축 방향으로 -g(중력가속도)값을 가지고 시작
- 만약 센서가 정지해 있는 상태에서 x축에서도 가속도 값이 나온다면 x축으로 기울어져 있다는 것을 알 수 있음
- 일반적으로 자이로센서는 단독으로 사용되기 보다는 가속도센서와 함께 사용이 되어서 물체의 이동, 방향, 움직임을 감지하는데 활용

6.2 MPU6050 6축 자이로 및 가속도 센서 모듈 GY-521

- MPU6050은 가속도와 자이로센서가 1개의 센서에 모두 포함하고 있는 6축 (DOF:Degrees of Freedom) 센서
- 6축인 이유는 자이로 3축과 가속도 3축이 더해 저 6축임
- MPU6050은 I2C 통신 프로토콜을 통해서 데이터를 추출
- 각 축의 아날로그 값을 내부 16비트 ADC를 사용해서 디지털 값으로 변환하여 출력
- 내부적으로 온도 센서가 포함되어 있어 온도 값도 측정해서 출력

• [그림 6.2]는 실험에 사용할 6축 자이로 및 가속도 센서 모듈 GY-521을 보여주며 [표 6.1]과 같은 주요특징을 갖음

• VCC : 2.375V~3.46V (3.3V 연결)
• GND : 접지
• SCL : 아두이노 메가보드 SCL(21번 핀)에 연결
• SDA : 아두이노 메가보드 SDA(20번 핀)에 연결
• XDA : NC
• XCL : NC
• AD0 : HIGH,

그림 6.2 GY-521 모듈

표 6.1 GY-521 모듈 주요특징

• I2C 인터페이스로 동작
• AD0 핀 값에 따라 2가지 형태의 I2C 슬레이브 주소
  - ADD 핀이 HIGH 일 때 7비트 슬레이브 주소 값 : 1101001 (0x69)
  - ADD 핀이 LOW 일 때 7비트 슬레이브 주소 값 : 1101000 (0x68)
• 디지털 3축 자이로 출력 (±250°/sec, ±500°/sec, ±1000°/sec, ±2000°/sec 범위로 프로그램 가능)
• 디지털 3축 가속도 출력 (±2g, ±4g, ±8g, ±16g 범위로 프로그램 가능)
• 16비트 ADC 내장 (가속도 및 자이로 값을 디지털 값으로 변환하여 출력)
• 온도 센서 내장

6.2.1 MPU-6050 센서를 제어하기 위한 레지스터 맵

■ 전력관리 레지스터

Register (Hex)	Register (Decimal)	Bit7	Bit6	Bit5	Bit4	Bit3	Bit2	Bit1	Bit0
6B	107	DEVICE_RESET	SLEEP	CYCLE	-	TEMP_DIS	CLKSEL[2:0]		

• 이 레지스터는 전력모드 및 클럭 소스를 설정하는데 이용되며 Bit6 (SLEEP)을 1로 설정하면 MPU-6050은 저전력 슬립모드로 들어 가고 0으로 설정하면 저전력 슬립모드가 비활성화 됨

■ 자이로스코프 구성 레지스터

Register (Hex)	Register (Decimal)	Bit7	Bit6	Bit5	Bit4	Bit3	Bit2	Bit1	Bit0
1B	27	XG_ST	YG_ST	ZG_ST	FS_SEL[1:0]		-	-	-

- 이 레지스터는 자이로스코프 자기 테스트(self-test) 수행 및 자이로스코프 출력 범위를 설정하는데 이용되며
  - Bit7 (XG_ST)을 1로 설정하면 X 축 자이로스코우프 자기 테스트를 실행
  - Bit6 (YG_ST)을 1로 설정하면 Y 축 자이로스코우프 자기 테스트를 실행
  - Bit5 (ZG_ST)을 1로 설정하면 Z 축 자이로스코우프 자기 테스트를 실행
  - FS_SEL은 2비트 부호 없는 값으로 자이로스코우프 출력 범위를 선택

FS_SEL	출력 범위
0	±250°/s
1	±500°/s
2	±1000°/s
3	±2000°/s

■ 가속도센서 구성 레지스터

Register (Hex)	Register (Decimal)	Bit7	Bit6	Bit5	Bit4	Bit3	Bit2	Bit1	Bit0
1C	28	XA_ST	YA_ST	ZA_ST	AFS_SEL[1:0]		-		

- 이 레지스터는 가속도 센서 자기 테스트(self-test) 수행 및 가속도 센서 출력 범위를 설정하는데 이용되며
  - Bit7 (XA_ST)을 1로 설정하면 X 축 가속도 센서 자기 테스트를 실행
  - Bit6 (YA_ST)을 1로 설정하면 Y 축 가속도 센서 자기 테스트를 실행
  - Bit5 (ZA_ST)을 1로 설정하면 Z 축 가속도 센서 자기 테스트를 실행
  - AFS_SEL은 2비트 부호 없는 값으로 가속도 센서 출력 범위를 선택

AFS_SEL	출력 범위
0	±2g
1	±4g
2	±8g
3	±16g

■ 온도측정 레지스터

Register (Hex)	Register (Decimal)	Bit7	Bit6	Bit5	Bit4	Bit3	Bit2	Bit1	Bit0
41	65	TEMP_OUT[15:8]							
42	66	TEMP_OUT[7:0]							

- 이 레지스터는 가장 최근의 온도 센서 측정 값을 저장, 41H에 위치한 레지스터에 상위바이트가 저장되며 42H에 위치한 레지스터에 하위바이트가 저장
- 읽은 2바이트로부터 온도 계산 방법
  - TEMP_OUT 레지스터 값 = TEMP_OUT[15:8]*256 + TEMP_OUT[7:0]
  - 온도 값 [C] = (TEMP_OUT 레지스터 값)/340.0 + 36.53;

■ 가속도측정 레지스터

Register (Hex)	Register (Decimal)	Bit7	Bit6	Bit5	Bit4	Bit3	Bit2	Bit1	Bit0
3B	59	ACCEL_XOUT[15:8]							
3C	60	ACCEL_XOUT[7:0]							
3D	61	ACCEL_YOUT[15:8]							
3E	62	ACCEL_YOUT[7:0]							
3F	63	ACCEL_ZOUT[15:8]							
40	64	ACCEL_ZOUT[7:0]							

- 이 레지스터는 가장 최근의 가속도 측정 값을 저장
- x축 가속도 값 ACCEL_XOUT은 3BH에 위치한 레지스터에 상위바이트가 저장되며 3CH에 위치한 레지스터에 하위바이트가 저장
- y축 가속도 값 ACCEL_YOUT은 3DH에 위치한 레지스터에 상위바이트가 저장되며 3EH에 위치한 레지스터에 하위바이트가 저장
- z축 가속도 값 ACCEL_ZOUT은 3FH에 위치한 레지스터에 상위바이트가 저장되며 40H에 위치한 레지스터에 하위바이트가 저장
- 출력 범위에 따른 민감도는 다음과 같음

AFS_SEL	출력 범위	LSB 민감도
0	±2g	16384 LSB/g
1	±4g	8192 LSB/g
2	±8g	4096 LSB/g
3	±16g	2048 LSB/g

■ 자이로측정 레지스터

Register (Hex)	Register (Decimal)	Bit7	Bit6	Bit5	Bit4	Bit3	Bit2	Bit1	Bit0
43	67	GYRO_XOUT[15:8]							
44	68	GYRO_XOUT[7:0]							
45	69	GYRO_YOUT[15:8]							
46	70	GYRO_YOUT[7:0]							
47	71	GYRO_ZOUT[15:8]							
48	72	GYRO_ZOUT[7:0]							

- 이 레지스터는 가장 최근의 자이로 측정 값을 저장
- x축 자이로 값 GYRO_XOUT은 43H에 위치한 레지스터에 상위바이트가 저장되며 44H에 위치한 레지스터에 하위바이트가 저장
- y축 자이로 값 GYRO_YOUT은 45H에 위치한 레지스터에 상위바이트가 저장되며 46H에 위치한 레지스터에 하위바이트가 저장
- z축 자이로 값 GYRO_ZOUT은 47H에 위치한 레지스터에 상위바이트가 저장되며 48H에 위치한 레지스터에 하위바이트가 저장
- 출력 범위에 따른 민감도는 다음과 같음

FS_SEL	출력 범위	LSB 민감도
0	±250°/s	131 LSB/°/s
1	±500°/s	65.5 LSB/°/s
2	±1000°/s	32.8 LSB/°/s
3	±2000°/s	16.4 LSB/°/s

6.2.2 MPU-6050 센서를 제어하기 위한 I2C 통신 프로토콜

■ 쓰기 모드

- 단일 바이트 쓰기

Master	S	AD+W		RA		DATA		P
Slave			ACK		ACK		ACK	

① 마스터는 시작조건(Start Condition) 신호를 발생

② 슬레이브의 7비트 주소와 R/W 플래그에 '0'(1bit)을 전송

③ 슬레이브가 신호를 제대로 수신하였다면 슬레이브는 마스터에게 ACK신호(LOW '0')를 발생

④ ACK 신호를 수신한 마스터는 Register Address(데이터를 쓸 장소)를 슬레이브에게 전송하고 슬레이브로부터 ACK 신호를 수신

⑤ 마스터는 ACK를 확인하고 쓰고자 하는 데이터를 전송

⑥ 마스터는 슬레이브로부터 ACK신호를 수신하고 스톱조건(Stop Condition)신호를 발생

- 다중 바이트 쓰기

Master	S	AD+W		RA		DATA		DATA		P
Slave			ACK		ACK		ACK		ACK	

■ 읽기 모드

- 단일 바이트 읽기

Master	S	AD+W		RA		S	AD+R			NACK	P
Slave			ACK		ACK			ACK	DATA		

① 마스터는 시작조건(Start Condition) 신호를 발생

② 슬레이브의 7비트 주소와 R/W 플래그에 '0'(1bit)을 전송

③ 슬레이브가 신호를 제대로 수신하였다면 슬레이브는 마스터에게 ACK신호(LOW '0')를 발생

④ ACK 신호를 수신한 마스터는 Register Address(데이터를 읽을 장소, 또는 명령어)를 슬레이브에게 전송하고 슬레이브로부터 ACK 신호를 수신

⑤ 마스터는 슬레이브로부터 ACK신호를 수신하고 스톱조건(Stop Condition)신호를 발생

⑥ 마스터는 시작조건(Start Condition) 신호를 발생

⑦ 슬레이브의 7비트 주소와 R/W 플래그에 '1'(1bit)을 전송

⑧ 슬레이브가 신호를 제대로 수신하였다면 슬레이브는 마스터에게 ACK신호(LOW '0')를 발생

⑨ 슬레이브는 ACK신호를 발생하고 이어서 데이터를 전송

⑩ 마스터는 슬레이브가 보낸 데이터를 받고 ACK신호를 발생

⑪ 마스터는 스톱조건(Stop Condition)신호를 발생

• 다중 바이트 읽기

Master	S	AD+W		RA		S	AD+R			ACK		NACK	P
Slave			ACK		ACK			ACK	DATA		DATA		

■ 각 모드에서 사용한 용어는 [표 6.2]와 같음

표 6.2 사용한 용어 정리

신호	설명
S	스타트조건
AD	슬레이브 I2C 주소
W	쓰기 비트 (0)
R	읽기 비트 (1)
ACK	acknowledge
NACK	Not-acknowledge
RA	MPU-6050 내부 레지스터 주소
DATA	송신 또는 수신 데이터
P	스톱조건

실험 6-1

GY521 모듈로부터 온도 값을 읽어와 시리얼 모니터에 출력

- I2C 인터페이스를 갖는 6축 자이로 및 가속도 센서 모듈 GY521에 내장된 온도센서 값을 5초마다 읽어 시리얼 모니터에 출력
- GY521 모듈의 SDA와 SDL 핀을 아두이노 메가 ADK 보드 SDA(20번 핀)와 SDL(21번 핀)에 연결
- SDA와 SDL 라인에 4.7KΩ의 풀업 저항 사용
- GY521 모듈의 AD0 핀에 HIGH를 인가하느냐 LOW를 인가하느냐에 따라 I2C 슬레이브 주소는 상이한데 ADD 핀에 LOW을 인가하여 7비트 슬레이브 주소 1101000 (0x68)을 이용
- [그림 6.3]과 같이 회로를 연결하고 아래의 스케치 프로그램을 업로드

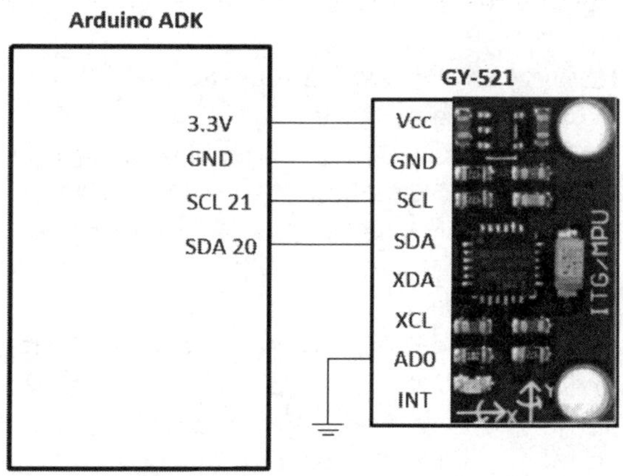

그림 6.3 실험 6-1 회로 연결

소스 프로그램 GY521_TempReading

```
#include <Wire.h> //I2C 라이브러리 삽입

long tempData; // 2바이트 레지스터 값 저장 변수
float currentTemp; // 온도값 저장 변수

void setup() {
  Serial.begin(9600); // 시리얼 모니터와 시리얼 개방, 통신속도 설정
  Wire.begin(); //I2C 객체 시작
  setupMPU(); //MPU6050 설정
}

void loop() {
  recordTempRegisters(); //MPU6050 내장 온도센서에서 온도값 읽어 오기
  printData(); // 온도값을 시리얼모니터에 출력
  delay(2000); // 2초 지연
}

void setupMPU(){
  // I2C 슬레이브 주소로 AD0가 LOW이면 0x68, HIGH이면 0x69
  Wire.beginTransmission(0b1101000);
  Wire.write(0x6B); // 레지스터 주소 선택 (6B - Power Management)
  Wire.write(0b00000000); // 그 주소에 데이터 전송 : SLEEP register to 0.
```

```
  Wire.endTransmission(); //write() 함수에 의해버퍼에 저장된 바이트를 전송

  // I2C 슬레이브 주소로 AD0가 LOW이면 0x68, HIGH이면 0x69
  Wire.beginTransmission(0b1101000);
  Wire.write(0x1B); // 레지스터 주소 선택 (1B - Gyroscope Configuration)
  Wire.write(0x00000000); // 그 주소에 데이터 전송 (자이로센서를 ±250°/s 로 설정)
  Wire.endTransmission(); //write() 함수에 의해버퍼에 저장된 바이트를 전송
  // I2C 슬레이브 주소로 AD0가 LOW이면 0x68, HIGH이면 0x69
  Wire.beginTransmission(0b1101000);
  Wire.write(0x1C); // 레지스터 주소 선택 (1C - Acccelerometer Configuration)
  Wire.write(0b00000000); //그 주소에 데이터 전송 (가속도 센서를 ±2g로 설정)
  Wire.endTransmission(); //write() 함수에 의해버퍼에 저장된 바이트를 전송
}

void recordTempRegisters() {
  // I2C 슬레이브 주소로 AD0가 LOW이면 0x68, HIGH이면 0x69
  Wire.beginTransmission(0b1101000);
  Wire.write(0x41); // 온도를 읽기위한 시작 레지스터
  Wire.endTransmission(); //write() 함수에 의해버퍼에 저장된 바이트를 전송
  Wire.requestFrom(0b1101000,2); //마스터가 슬레이브에 2 바이트 데이터 요청
  while(Wire.available() < 2); // 2바이트 수신 대기
  tempData = (Wire.read() << 8) | Wire.read(); // 2바이트 레지스터 값 계산
  processTempData(); // 온도값 계산
}

void processTempData(){
  currentTemp = tempData/340.0 + 36.53; // 온도값 계산
}

void printData() {
  Serial.print(" Current Temperature : "); // 시리얼모니터에 값 출력
  Serial.println(currentTemp); // 시리얼모니터에 값 출력
}
```

[결과]

- 프로그램을 업로드 하면 [그림 6.4]와 같이 현재 온도가 시리얼모니터에 출력 됨

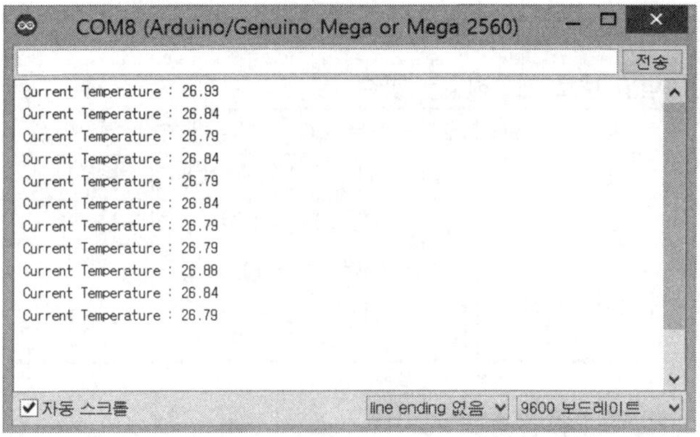

그림 6.4

실험 6-2

GY521 모듈 X축을 기울이며 서보모터 제어

- 초기 서보모터는 0도에 위치
- 평평한 위치에 있는 GY521 모듈 +X축을 위로 올리면 [그림 6.5]와 같이 x축의 가속도 민감도 값이 0에서 1까지 증가

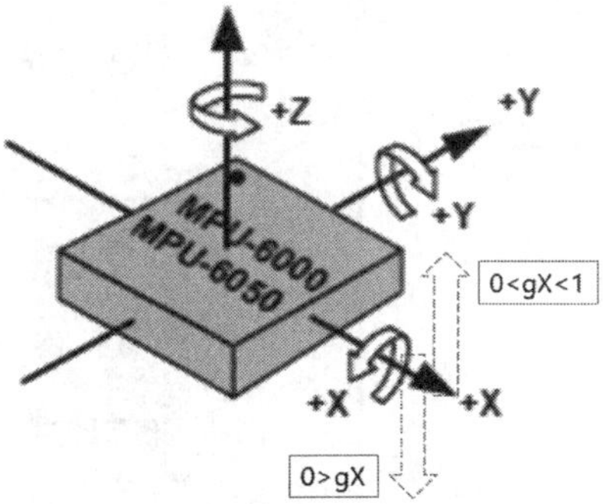

그림 6.5

- 이 값을 가지고 서보모터의 위치를 제어하기 위하여 x축의 가속도 민감도 값 0~1까지를 0에서 100까지로 만들기 위해 100배 증가
- +X축을 아래 방향으로 기울이면 음수 값을 가질 수 있으므로 constrain 함수를 사용하여 크기 값을 0~100까지로 제한

<table>
<tr><th colspan="3">constrain(x,a,b)</th></tr>
<tr><td>기능</td><td colspan="2">값의범위 내로 제한해주는 함수</td></tr>
<tr><td rowspan="3">매개변수</td><td>X</td><td>제한하려는 값 ; 모든 데이터 형 가능</td></tr>
<tr><td>A</td><td>하한 범위 ; 모든 데이터 형 가능</td></tr>
<tr><td>B</td><td>상한 범위 ; 모든 데이터 형 가능</td></tr>
<tr><td>리턴 값</td><td>모든 데이터 형 가능</td><td>X : x가 a와 b 사이인 경우
A : x가 a보다 작은 경우
B : x가 b보다 큰 경우</td></tr>
</table>

• 0~100까지의 값을 0~180 값으로 map 함수를 사용하여 매핑하고 서보모터 위치를 제어

<table>
<tr><th colspan="3">Int map(value, fromLow, fromHigh, toLow, toHigh)</th></tr>
<tr><td>기능</td><td colspan="2">한 범위의 수를 다른 범위의 수로 매핑해주는 함수
fromLow와 fromHigh사이의 값은 toLow와 toHigh사이 값으로 매핑
(선형으로 매핑되며 입력 값을 제한하지는 않음)</td></tr>
<tr><td rowspan="3">매개변수</td><td>value</td><td>매핑할값</td></tr>
<tr><td>fromLow,fromHIGH</td><td>입력 값의 범위(하한 값, 상한 값)</td></tr>
<tr><td>toLow, toHigh</td><td>매핑 값의 범위(하한 값, 상한 값)</td></tr>
<tr><td>리턴 값</td><td>int</td><td>매핑된값</td></tr>
</table>

• [그림 6.6]과 같이 회로를 연결하고 아래의 스케치 프로그램을 업로드

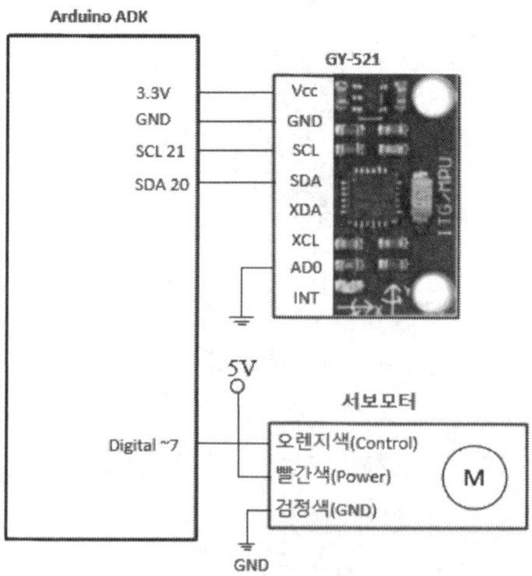

그림 6.6 실험 6-2 회로 연결

소스 프로그램 GY521_ServoCtrl

```
#include <Wire.h> //I2C 라이브러리 삽입
#include <Servo.h> //서보 라이브러리 삽입

const int servoPin=7; //서보에 연결된 핀 번호 변수 정의

Servo myServo; // myServo 객체 생성
int pos=0; // 서보 위치 값을 저장하는 변수 (초기값 0)

long accelX, accelY, accelZ; // X축, Y축, Z축 가속도 값을 저장하는 변수 정의
float gForceX, gForceY, gForceZ; // X축, Y축, Z축 민감도 (중력가속도 1g에 대한 값)를
                                  // 저장하는 변수 정의

long gyroX, gyroY, gyroZ; // X축, Y축, Z축 자이로 값을 저장하는 변수 정의
float rotX, rotY, rotZ; // 자이로 X축, Y축, Z축 민감도 (초당 1도에 대한 값)를 저장하는 변수 정의

void setup() {
  Serial.begin(9600); // 시리얼 모니터와 시리얼 개방, 통신속도 설정
  Wire.begin(); //I2C 객체 시작
  setupMPU(); //MPU6050 설정
  myServo.attach(servoPin); // servoPin에 연결된 서보모터를 초기화
  myServo.write(pos); // 지정된 위치로 서보 이동
}

void loop() {
  recordAccelRegisters(); //MPU6050 가속도측정 레지스터에서 가속도 민감도 값 읽어 오기
  recordGyroRegisters(); //MPU6050 자이로측정 레지스터에서 자이로 민감도 값 읽어 오기
  int scaledgForceX = (int) (gForceX * 100); // gForceX의 값을 100배 키움
  scaledgForceX = constrain(scaledgForceX, 0, 100); // 0~100 사이 값으로 제한
  pos = map(scaledgForceX, 0, 100, 0, 180); // 0~100을 0~180으로 매핑
  myServo.write(pos); // 지정된 위치로 서보 이동
  printData(); // 자이로와 가속도 민감도 값을 출력
  Serial.print(" ==> ");
  Serial.println(pos); // 서보 위치 값을 출력

  delay(10); // 100ms 지연
}

void setupMPU(){
  // I2C 슬레이브 주소로 AD0가 LOW이면 0x68, HIGH이면 0x69
```

```
  Wire.beginTransmission(0b1101000);
  Wire.write(0x6B); // 레지스터 주소 선택 (6B - Power Management)
  Wire.write(0b00000000); // 그 주소에 데이터 전송 : SLEEP register to 0.
  Wire.endTransmission(); //write() 함수에 의해버퍼에 저장된 바이트를 전송

  // I2C 슬레이브 주소로 AD0가 LOW이면 0x68, HIGH이면 0x69
  Wire.beginTransmission(0b1101000);
  Wire.write(0x1B); // 레지스터 주소 선택 (1B - Gyroscope Configuration)
  Wire.write(0x00000000); // 그 주소에 데이터 전송 (자이로센서를 +/- 250deg./s 로 설정)
  Wire.endTransmission(); //write() 함수에 의해버퍼에 저장된 바이트를 전송

  // I2C 슬레이브 주소로 AD0가 LOW이면 0x68, HIGH이면 0x69
  Wire.beginTransmission(0b1101000);
  Wire.write(0x1C); // 레지스터 주소 선택 (1C - Acccelerometer Configuration)
  Wire.write(0b00000000); //그 주소에 데이터 전송 (가속도 센서를 +/- 2g로 설정)
  Wire.endTransmission(); //write() 함수에 의해버퍼에 저장된 바이트를 전송
}

void recordAccelRegisters() {
  // I2C 슬레이브 주소로 AD0가 LOW이면 0x68, HIGH이면 0x69
  Wire.beginTransmission(0b1101000);
  Wire.write(0x3B); // 가속도를 읽어 내기 위한 시작 레지스터
  Wire.endTransmission(); //write() 함수에 의해버퍼에 저장된 바이트를 전송
  Wire.requestFrom(0b1101000,6); // 가속도 레지스터의 6바이트 데이터를 요청 (3B - 40)
  while(Wire.available() < 6); // 6바이트 수신을 기다림
  accelX = Wire.read()<<8|Wire.read(); // 처음 두 바이트를 accelX에 저장
  accelY = Wire.read()<<8|Wire.read(); // 다음 두 바이트를 accelY에 저장
  accelZ = Wire.read()<<8|Wire.read(); // 마지막 두 바이트를 accelZ에 저장
  processAccelData(); // 출력 범위에 따른 민감도 계산
}

void processAccelData(){
  gForceX = accelX / 16384.0; // X축 민감도 (중력가속도 1g에 대한 값)
  gForceY = accelY / 16384.0; // Y축 민감도 (중력가속도 1g에 대한 값)
  gForceZ = accelZ / 16384.0; // Z축 민감도 (중력가속도 1g에 대한 값)
}

void recordGyroRegisters() {
  // I2C 슬레이브 주소로 AD0가 LOW이면 0x68, HIGH이면 0x69
  Wire.beginTransmission(0b1101000);
```

```
  Wire.write(0x43); // 자이로를 읽어 내기 위한 시작 레지스터
  Wire.endTransmission(); //write() 함수에 의해버퍼에 저장된 바이트를 전송
  Wire.requestFrom(0b1101000,6); // 자이로 레지스터의 6바이트 데이터를 요청 (43 - 48)
  while(Wire.available() < 6); // 6바이트 수신을 기다림
  gyroX = Wire.read()<<8|Wire.read(); // 처음 두 바이트를 gyroX에 저장
  gyroY = Wire.read()<<8|Wire.read(); // 다음 두 바이트를 gyroY에 저장
  gyroZ = Wire.read()<<8|Wire.read(); // 마지막 두 바이트를 gyroZ에 저장
  processGyroData(); // 출력 범위에 따른 민감도 계산
}

void processGyroData() {
  rotX = gyroX / 131.0; // 자이로 X축 민감도 (초당 1도에 대한 값)
  rotY = gyroY / 131.0; // 자이로 Y축 민감도 (초당 1도에 대한 값)
  rotZ = gyroZ / 131.0; // 자이로 Z축 민감도 (초당 1도에 대한 값)
}

void printData() {  // 값 출력
  Serial.print("Gyro (deg)");
  Serial.print(" X=");
  Serial.print(rotX);
  Serial.print(" Y=");
  Serial.print(rotY);
  Serial.print(" Z=");
  Serial.print(rotZ);
  Serial.print(" Accel (g)");
  Serial.print(" X=");
  Serial.print(gForceX);
  Serial.print(" Y=");
  Serial.print(gForceY);
  Serial.print(" Z=");
  Serial.print(gForceZ);
}
```

[결과]

- 프로그램을 업로드 하고 GY521 모듈이 거의 평지에 있는 경우 [그림 6.7]과 같이 x축 가속도 민감도 값은 거의 0 값을 가짐

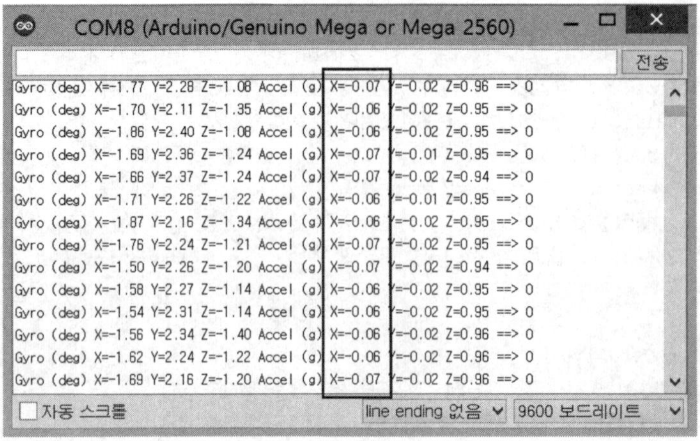

그림 6.7

- 평평한 위치에 있는 GY521 모듈 +X축을 위로 올리면 [그림 6.8]과 같이 x축의 가속도 민감도 값이 증가하는 것을 확인 할 수 있음

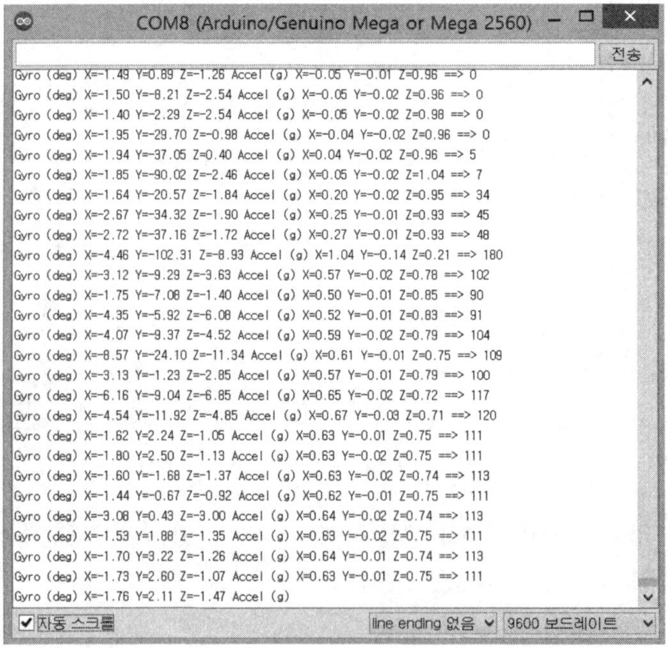

그림 6.8

실험 6-3

GY521 모듈을 X축, Y축, Z축으로 기울이며 LED 제어

- LED를 [그림 6.9]와 같이 사각형 형태로 배열하고 아래의 스케치 프로그램을 업로드

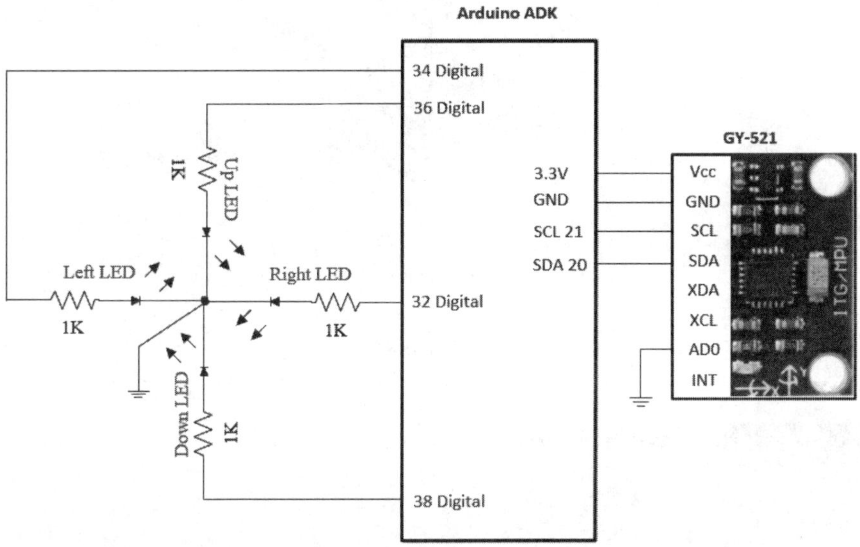

그림 6.9 실험 6-3 회로 연결

- GY521 모듈을 +X축으로 올려 x, y, z축의 가속도 센서 값이 [그림 6.10]과 같을 때 오른쪽 LED (Right LED)를 켜기
- GY521 모듈을 -X축으로 올려 x, y, z축의 가속도 센서 값이 [그림 6.10]과 같을 때 왼쪽 LED (Left LED)를 켜기
- GY521 모듈을 +Y축으로 올려 x, y, z축의 가속도 센서 값이 [그림 6.10]과 같을 때 위쪽 LED (Up LED)를 켜기
- GY521 모듈을 -Y축으로 올려 x, y, z축의 가속도 센서 값이 [그림 6.10]과 같을 때 아래쪽 LED (Down LED)를 켜기
- GY521 모듈의 +Z축 가속도 센서 값이 [그림 6.10]과 같을 때 모든 LED를 끄기
- GY521 모듈의 +Z축이 -Z축으로 뒤집어져 x, y, z축의 가속도 센서 값이 [그림 6.10]과 같을 때 모든 LED를 켜기

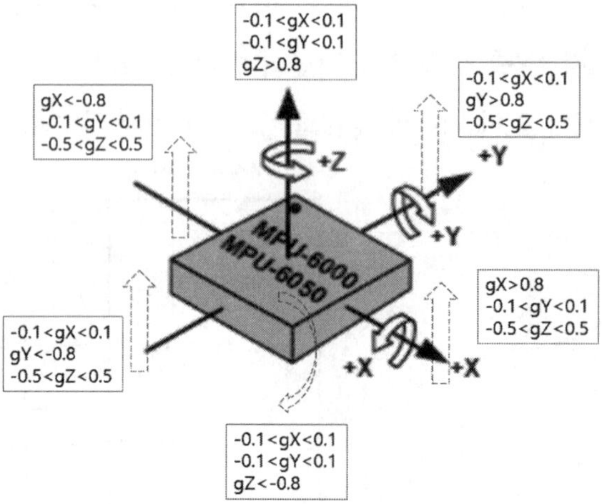

그림 6.10

소스 프로그램 GY521_LEDCtrl

```
#include <Wire.h> //I2C 라이브러리 삽입

const int leftLedPin=32; // 왼쪽 LED에 연결된 핀 번호
const int rightLedPin=34; // 오른쪽 LED에 연결된 핀 번호
const int upLedPin=36; // 위쪽 LED에 연결된 핀 번호
const int downLedPin=38; // 아래쪽 LED에 연결된 핀 번호

long accelX, accelY, accelZ; // X축, Y축, Z축 가속도 값을 저장하는 변수 정의
float gForceX, gForceY, gForceZ; // X축, Y축, Z축 민감도 (중력가속도 1g에 대한 값)를
                              // 저장하는 변수 정의
long gyroX, gyroY, gyroZ; // X축, Y축, Z축 자이로 값을 저장하는 변수 정의
float rotX, rotY, rotZ; //자이로 X축, Y축, Z축 민감도 (초당 1도에 대한 값)를 저장하는 변수 정의

void setup() {
  pinMode(leftLedPin, OUTPUT); // 왼쪽 LED를 출력으로 설정
  digitalWrite(leftLedPin, LOW); // 왼쪽 LED에 LOW 출력
  pinMode(rightLedPin, OUTPUT); // 오른쪽 LED를 출력으로 설정
  digitalWrite(rightLedPin, LOW); //오른쪽 LED에 LOW 출력
  pinMode(upLedPin, OUTPUT); // 위쪽 LED를 출력으로 설정
  digitalWrite(upLedPin, LOW); //위쪽 LED에 LOW 출력
  pinMode(downLedPin, OUTPUT); // 아래쪽 LED를 출력으로 설정
```

```
  digitalWrite(downLedPin, LOW); //아래쪽 LED에 LOW 출력
  Serial.begin(9600); // 시리얼 모니터와 시리얼 개방, 통신속도 설정
  Wire.begin(); //I2C 객체 시작
  setupMPU(); //MPU6050 설정
}

void loop() {
  recordAccelRegisters(); //MPU6050 가속도측정 레지스터에서 가속도 민감도 값 읽어 오기
  recordGyroRegisters(); //MPU6050 자이로측정 레지스터에서 자이로 민감도 값 읽어 오기

  if(gForceX < -0.8 ) digitalWrite(leftLedPin, HIGH); // X축 범위 확인
  else digitalWrite(leftLedPin, LOW);

  if(gForceX > 0.8 ) digitalWrite(rightLedPin, HIGH); // X축 범위 확인
  else digitalWrite(rightLedPin, LOW);

  if(gForceY < -0.8 ) digitalWrite(upLedPin, HIGH); // Y축 범위 확인
  else digitalWrite(upLedPin, LOW);

  if(gForceY > 0.8 ) digitalWrite(downLedPin, HIGH); // Y축 범위 확인
  else digitalWrite(downLedPin, LOW);

  if(gForceZ > 0.8 ) { // Z축 범위 확인
    digitalWrite(leftLedPin, LOW);
    digitalWrite(rightLedPin, LOW);
    digitalWrite(upLedPin, LOW);
    digitalWrite(downLedPin, LOW);
  }
  else if (gForceZ < -0.8) { // Z축 범위 확인
    digitalWrite(leftLedPin, HIGH);
    digitalWrite(rightLedPin, HIGH);
    digitalWrite(upLedPin, HIGH);
    digitalWrite(downLedPin, HIGH);
  }

  printData(); // 값 출력
  Serial.println(); // 다음 줄로 이동
  delay(100); // 100ms 지연
}
```

```
void setupMPU(){
  // I2C 슬레이브 주소로 AD0가 LOW이면 0x68, HIGH이면 0x69
  Wire.beginTransmission(0b1101000);
  Wire.write(0x6B); // 레지스터 주소 선택 (6B - Power Management)
  Wire.write(0b00000000); // 그 주소에 데이터 전송 : SLEEP register to 0.
  Wire.endTransmission(); //write() 함수에 의해버퍼에 저장된 바이트를 전송

  // I2C 슬레이브 주소로 AD0가 LOW이면 0x68, HIGH이면 0x69
  Wire.beginTransmission(0b1101000);
  Wire.write(0x1B); // 레지스터 주소 선택 (1B - Gyroscope Configuration)
  Wire.write(0x00000000); // 그 주소에 데이터 전송 (자이로센서를 +/- 250deg./s 로 설정)
  Wire.endTransmission(); //write() 함수에 의해버퍼에 저장된 바이트를 전송

  // I2C 슬레이브 주소로 AD0가 LOW이면 0x68, HIGH이면 0x69
  Wire.beginTransmission(0b1101000);
  Wire.write(0x1C); // 레지스터 주소 선택 (1C - Acccelerometer Configuration)
  Wire.write(0b00000000); //그 주소에 데이터 전송 (가속도 센서를 +/- 2g로 설정)
  Wire.endTransmission(); //write() 함수에 의해버퍼에 저장된 바이트를 전송
}

void recordAccelRegisters() {
  // I2C 슬레이브 주소로 AD0가 LOW이면 0x68, HIGH이면 0x69
  Wire.beginTransmission(0b1101000);
  Wire.write(0x3B); // 가속도를 읽어 내기 위한 시작 레지스터
  Wire.endTransmission(); //write() 함수에 의해버퍼에 저장된 바이트를 전송
  Wire.requestFrom(0b1101000,6); // 가속도 레지스터의 6바이트 데이터를 요청 (3B - 40)
  while(Wire.available() < 6); // 6바이트 수신을 기다림
  accelX = Wire.read()<<8|Wire.read(); // 처음 두 바이트를 accelX에 저장
  accelY = Wire.read()<<8|Wire.read(); // 다음 두 바이트를 accelY에 저장
  accelZ = Wire.read()<<8|Wire.read(); // 마지막 두 바이트를 accelZ에 저장
  processAccelData(); // 출력 범위에 따른 민감도 계산
}

void processAccelData(){
  gForceX = accelX / 16384.0; // X축 민감도 (중력가속도 1g에 대한 값)
  gForceY = accelY / 16384.0; // Y축 민감도 (중력가속도 1g에 대한 값)
  gForceZ = accelZ / 16384.0; // Z축 민감도 (중력가속도 1g에 대한 값)
}

void recordGyroRegisters() {
```

```
  // I2C 슬레이브 주소로 AD0가 LOW이면 0x68, HIGH이면 0x69
  Wire.beginTransmission(0b1101000);
  Wire.write(0x43); // 자이로를 읽어 내기 위한 시작 레지스터
  Wire.endTransmission(); //write() 함수에 의해버퍼에 저장된 바이트를 전송
  Wire.requestFrom(0b1101000,6); // 자이로 레지스터의 6바이트 데이터를 요청 (43 - 48)
  while(Wire.available() < 6); // 6바이트 수신을 기다림
  gyroX = Wire.read()<<8|Wire.read(); // 처음 두 바이트를 gyroX에 저장
  gyroY = Wire.read()<<8|Wire.read(); // 다음 두 바이트를 gyroY에 저장
  gyroZ = Wire.read()<<8|Wire.read(); // 마지막 두 바이트를 gyroZ에 저장
  processGyroData(); // 출력 범위에 따른 민감도 계산
}

void processGyroData() {
  rotX = gyroX / 131.0; // 자이로 X축 민감도 (초당 1도에 대한 값)
  rotY = gyroY / 131.0; // 자이로 Y축 민감도 (초당 1도에 대한 값)
  rotZ = gyroZ / 131.0; // 자이로 Z축 민감도 (초당 1도에 대한 값)
}

void printData() {  // 값 출력
  Serial.print("Gyro (deg)");
  Serial.print(" X=");
  Serial.print(rotX);
  Serial.print(" Y=");
  Serial.print(rotY);
  Serial.print(" Z=");
  Serial.print(rotZ);
  Serial.print(" Accel (g)");
  Serial.print(" X=");
  Serial.print(gForceX);
  Serial.print(" Y=");
  Serial.print(gForceY);
  Serial.print(" Z=");
  Serial.print(gForceZ);
}
```

제7장 SPI 통신을 활용한 센서 제어

실험에 필요한 부품

micro SD 모듈 (NS-SD-04)	DS1307 RTC 모듈	터치스위치 (IM120710023)	4.7KΩ 저항	micro SD 카드 (16 GB)
1개	1개	1개	2개	1개

7.1 SPI 통신

7.1.1 SPI(Serial Peripheral Interface) 통신

- SPI 통신 또는 인터페이스는 두 개 이상의 주변장치 간에 데이터 통신을 목적으로 모토롤라에서 개발한 직렬 통신 방식
- 그중 하나가 마스터(보통 마이크로 프로세서)이고 하나 이상의 슬레이브 장치가 전이중(Full Duplex) 방식으로 동작하는데, 이는 데이터가 양방향으로 동시에 전달될 수 있음을 의미
- SPI 인터페이스는 [그림 7.1]과 같이 MOSI, SCK, MISO, CS의 4가지 신호를 사용하여 통신. 마스터는 슬레이브에 MOSI, SCK, CS(또는 $\overline{SS}$) 신호를 출력하고, MISO 신호는 슬레이브로부터 입력 받음

표 7.1 SPI인터페이스 신호

신호 선 이름	설명	마스터	슬레이브
MOSI	Master Out Slave In	출력	입력
MISO	Master In Slave Out	입력	출력
SCK	Serial Clock	출력	입력
$\overline{SS}$	Slave Select	출력	입력

- SPI 인터페이스와 I2C 인터페이스를 비교한 표를 [표 7.2]에 나타냄

표 7.2 SPI 인터페이스와 I2C 인터페이스 비교

	SPI	I2C
통신속도	고속	저속
통신방식	양방향 직렬통신	단방향 직렬통신
풀업	풀업저항 불 필요	풀업저항 필요
통신회선	4선	2선
슬레이브선택	SS 신호 선	SDA선으로 전송되는 슬레이브주소

- [그림 7.1]은 SPI 인터페이스 통신 구성 예를 보여주는데, 1개의 마스터와 2개의 슬레이브로 구성되어 있으며 각 슬레이브는 서로 다른 SS 신호선에 의해 선택

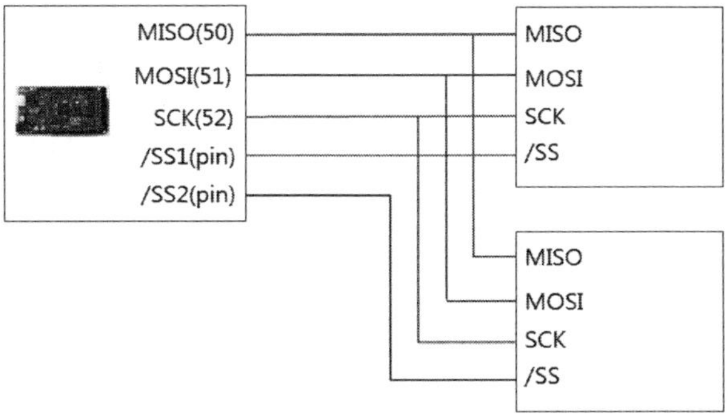

그림 7.1 SPI 인터페이스 통신 구성도

7.1.2 SPI 통신 데이터 전송 포맷

- SPI인터페이스는 Clock Polarity(CPOL)과 Clock Phase(CPHA)에 따라 [표 7.3]과 같이 4가지 전송 포맷
  - Clock Polarity(CPOL)는 SCK 신호의 기본상태(데이터전송이 없는 동안)로 HIGH 또는 LOW로 설정
  - Clock Phase(CPHA)는 SCK의 어느부분에서 샘플링되는지 설정하며 0이면 leading(first) edge, 1이면 trailing(last) edge에서 샘플링

표 7.3 SPI 전송모드

CPOL	CPHA	Leading Edge	Trailing Edge	SPI Mode
0	0	sample(상승)	setup(하강)	0
0	1	setup(상승)	sample(하강)	1
1	0	sample(하강)	setup(상승)	2
1	1	setup(하강)	sample(상승)	3

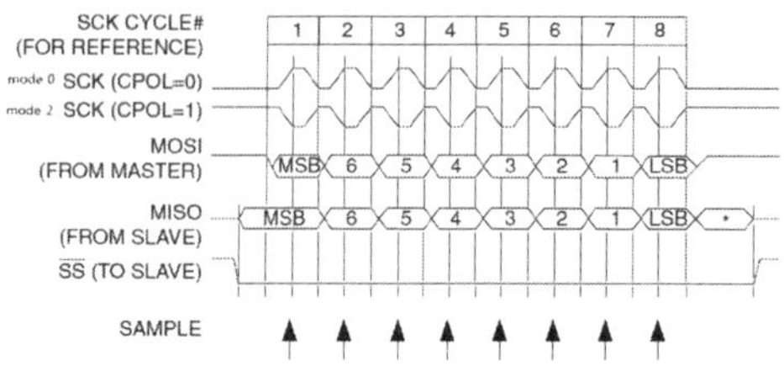

그림 7.2 CPHA=0일 때 SPI 전송 포맷

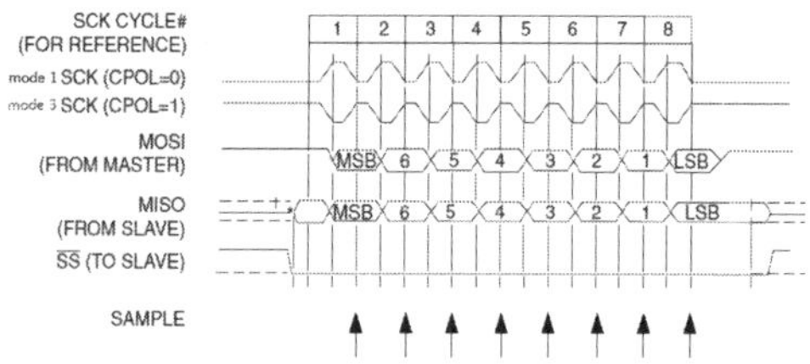

그림 7.3 CPHA=1일 때 SPI 전송 포맷

7.2 micro SD 모듈

• [그림 7.4]는 실험에 사용할 micro SD 모듈을 보여주며 [표 7.4]에 주요특징을 나타냄

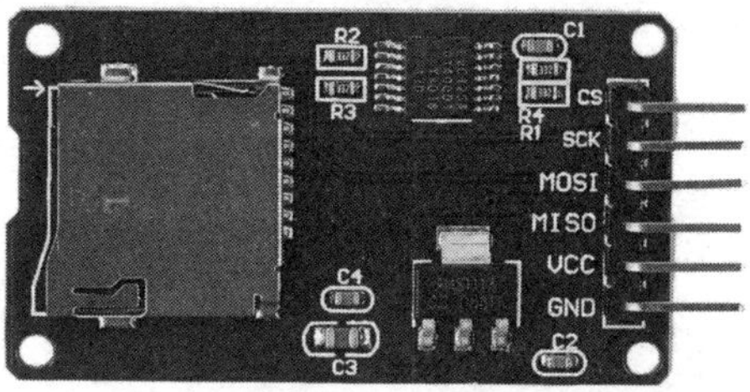	• 3.3 • GND : 접지 • VCC : 5V • MISO • MOSI • SCK • CS

그림 7.4 NS-SD-04 micro SD 모듈

표 7.4 NS-SD-04 micro SD 모듈 주요특징

• SPI 인터페이스 • micro SD Socket을 장착한 아두이노 호환 micro SD카드 어댑터 모듈 • 아두이노(Arduino) 및 MCU모듈에 연결하여 사용 가능 • 5V 또는 3.3V 전원 사용 가능 (3.3V 레귤레이터 장착으로 안정된 전원공급) • 5V 입력신호레벨 사용 가능 (Level Converter 장착) • Push-Push micro SD 커넥터 장착으로 손쉽게 메모리카드 분리 가능 • 2.54mm 핀 간격으로 브레드보드 장착 용이 • CD(Card Detection) LED 장착으로 카드 접촉 유/무 확인 가능

• micro SD 카드를 모듈에 삽입하여 데이터를 저장하기 위해서는 SD 카드를 포맷하여야 함. micro SD 카드는 FAT16이나 FAT32 형식 포맷을 지원하므로 대용량카드(2GB 이상)은 FAT32 형식으로 포맷하여야 하며 그 이하에서는 FAT16 형식으로 포맷
• SPI 통신의 복잡한 구조를 간단하게 추상화시켜 SD 카드에 읽고 쓰기를 쉽게 처리할 수 있도록 해 놓은 SD 라이브러리 "SD.h"를 삽입하여 사용

7.3 SPI 라이브러리와 SD 라이브러리

- SPI 라이브러리는 SPI 다비이스와 통신을 하는데 유용한 함수를 제공. 아두이노 메가보드의 경우 MISO은 50번 핀, MOSI은 51번 핀, SCK은 52번 핀, CS은 53번 핀을 사용, CS는 다른 핀을 사용할 수 있으나 이 때 53번 핀은 출력으로 유지되어야 함

7.3.1 SPI 클래스 라이브러리 제공 함수

void SPI.begin()		
기능	SPI 버스를 초기화 (SPI 객체 초기화)	
변수	SPI	SPI 객체
매개변수	void	없음
리턴 값	void	없음

receivedVal = SPI.transfer(val) receivedVal = SPI.transfer16(val16) SPI.transfer(buffer,size)		
기능	SPI 버스로 데이터를 전송	
변수	SPI	SPI 객체
매개변수	val	데이터 값
	val16	2바이트 변수 값
	buffer	전송될 데이터 배열
리턴 값	receivedVal	수신된 데이터

7.3.2 SD 클래스 라이브러리 제공 함수

boolean SD.begin() boolean SD.begin(cspin)		
기능	SD 라이브러리와 카드를 초기화, (SD 객체 시작) SPI 버스와 칩 선택(CS) 핀을 사용 (메가보드의 경우 SPI 버스는 50(MISO), 51(MOSI), 52(SCK), CS 핀은 53번 사용, 다른 CS 핀을 사용할 수 있으나 이 때 53번 핀은 출력으로 유지되어야 함.)	
변수	SD	SD 객체
매개변수	cspin	SD 카드 칩 선택(CS)에 연결되는 핀 번호
리턴 값	boolean	true : 성공 false : 실패

boolean SD.exists(filename)		
기능	SD 메모리에 파일 또는 디렉토리의 존재 유무를 확인	
변수	SD	SD 객체
매개변수	filename	존재를 확인하고자 하는 파일 또는 디렉토리
리턴 값	File 객체	true : 파일 또는 디렉토리 존재 false : 존재하지 않음

FILE 객체 = SD.open(filename) FILE 객체 = SD.open(filename,mode)		
기능	SD 카드에 있는 파일 열기 파일이 존재하지 않으면 파일이 생성됨	
변수	SD	SD 객체
매개변수	filename	open하고자 하는 파일명
	mode	FILE_READ : 읽고자하는 파일 명, 파일의 처음부터 시작 FILE_WRITE : 읽고 쓰고자하는 파일 명, 파일의 끝부터 시작
리턴 값	FILE 객체	open된 파일을 참조하는 FILE 객체

<table>
<tr><th colspan="3">int file.available()</th></tr>
<tr><td>기능</td><td colspan="2">파일로부터 읽을 데이터가 있는지 확인</td></tr>
<tr><td>변수</td><td>file</td><td>SD.open()에 의해 반환된 File 클래스 객체(인스턴스)</td></tr>
<tr><td>매개변수</td><td>void</td><td>없음</td></tr>
<tr><td>리턴 값</td><td>FILE 객체</td><td>유용한 바이트 수</td></tr>
</table>

<table>
<tr><th colspan="3">byte file.print(data)
byte file.print(data, BASE)</th></tr>
<tr><td>기능</td><td colspan="2">파일에 데이터를 기록</td></tr>
<tr><td>변수</td><td>file</td><td>SD.open()에 의해 반환된 File 클래스 객체(인스턴스화)</td></tr>
<tr><td rowspan="2">매개변수</td><td>data</td><td>기록할 데이터(char, byte, int, long, string)</td></tr>
<tr><td>BASE</td><td>기록할 진수, 2진수(BIN) 10진수(DEC) 8진수(OCT) 16진수(HEX)</td></tr>
<tr><td>리턴 값</td><td>FILE 객체</td><td>기록된 바이트 수</td></tr>
</table>

<table>
<tr><th colspan="3">byte file.println()
byte file.println(data)
byte file.println(data, BASE)</th></tr>
<tr><td>기능</td><td colspan="2">파일에 데이터를 기록하고 carriage return을 의미하는 '\r'과 new line을 의미하는 '\n'이 이어짐. 즉, 기록 후 자동으로 다음 줄 맨 앞으로 이동</td></tr>
<tr><td>변수</td><td>file</td><td>SD.open()에 의해 반환된 File 클래스 객체(인스턴스화)</td></tr>
<tr><td rowspan="2">매개변수</td><td>data</td><td>기록할 데이터(char, byte, int, long, string)</td></tr>
<tr><td>BASE</td><td>기록할 진수, 2진수(BIN) 10진수(DEC) 8진수(OCT) 16진수(HEX)</td></tr>
<tr><td>리턴 값</td><td>FILE 객체</td><td>기록된 바이트 수</td></tr>
</table>

<table>
<tr><th colspan="3">void file.close()</th></tr>
<tr><td>기능</td><td colspan="2">파일을 닫음</td></tr>
<tr><td>변수</td><td>file</td><td>SD.open()에 의해 반환된 File 클래스 객체(인스턴스)</td></tr>
<tr><td>매개변수</td><td>void</td><td>없음</td></tr>
<tr><td>리턴 값</td><td>void</td><td>없음</td></tr>
</table>

7.4 DS1307 RTC(Real-Time Clock) 모듈

- DS1307 IC는 RTC(Real-Time Clock) IC로, I2C 통신을 통해 정확한 시각을 알려줌
- [그림 7.5]는 실험에 사용할 RTC 모듈을 보여주며 [표 7.5]에 주요특징을 나타냄

- SDA : 아두이노 메가보드 SDA(20번 핀)에 연결
- SCL : 아두이노 메가보드 SCL(21번 핀)에 연결
- SQW : No Connection
- GND : 접지
- VCC : 5V

그림 7.5 RTC 모듈

표 7.5 DS1307 RTC 모듈 주요특징

• DS1307 RTC 칩을 사용한 리얼타임 클럭 모듈 • 통신방식 : I2C 인터페이스 • 동작전원 : 5V

7.4.1 RTC 라이브러리

- I2C 통신의 복잡한 구조를 간단하게 추상화시켜 놓은 RTC 라이브러리 "RTClib.h"를 삽입하여 사용

- 아래의 사이트에서 RTC 라이브러리를 다운받아 압축을 풀고 폴더이름을 "RTClib"로 설정
  - https://github.com/adafruit/RTClib

- 폴더 그대로 아두이노의 라이브러리 폴더로 복사하고 아두이노 IDE를 재 시작해야 설치한 라이브러리를 사용할 수 있음.
  - 문서\Arduino\libraries

7.4.2 RTC 라이브러리 제공 함수

```
#include "RTClib.h" // RTC 라이브러리 삽입
RTC_DS1307 RTC;  // RTC 객체 생성
DateTime datetime=RTC.now(); // 현재 날짜와 시간을 datetime 객체로 설정
```

함수명	기능
RTC.begin()	RTC 초기화
RTC.isrunning()	RTC 작동여부 확인
RTC.adjust(DateTime(__DATE__, __TIME__)	작동하지 않으면 컴퓨터 시간으로 RTC 시간 설정
datetime.year();	현재 년
datetime.month();	현재 월
datetime.day();	현재 일
datetime.hour();	현재 시
datetime.minute();	현재 분
datetime.second();	현재 초

실험 7-1

DS1307 RTC 모듈과 I2C 통신

- DS1307 IC를 제어하기 위하여 RTC 라이브러리를 추가
- 1초 간격으로 DS1307 RTC 모듈로부터 날짜와 시간 정보를 읽어 시리얼 모니터에 출력
- [그림 7.6]과 같이 회로를 연결하고 아래의 스케치 프로그램을 업로드

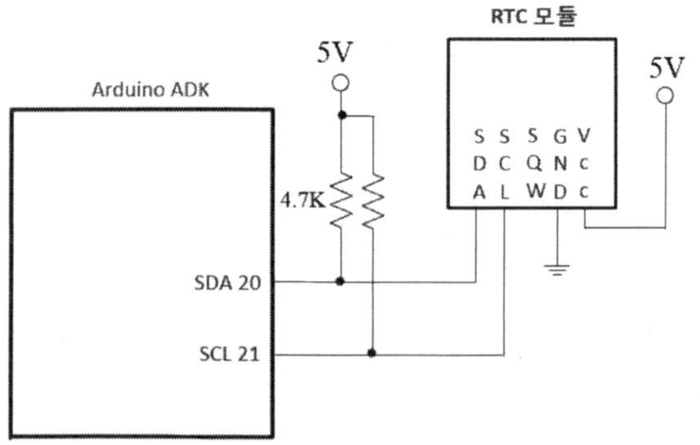

그림 7.6 실험 7-1 회로 연결

소스 프로그램 RTC_I2C

```
#include "RTClib.h" // RTC 라이브러리 삽입
#include <Wire.h> // RTC와 통신하기 위하여 I2C 라이브러리 삽입

RTC_DS1307 RTC;  // RTC 객체 생성
String year, month, day, hour, minute, second, time, date; //시간문자열 변수 선언

void setup() {

  Serial.begin(9600); // 시리얼 개방, 통신속도 설정
  Wire.begin(); //I2C 객체 시작

  if (! RTC.begin()) { //  RTC 객체 확인
    Serial.println("Couldn't find RTC"); //  RTC가 없으면 문자열 출력
    while (1);
  }

  if(!RTC.isrunning()) { // RTC 작동여부 확인
    // 작동하지 않으면 컴퓨터 시간으로 RTC 시간 설정
    RTC.adjust(DateTime(__DATE__, __TIME__));
  }
}

void loop() {

  DateTime datetime=RTC.now(); // 현재 날짜와 시간을 datetime 객체로 설정

  year=String(datetime.year(), DEC); //datetime 객체에서 년 추출
  month=String(datetime.month(), DEC); //datetime 객체에서 월 추출
  day=String(datetime.day(), DEC); //datetime 객체에서 일 추출
  hour=String(datetime.hour(), DEC); //datetime 객체에서 시 추출
  minute=String(datetime.minute(), DEC); //datetime 객체에서 분 추출
  second=String(datetime.second(), DEC); //datetime 객체에서 초 추출

  date=year+"/"+month+"/"+day; // 날자 문자열 생성
  time=hour+":"+minute+":"+second; // 시간 문자열 생성

  Serial.print(date);
  Serial.println("  "+time);

  delay(1000);
}
```

실험 7-2

DS1307 RTC 모듈과 터치스위치를 사용하여 터치 시각 표시

- 터치스위치를 누를 때 즉, 터치스위치가 HIGH에서 LOW로 변할 때 터치입력이 발생한 것으로 간주
- 터치 시각을 시리얼 모니터에 출력
- [그림 7.7]과 같이 회로를 연결하고 아래의 스케치 프로그램을 업로드

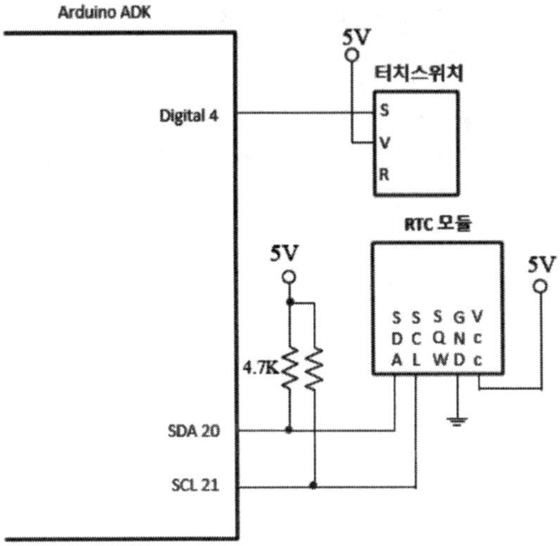

그림 7.7 실험 7-2 회로 연결

소스 프로그램 RTC_Touch

```
#include "RTClib.h" // RTC 라이브러리 삽입
#include <Wire.h> // RTC와 통신하기 위하여 I2C 라이브러리 삽입

const int touchSensorPin=4; // 터치센서에 연결된 핀 번호 변수 정의

RTC_DS1307 RTC;  // RTC 객체 생성
String year, month, day, hour, minute, second, time, date; //시간문자열 변수 선언
boolean lastTouch=LOW; //이전 터치스위치 상태
boolean currentTouch=LOW; //현재 터치스위치 상태

void setup() {
```

```
  Serial.begin(9600); // 시리얼 개방, 통신속도 설정
  Wire.begin(); //I2C 객체 시작

  if (! RTC.begin()) { //  RTC 객체 확인
    Serial.println("Couldn't find RTC"); //  RTC가 없으면 문자열 출력
    while (1);
  }

  if(!RTC.isrunning()) { // RTC 작동여부 확인
    // 작동하지 않으면 컴퓨터 시간으로 RTC 시간 설정
    RTC.adjust(DateTime(__DATE__, __TIME__));
  }

  pinMode(touchSensorPin, INPUT); // 터치센서를 입력으로 설정
}

void readDateTime() {

  DateTime datetime=RTC.now(); // 현재 날짜와 시간을 datetime 객체로 설정

  year=String(datetime.year(), DEC); //datetime 객체에서 년 추출
  month=String(datetime.month(), DEC); //datetime 객체에서 월 추출
  day=String(datetime.day(), DEC); //datetime 객체에서 일 추출
  hour=String(datetime.hour(), DEC); //datetime 객체에서 시 추출
  minute=String(datetime.minute(), DEC); //datetime 객체에서 분 추출
  second=String(datetime.second(), DEC); //datetime 객체에서 초 추출

  date=year+"/"+month+"/"+day; // 날자 문자열 생성
  time=hour+":"+minute+":"+second; // 시간 문자열 생성
}

void loop() {

  currentTouch=digitalRead(touchSensorPin); //현재 터치스위치 상태 읽음

  if(lastTouch==HIGH && currentTouch==LOW) { //터치스위치가 눌려 졌음
    readDateTime();
    Serial.print(date);
    Serial.println("  "+time);
  }

  lastTouch=currentTouch; //이전 터치스위치 상태를 현재 터치스위치 상태로 변경
}
```

실험 7-3

DS1307 RTC 모듈과 터치스위치를 사용하여 문 개폐 시각 표시 및 micro SD 메모리에 시각 정보 저장

- 터치스위치를 누를 때 즉, 터치스위치가 HIGH에서 LOW로 변할 때 터치입력이 발생한 것으로 간주
- 터치 시각을 시리얼 모니터에 출력하고 micro SD 메모리에 시각을 저장
- [그림 7.8]과 같이 회로를 연결하고 아래의 스케치 프로그램을 업로드

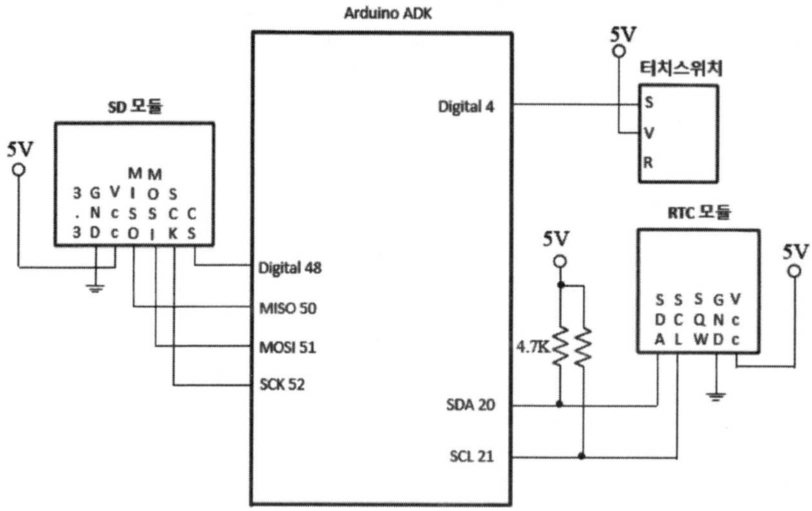

그림 7.8 실험 7-3 회로 연결

소스 프로그램 RTC_Touch_SD

```
#include "RTClib.h" // RTC 라이브러리 삽입
#include <Wire.h> // RTC와 통신하기 위하여 I2C 라이브러리 삽입
#include <SPI.h> // SPI 라이브러리 삽입
#include <SD.h> // SD 라이브러리 삽입

const int touchSensorPin=4; // 터치센서에 연결된 핀 번호 변수 정의
const int sdCsPin=48; // SD모듈 CS에 연결된 핀 번호 변수 정의

RTC_DS1307 RTC;  // RTC 객체 생성
```

```
String year, month, day, hour, minute, second, time, date; //시간문자열 변수 선언
boolean lastTouch=LOW; //이전 터치스위치 상태
boolean currentTouch=LOW; //현재 터치스위치 상태

void setup() {

  Serial.begin(9600); // 시리얼 개방, 통신속도 설정
  Serial.println("Initializing SD Card"); // 문자열 출력
  pinMode(sdCsPin, OUTPUT); // SD모듈 CS에 연결된 핀을 출력으로 선언

  if(!SD.begin(sdCsPin)) { // SD모듈 접속여부 확인
    Serial.println("Card Failure"); // 접속실패 문자열 출력
    return;
  }
  Serial.println("Card Ready !!!"); // 문자열 출력

  Wire.begin(); //I2C 객체 시작

  if (! RTC.begin()) { //  RTC 객체 확인
    Serial.println("Couldn't find RTC"); //  RTC가 없으면 문자열 출력
    while (1);
  }

  if(!RTC.isrunning()) { // RTC 작동여부 확인
    // 작동하지 않으면 컴퓨터 시간으로 RTC 시간 설정
    RTC.adjust(DateTime(__DATE__, __TIME__));
  }

  pinMode(touchSensorPin, INPUT); // 터치센서를 입력으로 설정
}

void readDateTime() {

  DateTime datetime=RTC.now(); // 현재 날짜와 시간을 datetime 객체로 설정

  year=String(datetime.year(), DEC); //datetime 객체에서 년 추출
  month=String(datetime.month(), DEC); //datetime 객체에서 월 추출
  day=String(datetime.day(), DEC); //datetime 객체에서 일 추출
  hour=String(datetime.hour(), DEC); //datetime 객체에서 시 추출
  minute=String(datetime.minute(), DEC); //datetime 객체에서 분 추출
```

```
  second=String(datetime.second(), DEC); //datetime 객체에서 초 추출

  date=year+"/"+month+"/"+day; // 날자 문자열 생성
  time=hour+":"+minute+":"+second; // 시간 문자열 생성
}

void loop() {

  currentTouch=digitalRead(touchSensorPin); //현재 터치스위치 상태 읽음

  if(lastTouch==HIGH && currentTouch==LOW) { //터치스위치가 눌려 졌음

    readDateTime(); // 날짜와 시간 정보를 읽는 함수 호출

    //log.csv 이름의 파일을 SD카드에 생성, SD 카드에 파일이 있으면 열고 씀
    File dataFile=SD.open("log.csv", FILE_WRITE);
    if(dataFile) { // 파일 객체 생성을 성공하였다면
      dataFile.print("Touch Input : "); // 파일에 문자열 기록
      dataFile.print(","); // 콤마를 파일에 기록
      dataFile.print(date); // 날짜를 파일에 기록
      dataFile.print(","); // 콤마를 파일에 기록
      dataFile.println(time); // 시간을 파일에 기록
      dataFile.close(); // 파일에 데이터 기록 후 닫음

      Serial.print(date); // 시리얼 모니터에 날짜 출력
      Serial.println("  "+time); // 시리얼 모니터에 시간 출력
    }
    else {
      Serial.println("Couldn't open log file"); // 파일객체 생성 실패 후 문자열 출력
    }
  }

  lastTouch=currentTouch; //이전 터치스위치 상태를 현재 터치스위치 상태로 변경
}
```

제8장 RFID/NFC 통신을 활용한 센서 제어

실험에 필요한 부품

RFID 리더 모듈 (RC522)	RFID 태그 (카드형)	RFID 태그 (열쇠고리형)		
1개	1개	1개		
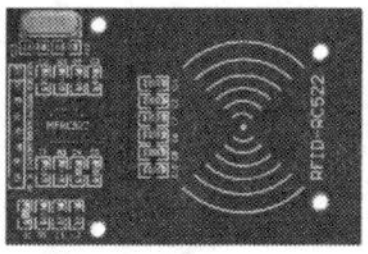				

8.1 RFID/NFC 통신

8.1.1 RFID (Radio Frequency IDentification) 이란?

- 무선 주파수(RF, Radio Frequency)를 이용하여 물건이나 사람 등과 같은 대상을 식별(IDentification)할 수 있도록 해 주는 기술로 전자태그, 스마트태그, 전자라벨, 무선식별 등의 이름으로 불림
- RFID는 안테나와 칩으로 구성된 RFID 태그에 정보를 저장하여 적용 대상에 부착한 후, RFID 리더를 통하여 정보를 인식하는 방법으로 활용
- RFID는 기존의 바코드(barcode)를 읽는 것과 비슷한 방식으로 이용되나, 바코드와 달리 물체에 직접 접촉을 하거나 어떤 조준선을 사용하지 않고도 데이터를 인식하는 것이 가능하다는 장점을 가지기 때문에 바코드를 대체할 기술로 기대되나 RFID는 보안에 취약하고 같은 주파수를 읽는 판독기만 있으면 어디서든지 위치 추적 및 정보 수집이 가능하다는 취약점을 가지고 있음

8.1.2 NFC (Near Field Communication : 근거리 무선통신) 이란?

- RFID 기술 중 하나로 13.56MHz의 주파수 대역을 사용하는 비접촉식 통신기술
- 통신거리가 짧기 때문에 상대적으로 보안이 우수하고 가격이 저렴해 주목받는 근거리 통신방식
- NFC의 짧은 통신 거리는 단점이지만, 짧은 거리이기 때문에 기존 유통 위주의 RFID 기술보다 보안성이 높고 데이터를 교환하기 위해 통신 대상 기기에 이용자가 직접 터치해야 함

8.1.3 RFID 통신 시스템

- RFID 시스템은 [그림 8.1]과 같이 반도체 칩과 주변에 안테나를 결합한 RFID 태그(Tag), 태그와 통신하기 위한 안테나 및 안테나와 연결된 RFID 리더, 이러한 시스템을 제어하고 수신된 데이터를 처리하는 호스트로 이루어짐.
- [표 8.1]에 각 구성 요소의 기능을 나타냄

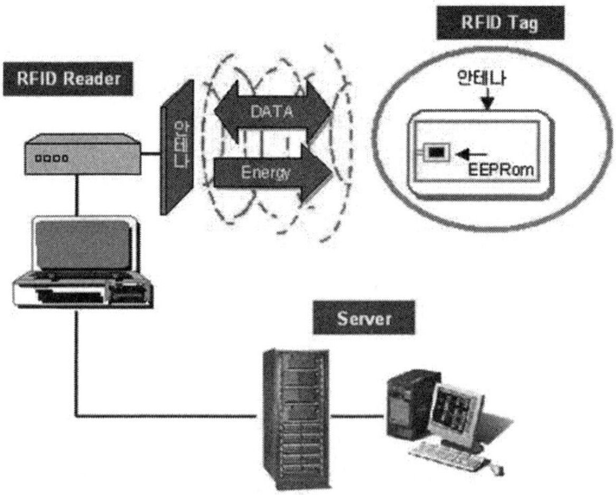

그림 8.1 RFID 시스템

표 8.1 각 구성 요소의 기능

RFID 태그	• 안테나, 칩, 정보로 구성 • 제품이나 대상에 부착 및 삽입 • 종류 : 능동형(내부전원보유)/수동형(리더의 전원 사용) • 형태 : 라벨형, 카드형, 밴드형, 메탈태그, 원형태그 등
안테나	• 태그로부터 전송된 데이터를 수신하여 리더로 전달 • 태그 크기, 거리, 환경에 따라 다양한 크기
RFID 리더(판독기)	• 태그 정보 송수신 기능 • 형태 : 고정형, 이동형, 휴대형
서버(호스트)	• 리더로부터 수신된 데이터 처리 및 활용

8.1.4 RFID 동작원리

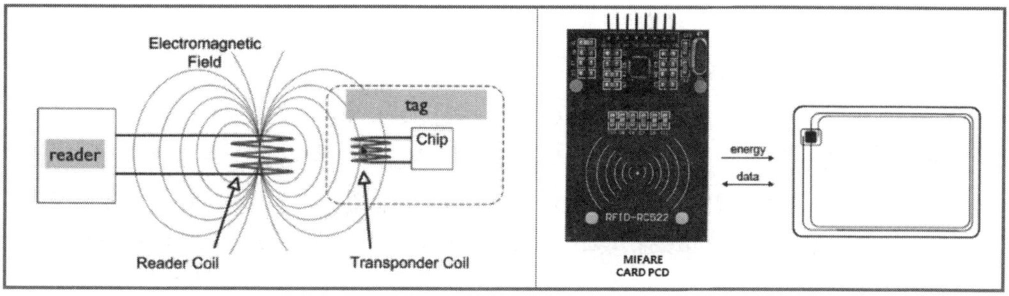

그림 8.2 RFID 동작원리

- [그림 8.2]와 같이 RFID 리더에 연결된 코일이 전자기장(electromagnetic field)을 발생시키면 RFID 태그에 연결된 코일은 전자기장을 수신하고 전류를 발생시킴
- 이 전류는 태그에 전원을 공급하는데 사용할 뿐만 아니라 리더 정보를 태그에 전송하는데 사용 됨
- 즉, 이를 위하여 [그림 8.3]과 같이 2가지 회로를 가지고 있음

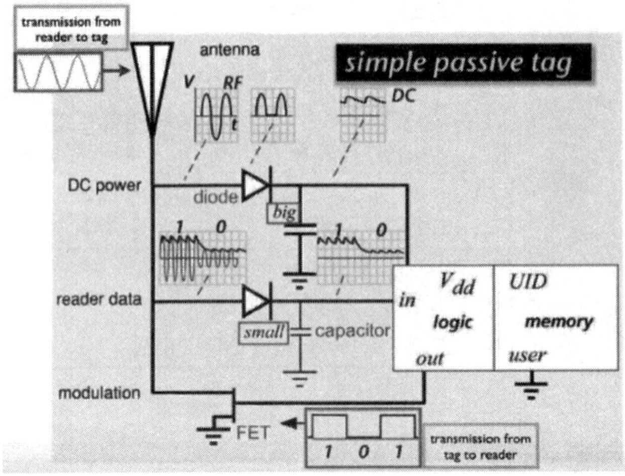

그림 8.3 RFID 태그를 구성하는 회로

- 하나는 들어오는 스트림을 정류하는 정류회로로 DC 전력을 공급하는 역할을 하며 다른 하나는 포락선 검파 회로로 디지털 신호를 검파하여 칩(프로세서)에 전달
- RFID 태그에 있는 IC는 리더에게 디지털 신호를 전송하여야 하는데 변조를 통해 안테나에 연결된 전류가 변화하게 되고 안테나를 통해 전송되는 전자기 신호가 변화하게 됨
- 이 전자기 신호가 RFID 리더에 의해 수신되고 디지털 데이터가 읽혀져 리더에 의해 처리됨

8.1.5 MIFARE RFID 태그

- 실험에서 사용할 RFID 태그는 [그림 8.4]와 같이 카드형과 열쇠고리형 태그를 사용하며 Mifare 프로토콜을 따르는 태그는 [표 8.2]와 같은 주요 특징을 가짐

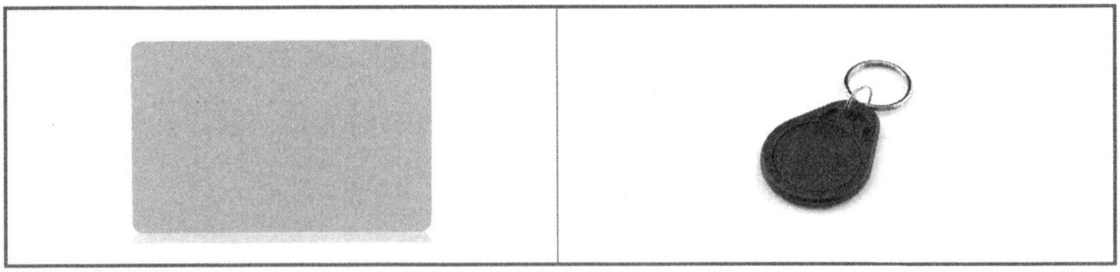

그림 8.4 실험에서 사용할 RFID 태그

표 8.2 실험에서 사용할 RFID 태그의 특징

• Mifare 프로토콜을 따름 • 수동(Passive) 카드로 전원은 RFID 리더로부터 유도 됨 • 1K 바이트 EEPROM을 가지며 암호화 됨 • 처리부(processing unit)를 가지고 있어 산술연산이 가능하며 카드에 저장된 내용을 변경 가능 • 동작주파수 : 13.56MHz • 동작거리 : 1~2cm

8.1.6 RFID 태그에 내장된 1K 바이트 EEPROM 메모리 구조

- 1K 바이트 EEPROM 메모리 구조를 [그림 8.5]에 나타냄

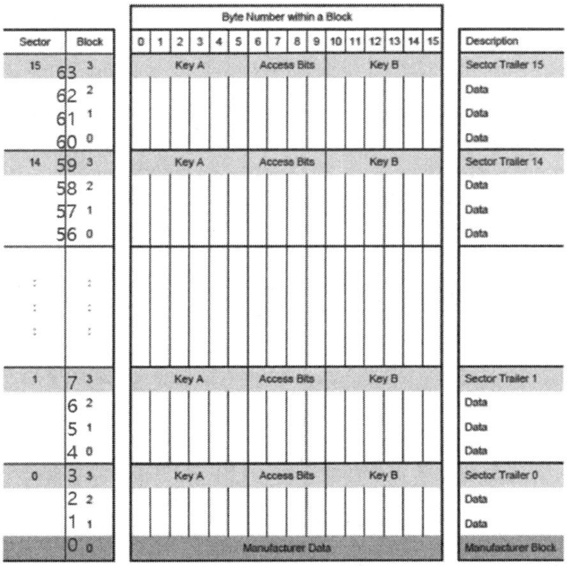

그림 8.5 RFID 태그에 내장된 1K 바이트 EEPROM 메모리 구조

- 16섹터(sector)로 구성
- 각 섹터는 4개의 블록(block)으로 구성되며 각 블록은 16바이트로 구성 됨
- 블록 번호 0~63의 총 64개의 블록(block)이 존재
- 각 섹터의 4번째 블록을 섹터 트레일러(sector trailer)라 부르며 보안 키(security key)와 접속 비트(access bits)로 구성되는데 저장된 데이터에 접속을 제한하고 인증하는데 사용

- 보안키는 메모리 접속을 인증하는데 사용됨. 하나의 블록에 접속될 때 마다 그 섹터에 저장된 키를 통해 인증 되어야 함
- 섹터 당 6바이트의 보안 키 A와 보안 키 B는 출시될 때 모두 0xFF로 초기화 됨
- 접속 비트는 어떤 메모리 접속이 허용되는지 정의

8.1.7 RFID 태그 정보

- RFID 태그를 읽으면 [표 8.3] 같은 태그 정보를 포함

표 8.3 RFID 태그 정보

- **Firmware Version** : 펌웨어 버전을 출력
- **Card UID** : 카드 Unique IDentifier의 약어로 카드 고유 식별자를 나타내고 4바이트 UID를 사용
- **SAK** : Select Acknowledge의 약어이며 카드를 구분하기 위해서 사용. SAK = 0x80이면 Mifare 1KB 카드를 의미
- **PICC type** : PICC 는 Proximity Integrated Circuit의 약어로 RFID 태그 또는 카드 타입을 나타냄
- **Mifare 1KB** : [그림 8.5]에서 살펴본 카드 EEPROM에 저장된 16 섹터, 섹터 당 4개의 블록, 한 블록 당 16바이트의 데이터

8.1.8 RFID-RC522 RFID 리더 모듈

- [그림 8.6]은 실험에서 사용할 RC522 RFID 리더 모듈을 보여주며 [표 8.4]와 같은 주요 특징을 가짐
- RC522 RFID 리더 모듈 핀을 [그림 8.6]과 같이 아두이노에 연결

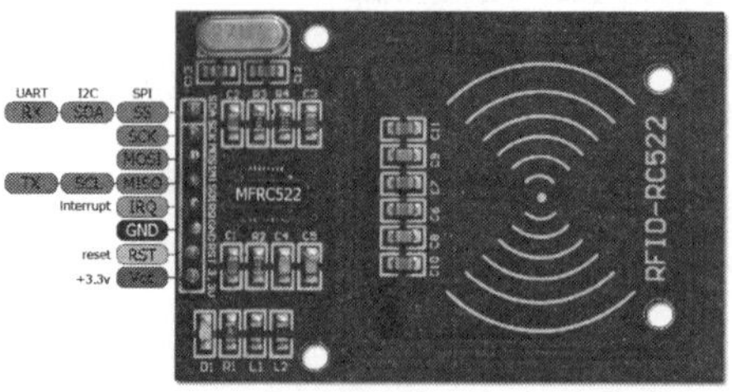

RC522	아두이노
SDA	디지털 46번 핀에 연결
SCK	SPI SCK(52) 핀에 연결
MOSI	SPI MOSI(51) 핀에 연결
MISO	SPI MISO(50) 핀에 연결
IRQ	NC
GND	GND
RST	디지털 44번 핀에 연결
3.3V	3.3V에 연결

그림 8.6 RC522 RFID 리더 모듈

표 8.4 RC522 RFID 리더 모듈의 특징

• 지원버전 : EDR Bluetooth 2.0 • 동작주파수 : 13.56MHz • 인터페이스 방식 : SPI 방식 • 전송속도 : 최대 10Mbits/s • 구동전원 : 3.3V

8.1.9 RFID 리더 MFRC522 라이브러리 설치

- 다음에 라이브러리를 설치하는 2가지 방법을 소개하는데 어느 방법을 사용하여도 좋음

■ [방법1]

- RFID 통신 라이브러리를 사용하기 위해서는 아래의 사이트에서 zip 파일을 다운받아 압축을 풀고 폴더이름을 MFRC522로 설정
  - https://github.com/miguelbalboa/rfid

- MFRC522 폴더 그대로 아래의 아두이노 라이브러리 폴더로 복사하고 아두이노 IDE를 재 시작해야 설치한 라이브러리를 사용할 수 있음
  - 문서\Arduino\libraries

■ [방법2]

- [그림 8.7]과 같이 IDE의 메뉴에서 스케치/라이브러리 포함하기/라이브러리 관리를 선택

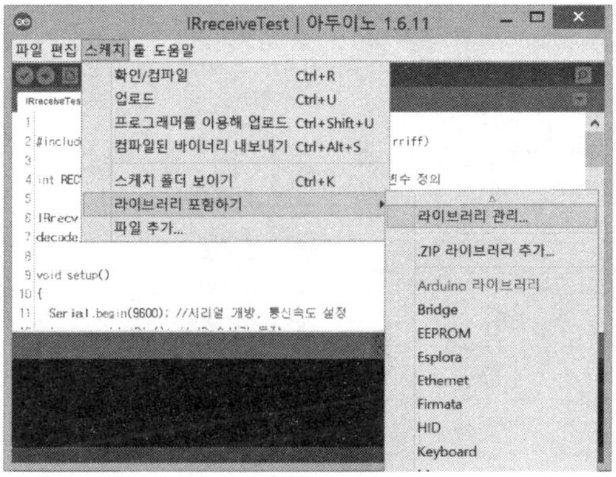

그림 8.7

- [그림 8.8]과 같이 라이브러리 매니저 창이 나타나면 찾고자하는 MFRC522을 입력하고 엔터를 치면 라이브러들이 나타나는데 라이브러리를 선택하고 설치 버튼을 누르면 라이브러리를 설치

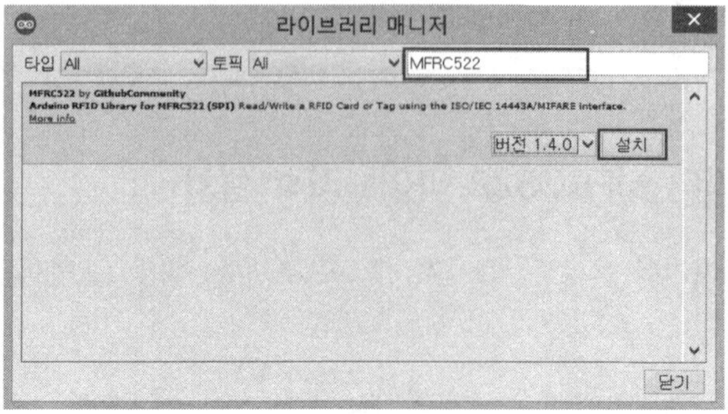

그림 8.8

8.1.10 MFRC522 클래스 라이브러리 제공 함수

MFRC522(byte chipSelectPin, byte resetPin)		
기능	RFID 리더 객체 생성	
매개변수	chipSelectPin	SPI 통신 시 RFID 모듈 선택 핀 번호
	resetPin	리셋 및 전원 off 핀 번호
리턴 값	-	생성자로 리턴값 없음

void setSPIConfig(void)		
기능	RFID 모듈의 SPI 통신을 위한 설정	
매개변수	void	없음
리턴 값	void	없음

void PCD_Init(void)		
기능	RFID 모듈 초기화	
매개변수	void	없음
리턴 값	void	없음

bool PICC_IsNewCardPresent(void)		
기능	새로운 RFID 카드 여부 체크	
매개변수	void	없음
리턴 값	bool	true : 새로운 RFID 카드 false : 새로운 RFID 카드가 아님

void PICC_DumpToSerial(Uid *uid)		
기능	RFID 카드의 UID, SAK, 타입, 데이터 블록을 시리얼 모니터에 복사	
매개변수	uid	RFID 카드의 UID
리턴 값	void	없음

StatusCode PICC_HaltA(void)		
기능	PICC 읽는 것을 중단	
매개변수	void	없음
리턴 값	StatusCode	− 0 : STATUS_OK // Success − 1 : STATUS_ERROR // Error

bool PICC_ReadCardSerial(void)		

기능	RFID 카드의 UID와 SAK을 읽어 mfrc522.uid struct에 넣음
	Uid struct:
	typedef struct {
	byte size; // UID의 바이트 수 (4, 7 또는 10)
	byte uidByte[10]; // 10바이트의 user ID
	byte sak; // PICC로부터 온 SAK (Select acknowledge) 바이트
	} Uid;	

매개변수	void	없음
리턴 값	bool	true : UID를 읽음 false : UID를 읽을 수 없음

<table>
<tr><th colspan="3">StatusCode PCD_Authenticate(byte command, byte blockAddr, MIFARE_Key *key, Uid *uid)</th></tr>
<tr><td>기능</td><td colspan="2">블록에 데이터를 쓰거나 읽기 위해 인증 수행</td></tr>
<tr><td rowspan="4">매개변수</td><td>command</td><td>- PICC_CMD_MF_AUTH_KEY_A : Key A을 가지고 인증 수행
- PICC_CMD_MF_AUTH_KEY_B : Key B을 가지고 인증 수행</td></tr>
<tr><td>blockAddr</td><td>읽거나 쓰기 위한 블록 데이터가 속한 섹터 트레일러 위치</td></tr>
<tr><td>key</td><td>MIFARE_Key struct의 포인터
MIFARE_Key struct:
typedef struct {
byte keyByte[MF_KEY_SIZE];
} MIFARE_Key;</td></tr>
<tr><td>uid</td><td>RFID 카드의 UID</td></tr>
<tr><td>리턴 값</td><td>StatusCode</td><td>- 0 : STATUS_OK // Success
- 1 : STATUS_ERROR // Error</td></tr>
</table>

<table>
<tr><th colspan="3">StatusCode MIFARE_Write(byte blockAddr, byte *buffer, byte bufferSize)</th></tr>
<tr><td>기능</td><td colspan="2">해당 블록 위치에 데이터 쓰기</td></tr>
<tr><td rowspan="3">매개변수</td><td>blockAddr</td><td>블럭 위치(0~63)</td></tr>
<tr><td>buffer</td><td>16바이트를 가지는 바이트 배열의 포인터</td></tr>
<tr><td>buffersize</td><td>블록내의 바이트 수</td></tr>
<tr><td>리턴 값</td><td>StatusCode</td><td>- 0 : STATUS_OK // Success
- 1 : STATUS_ERROR // Error</td></tr>
</table>

<table>
<tr><th colspan="3">StatusCode MIFARE_Read(byte blockAddr, byte *buffer, byte *bufferSize)</th></tr>
<tr><td>기능</td><td colspan="2">해당 블록 위치에서 데이터 읽기</td></tr>
<tr><td rowspan="3">매개변수</td><td>blockAddr</td><td>블럭 위치(0~63)</td></tr>
<tr><td>buffer</td><td>18바이트를 가지는 바이트 배열의 포인터</td></tr>
<tr><td>buffersize</td><td>블록내의 바이트 수 변수에 대한 포인터</td></tr>
<tr><td>리턴 값</td><td>StatusCode</td><td>- 0 : STATUS_OK // Success
- 1 : STATUS_ERROR // Error</td></tr>
</table>

실험 8-1

RFID 카드(태그)에서 UID, 타입, 데이터 블록을 읽어 시리얼 모니터에 출력

- [그림 8.9]와 같이 RFID 태그를 리더에 근접시켜 태그 정보를 읽어 들인 후 시리얼모니터에 출력
- 태그 정보로 UID, 타입, 1K 바이트 EEPROM에 저장되어 있는 데이터 블록을 시리얼모니터에 출력
- [그림 8.9]와 같이 회로를 연결하고 아래의 스케치 프로그램을 업로드

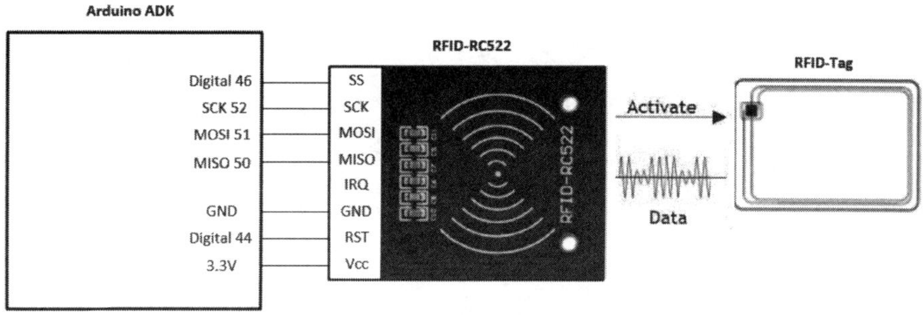

그림 8.9 실험 8-1 회로 연결

소스 프로그램 **rfidTagDataRead**

```
#include <SPI.h>       // SPI 라이브러리 삽입
#include <MFRC522.h>  //RFID 리더 MFRC522 라이브러리 삽입

#define RST_PIN  44  // MFRC522 RST에 연결된 핀 번호 변수 정의
#define SS_PIN   46  // MFRC522 SS에 연결된 핀 번호 변수 정의

MFRC522 mfrc522(SS_PIN, RST_PIN);  // MFRC522 객체 생성

void setup() {
  Serial.begin(9600);   // 시리얼 모니터와 시리얼 개방, 통신속도 설정
  SPI.begin();      // SPI 인터페이스 초기화
  mfrc522.PCD_Init();   // MFRC522 모듈 초기화
  mfrc522.PCD_DumpVersionToSerial();  // MFRC522 모듈 펌웨어 버전을 출력
  Serial.println(F("Scan PICC to see UID, SAK, type, and data blocks...")); //문자열 출력
}
```

```
void loop() {

  if ( ! mfrc522.PICC_IsNewCardPresent()) {  // 새로운 PICC(태그 또는 카드) 존재 확인
    return 0; // 새로운 카드가 아니면 loop 함수의 시작으로 감
  }

  // PICC의 UID와 SAK을 읽을 수 있는지 확인
  // 1을 리턴하면(읽으면) uid struct는 읽혀진 카드의 정보를 포함
  if ( ! mfrc522.PICC_ReadCardSerial()) { // PICC의 UID와 SAK을 읽을 수 있는지 확인
    return 0; // loop 함수의 시작으로 감
  }

  // PICC의 UID, SAK, 타입, 데이터 블록들을 시리얼 모니터에 출력, PICC를 너무 일찍
  // 제거하면 읽는 것을 중단하는 PICC_HaltA() 함수가 실행되고 Timeout 메시지 출력
  mfrc522.PICC_DumpToSerial(&(mfrc522.uid));
}
```

[결과]

- RFID 태그를 리더에 근접시키면 [그림 8.10]과 같이 태그 정보들이 시리얼모니터에 출력 됨

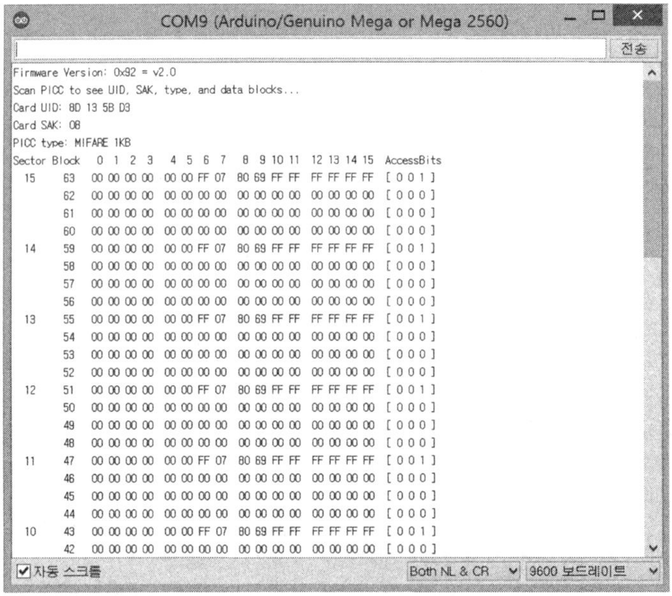

그림 8.10

- Firmware Version : 0x92 = v2.0 : 펌웨어 버전을 출력
- Card UID : 4바이트 의 카드 고유 식별자로 여기서는 8D 13 5B D3 값을 가짐
- SAK : SAK = 0x80이면 Mifare 1KB 카드를 의미.
- PICC type : RFID 태그 또는 카드 타입으로 Mifare 1KB 카드를 의미
- Mifare 1KB : 카드 EEPROM에 저장된 16 섹터, 섹터 당 4개의 블록, 한 블록 당 16바이트의 데이터 블록들이 표시 됨
- 각 섹터의 4번째 블록이 섹터 트레일러(sector trailer)이며 6바이트의 보안 키 A와 보안 키 B는 출시될 때 모두 0xFF로 초기화 됨. 15번째 섹터 트레일러의 보안 키 A는 모두 0x00으로 표시되는데 이는 암호화되어 이렇게 보이는 것이며 보안 키 B는 모두 0xFF 임. 다른 모든 섹터도 동일 함
- PICC (태그 또는 카드)를 리더에서 너무 일찍 제거하면 읽는 것을 중단하는 PICC_HaltA() 함수가 실행되며 [그림 8.11]과 같이 Timeout 메시지가 출력됨

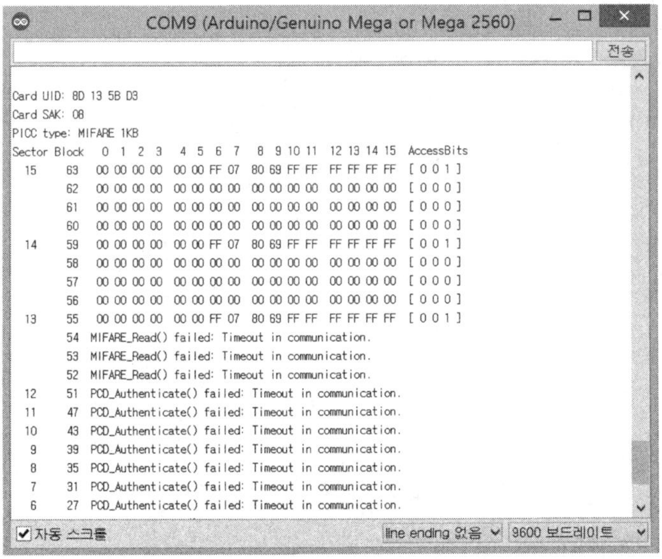

그림 8.11

실험 8-2

RFID 카드(태그)의 UID을 사용하여 접속 제어

- 하나의 RFID 태그의 UID를 마스터 태그로 등록
- 등록된 태그를 리더 주위에 근접시키면 "Access Granted !!!" 라는 메시지를 시리얼 모니터에 출력
- 등록되지 않은 태그를 리더 주위에 가져가면 "Access Denied !!!" 라는 메시지를 시리얼 모니터에 출력
- [그림 8.9]의 회로를 사용하고 아래의 스케치 프로그램을 업로드

소스 프로그램 **rfidMyUidReg**

```
#include <SPI.h>        // SPI 라이브러리 삽입
#include <MFRC522.h>  //RFID 리더 MFRC522 라이브러리 삽입

#define RST_PIN  44  // MFRC522 RST에 연결된 핀 번호 변수 정의
#define SS_PIN   46  // MFRC522 SS에 연결된 핀 번호 변수 정의

MFRC522 mfrc522(SS_PIN, RST_PIN);  // MFRC522 객체 생성
String myTag=""; // 등록할 UID를 저장하는 변수
boolean successReg = false; // 등록 성공 여부를 저장하는 변수

void setup() {
  Serial.begin(9600);   // 시리얼 모니터와 시리얼 개방, 통신속도 설정
  SPI.begin();      // SPI 인터페이스 초기화
  mfrc522.PCD_Init();   // MFRC522 모듈 초기화

  Serial.println("Tag Registration is necessary !!!"); //문자열 출력

  while(!successReg) {  // 등록 성공여부 확인
    successReg=myTagRegister(); // UID 등록 함수 호출
  }
  successReg = false; // 등록 성공 여부 초기화

  Serial.println("registered Tag : "+myTag); //문자열 출력
}

boolean myTagRegister(void ) {
```

```
  if ( ! mfrc522.PICC_IsNewCardPresent()) {  // 새로운 PICC(태그 또는 카드) 존재 확인
    return 0; // 새로운 카드가 아니면 loop 함수의 시작으로 감
  }

  // PICC의 UID와 SAK을 읽을 수 있는지 확인
  // 1을 리턴하면(읽으면) uid struct는 읽혀진 카드의 정보를 포함
  if ( ! mfrc522.PICC_ReadCardSerial()) { // PICC의 UID와 SAK을 읽을 수 있는지 확인
    return 0; // loop 함수의 시작으로 감
  }

  for(int i=0; i<4 ; i++) { // 4바이트의 UID를 등록
    myTag.concat(String(mfrc522.uid.uidByte[i], HEX)); //16진수로 변환하여 문자열에 추가
  }
  myTag.toUpperCase(); // 대문자로 변환
  mfrc522.PICC_HaltA(); // 읽기 중단
  return 1;
}

void loop() {

  if ( ! mfrc522.PICC_IsNewCardPresent()) {  // 새로운 PICC(태그 또는 카드) 존재 확인
    return 0;
  }

  if ( ! mfrc522.PICC_ReadCardSerial()) { // PICC의 UID와 SAK을 읽을 수 있는지 확인
    return 0;
  }

  String tagID=""; // 새로 읽어 들일 UID를 저장하는 변수
  for(int i=0; i<4 ; i++) {  // 4바이트의 UID
    tagID.concat(String(mfrc522.uid.uidByte[i], HEX)); //16진수로 변환하여 문자열에 추가
  }
  tagID.toUpperCase(); // 대문자로 변환
  mfrc522.PICC_HaltA(); // 읽기를 중단

  Serial.println("---------------------------------------------- !!");
  if (tagID == myTag) { // 새로 읽어 들인 UID가 등록된 것인지 확인
    Serial.println("Access Granted !!!!"); //문자열 출력
  }
  else {
    Serial.println("Access Denied !!!!"); //문자열 출력
  }
}
```

[결과]

- 하나의 RFID 태그를 리더에 근접시켜 태그의 UID를 마스터 태그로 등록
- [그림 8.12]의 경우 4바이트 UID인 51AC6322가 등록 됨
- [그림 8.12]와 같이 등록된 태그를 리더 주위에 근접시키면 "Access Granted !!!" 라는 메시지가 시리얼 모니터에 출력되고 등록되지 않은 태그를 리더 주위에 가져가면 "Access Denied !!!" 라는 메시지가 시리얼 모니터에 출력

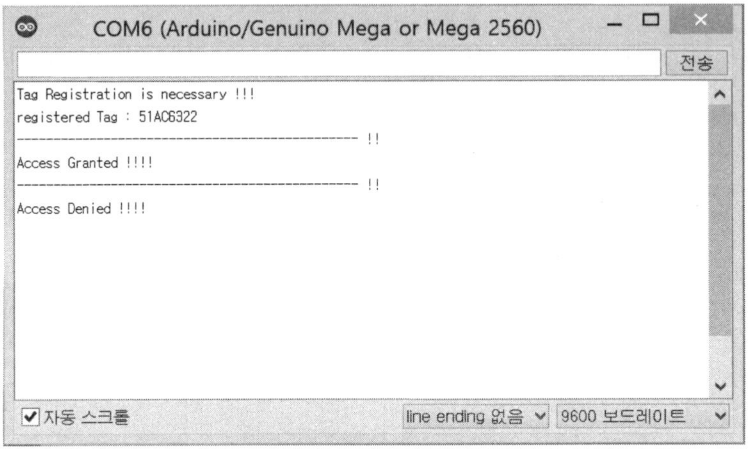

그림 8.12

실험 8-3

새로운 데이터를 RFID 카드(태그)에 쓰고 읽기

- [그림 8.13]과 같이 1K 바이트 EEPROM에 저장되어 있는 데이터 블록 중 두 번째 블록(블록 2)의 16바이트를 읽어 시리얼모니터에 출력
- 초기값으로 0x00 16개가 시리얼 모니터에 출력되는지 확인 (아스키로 표현 시 공백으로 표시)
- 두 번째 블록(block 2)에 새로운 16바이트 데이터인 "Welcome Arduino"를 쓰기
- 잘 쓰여 졌는지 확인을 위해 두 번째 블록(block 2)의 16바이트을 읽어 시리얼 모니터에 출력하여 새로운 데이터인 "Welcome Arduino"가 제대로 쓰여 졌는지 확인
- [그림 8.9]의 회로를 사용하고 아래의 스케치 프로그램을 업로드

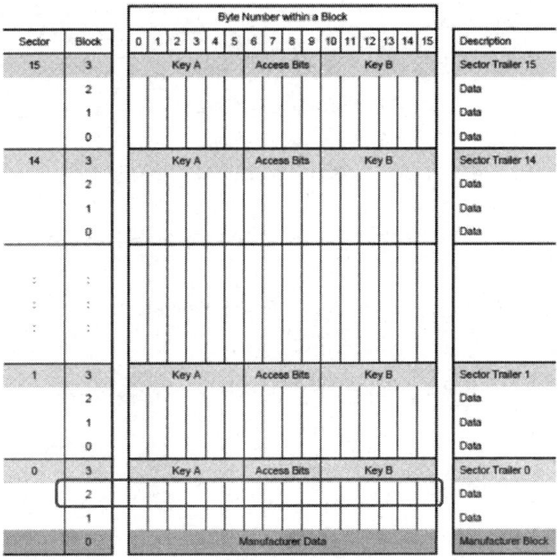

그림 8.13

소스 프로그램 rfidStringWriteRead

```
#include <SPI.h> //SPI 라이브러리 삽입
#include <MFRC522.h> //RFID 리더 MFRC522 라이브러리 삽입

#define RST_PIN  44  // MFRC522 RST에 연결된 핀 번호 변수 정의
#define SS_PIN   46  // MFRC522 SS에 연결된 핀 번호 변수 정의

MFRC522 mfrc522(SS_PIN, RST_PIN);       // MFRC522 객체 생성
MFRC522::MIFARE_Key key; //카드 정보를 저장하는 MIFARE_Key struct 생성

int block=2; // 쓰고 읽으려는 블록 위치 번호

byte blockContent[16] = {"Welcome Arduino "}; // 블록 위치에 쓸 16 바이트를 저장하는 변수
//byte blockContent[16] = {0,0,0,0,0,0,0,0,0,0,0,0,0,0,0,0}; // 하나의 블록을 지우는데 사용

//하나의 블록을 읽어들여 저장하는 변수 (18바이트 필요 16바이트 데이터+2바이트 CRC)
byte readBeforeBlock[18];
// 하나의 블록을 읽어들여 저장하는 변수 (18바이트 필요 16바이트 데이터+2바이트 CRC)
byte readBackBlock[18];
```

```
void setup() {
  Serial.begin(9600);        // 시리얼 모니터와 시리얼 개방, 통신속도 설정
  SPI.begin();              // SPI 인터페이스 초기화
  mfrc522.PCD_Init();        // MFRC522 카드 초기화
  Serial.println("Scan a MIFARE Classic card"); // 문자열 출력

  // 읽기와 쓰기 기능을 수행하기 위한 보안 키로 6바이트가 0xFF로 초기화
  for (byte i = 0; i < 6; i++) {
    key.keyByte[i] = 0xFF; // keyByte는 MIFARE_Key struct에 정의되어 있음
  }
}

void loop()
{

  if ( ! mfrc522.PICC_IsNewCardPresent()) { // 새로운 PICC (태그 또는 카드) 존재 확인
    return 0; // 새로운 카드가 아니면 loop 함수의 시작으로 감
  }

  // PICC의 UID와 SAK을 읽을 수 있는지 확인
  // 1을 리턴하면(읽으면) uid struct는 읽혀진 카드의 정보를 포함
  if ( ! mfrc522.PICC_ReadCardSerial()) {
    return; // loop 함수의 시작으로 감
  }

  Serial.println("card selected"); // 문자열 출력

   readBlock(block, readBeforeBlock);// 블록 읽기
   Serial.print("read block before data writing : ");
   for (int j=0 ; j<16 ; j++) { // 블록 내용을 시리얼 모니터에 출력
      Serial.write(readBeforeBlock[j]); // 시리얼 모니터에 각 바이트를 ASCII로 출력
   }
   Serial.println("");

   writeBlock(block, blockContent); // 블록 위치에 16 바이트를 쓰는 함수 호출

   readBlock(block, readBackBlock);// 블록을 되읽기
   Serial.print("read block after data writing: ");
   for (int j=0 ; j<16 ; j++) { // 블록 내용을 시리얼 모니터에 출력
```

```
      Serial.write(readBackBlock[j]); // 시리얼 모니터에 각 바이트를 ASCII로 출력
   }
   Serial.println("");

   mfrc522.PICC_HaltA(); // 읽기 중단
   mfrc522.PCD_StopCrypto1(); // PCD가 인증된 상태에서 나감

   Serial.println("--------------- Completion !!"); // 문자열 출력
}

int writeBlock(int blockNumber, byte arrayAddress[])
{
  int  sectorNum =  blockNumber/4; // 블록에 대한 섹터 번호
  int  trailerBlock = sectorNum*4 + 3; // 블록에 대한 트레일러 블록 위치
  if (blockNumber%4 == 3) { // 블록이 트레일러 블록 인지 확인
    Serial.print(blockNumber);
    Serial.println(" is a trailer block:");
    return 2;
  }
  Serial.print(blockNumber);
  Serial.println(" is a data block:");

  // 블록 쓰기를 위해 인증 수행
  byte     status     =     mfrc522.PCD_Authenticate(MFRC522::PICC_CMD_MF_AUTH_KEY_A,
trailerBlock, &key, &(mfrc522.uid));

  if (status != MFRC522::STATUS_OK) { // 인증에 성공하였는지 확인
        Serial.print("PCD_Authenticate() failed: ");
        Serial.println(mfrc522.GetStatusCodeName(status));
        return 3;//return "3" as error message
  }

  // 해당 블록 위치에 데이터 쓰기
  status = mfrc522.MIFARE_Write(blockNumber, arrayAddress, 16);
  if (status != MFRC522::STATUS_OK) { //
          Serial.print("MIFARE_Write() failed: "); //데이터 쓰기에 성공하였는지 확인
          Serial.println(mfrc522.GetStatusCodeName(status));
          return 4; // return "4" as error message
  }
}
```

```
int readBlock(int blockNumber, byte arrayAddress[])
{
  int  sectorNum =  blockNumber/4; // 블록에 대한 섹터 번호
  int  trailerBlock = sectorNum*4 + 3; // 블록에 대한 트레일러 블록 위치

 // 블록 읽기를 위해 인증 수행
  byte     status     =     mfrc522.PCD_Authenticate(MFRC522::PICC_CMD_MF_AUTH_KEY_A,
trailerBlock, &key, &(mfrc522.uid));

  if (status != MFRC522::STATUS_OK) {
         Serial.print("PCD_Authenticate() failed (read): ");
         Serial.println(mfrc522.GetStatusCodeName(status));
         return 3;//return "3" as error message
  }

 // 해당 블록 위치에서 데이터 읽기
  byte buffersize = 18;// 읽기 버퍼 크기를 저장하는 변수 선언
  status = mfrc522.MIFARE_Read(blockNumber, arrayAddress, &buffersize);// &buffersiz는
buffersize 변수의 포인터
  if (status != MFRC522::STATUS_OK) { //데이터 읽기에 성공하였는지 확인
          Serial.print("MIFARE_read() failed: ");
          Serial.println(mfrc522.GetStatusCodeName(status));
          return 4;//return "4" as error message
  }
}
```

[결과]

- RFID 태그를 리더에 근접시키면 [그림 8.14]와 같이 1K 바이트 EEPROM에 저장되어 있는 데이터 블록 중 두 번째 블록(블록 2)의 16바이트인 0x00 16개가 시리얼 모니터에 출력
- 아스키로 출력 하였으므로 공백으로 표시
- 두 번째 블록(block 2)에 새로운 16바이트 데이터인 "Welcome Arduino "를 쓰기난 후 재읽기 과정을 통해 새로운 데이터인 "Welcome Arduino "가 두 번째 블록(block 2)에 제대로 쓰여 졌음을 확인

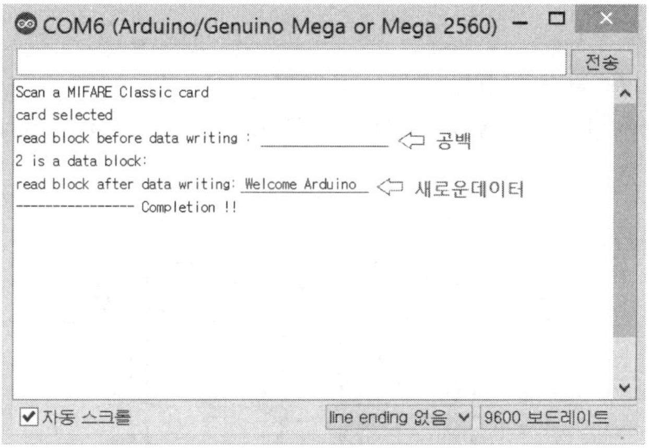

그림 8.14

- RFID 태그에 이미 데이터가 쓰여 있는 경우에는 아래와 같이 주석 처리를 바꾼 후 스케치 프로그램을 업로드하고 태그를 리더에 근접시키면 두 번째 블록(블록 2)의 16바이트는 0x00로 쓰여 질 것임.

```
//byte blockContent[16] = {"Welcome Arduino "}; // 블록 위치에 쓸 16 바이트를 저장하는 변수
byte blockContent[16] = {0,0,0,0,0,0,0,0,0,0,0,0,0,0,0,0}; // 하나의 블록을 지우는데 사용
```

- 이 후 다시 아래와 같이 주석 처리를 바꾼 후 스케치 프로그램을 업로드하고 태그를 리더에 근접시키면 [그림 8.14]와 동일한 결과를 얻게 됨

```
byte blockContent[16] = {"Welcome Arduino "}; // 블록 위치에 쓸 16 바이트를 저장하는 변수
//byte blockContent[16] = {0,0,0,0,0,0,0,0,0,0,0,0,0,0,0,0}; // 하나의 블록을 지우는데 사용
```

실험 8-4

RFID 카드(태그)를 리더에 근접시킬 때 마디 태그의 값을 100 씩 증가시키기

- [그림 8.15]와 같이 1K 바이트 EEPROM에 저장되어 있는 데이터 블록 중 두 번째 블록(블록 2)의 16바이트 중에서 하위 4바이트를 정수형(int) 타입으로 사용
- RFID 카드(태그)를 리더에 근접시킬 때마다 블록 2에 저장되어 있는 하위 4바이트 값(현재 값)을 읽고 시리얼 모니터에 출력

- 블록 2에 저장되어 있는 현재 값에 100 증가한 값 (다음 값)을 블록에 다시 쓰고 제대로 쓰여 졌는지 재 읽기 과정을 통해 확인
- 값을 초기화할 필요가 있을 때 두 번째 블록(블록 2)의 16바이트 중에서 하위 4바이트 값을 0으로 초기화
- [그림 8.9]의 회로를 사용하고 아래의 스케치 프로그램을 업로드

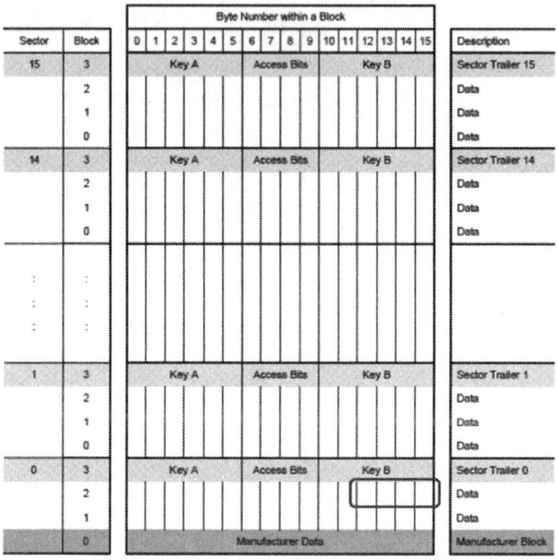

그림 8.15

소스 프로그램 rfidDataUpdate

```
#include <SPI.h> //SPI 라이브러리 삽입
#include <MFRC522.h> //RFID 리더 MFRC522 라이브러리 삽입

#define RST_PIN  44  // MFRC522 RST에 연결된 핀 번호 변수 정의
#define SS_PIN   46  // MFRC522 SS에 연결된 핀 번호 변수 정의

MFRC522 mfrc522(SS_PIN, RST_PIN);       // MFRC522 객체 생성
MFRC522::MIFARE_Key key; //카드 정보를 저장하는 MIFARE_Key struct 생성

//#define rfidReset

#ifdef rfidReset //rfidReset이 정의되었는지 확인
```

```
  unsigned char clearContent[16] = {0,0,0,0,0,0,0,0,0,0,0,0,0,0,0,0};//값을 0으로 초기화
("" 와 동일)
#endif

// 하나의 블록을 읽어들여 저장하는 변수 (18바이트 필요 16바이트 데이터+2바이트 CRC)
unsigned char readBeforeBlock[18];

int block=2; // 쓰고 읽으려는 블록 위치 번호

// 하나의 블록을 읽어들여 저장하는 변수 (18바이트 필요 16바이트 데이터+2바이트 CRC)
unsigned char readBackBlock[18];
unsigned int rfidNumData = 0; // rfid 태그에 쓰거나 읽은 값을 저장하는 변수 정의

void setup() {
  Serial.begin(9600);        // 시리얼 모니터와 시리얼 개방, 통신속도 설정
  SPI.begin();              // SPI 인터페이스 초기화
  mfrc522.PCD_Init();       // MFRC522 모듈 초기화
  Serial.println("Scan a MIFARE Classic card"); // 문자열 출력

  // 읽기와 쓰기 기능을 수행하기 위한 보안 키로 6바이트가 0xFF로 초기화
  for (byte i = 0; i < 6; i++) {
     key.keyByte[i] = 0xFF; // keyByte는 MIFARE_Key struct에 정의되어 있음
  }
}

void rfidNumDataToBlock(void){

  unsigned int copyrfidNumData=rfidNumData; // 증가한 다음 값을 저장하는
                                            // rfidNumData 값을 저장
  for(int i=0;i<4;i++) { // 4번 반복
    readBeforeBlock[15-i] = (byte) (copyrfidNumData & 0xFF); // 4바이트의 각 값을 결정
    copyrfidNumData >>= 8; // 다음 바이트를 위해 우측으로 8번 쉬프트
  }
}

void BlockTorfidNumData(void){
  unsigned int num=0;

  for(int i=0;i<4;i++) { // 4번 반복
    num += readBeforeBlock[15-i] * (0x01 << 8*i); // 4바이트에 해당하는 정수값 결정
```

```
  }
  rfidNumData = num; // 정수 값을 rfidNumData에 저장
}

void loop()
{

  if ( ! mfrc522.PICC_IsNewCardPresent()) { // 새로운 PICC (태그 또는 카드) 존재 확인
     return 0; // 새로운 카드가 아니면 loop 함수의 시작으로 감
  }

  // PICC의 UID와 SAK을 읽을 수 있는지 확인
  // 1을 리턴하면(읽으면) uid struct는 읽혀진 카드의 정보를 포함
  if ( ! mfrc522.PICC_ReadCardSerial()) {
    return; // loop 함수의 시작으로 감
  }

  Serial.println("card selected"); // 문자열 출력

   readBlock(block, readBeforeBlock);// 블록 읽기
   BlockTorfidNumData(); // 하위 4바이트에 해당하는 정수 값 결정하는 함수 호출

   Serial.println("------------------------------------------");
   Serial.print("read block before data writing : ");
   Serial.print("read data : "+(String)rfidNumData+" ==> ");
   for (int j=3 ; j>=0 ; j--) { // 블록 내용을 시리얼 모니터에 출력
       Serial.print(readBeforeBlock[15-j]); // 시리얼 모니터에 각 바이트를 ASCII로 출력
       Serial.print(" ");
   }
   Serial.println("");

#ifdef rfidReset
  rfidNumData = 0;
  writeBlock(block, clearContent); // 블록 위치에 16 바이트를 쓰는 함수 호출
#else
  rfidNumData+=100;
  rfidNumDataToBlock(); // 정수값을 하위 4바이트에 저장하는 함수 호출
  writeBlock(block, readBeforeBlock); // 블록 위치에 16 바이트를 쓰는 함수 호출
#endif
```

```
  readBlock(block, readBackBlock);// 블록을 되읽기
  Serial.print("read data : "+(String)rfidNumData+" ==> ");
  for (int j=3 ; j>=0 ; j--) { // 블록 내용을 시리얼 모니터에 출력
     Serial.print(readBackBlock[15-j]); // 시리얼 모니터에 각 바이트를 ASCII로 출력
     Serial.print(" ");
  }
  Serial.println("");

  mfrc522.PICC_HaltA(); // 읽기 중단
  mfrc522.PCD_StopCrypto1(); // PCD가 인증된 상태에서 나감

  Serial.println("--------------- Completion !!"); // 문자열 출력
}

int writeBlock(int blockNumber, byte arrayAddress[])
{
  int  sectorNum =  blockNumber/4; // 블록에 대한 섹터 번호
  int  trailerBlock = sectorNum*4 + 3; // 블록에 대한 트레일러 블록 위치
  if (blockNumber%4 == 3) { // 블록이 트레일러 블록 인지 확인
    Serial.print(blockNumber);
    Serial.println(" is a trailer block:");
    return 2;
  }
  Serial.print(blockNumber);
  Serial.println(" is a data block:");

  // 블록 쓰기를 위해 인증 수행
  byte     status     =     mfrc522.PCD_Authenticate(MFRC522::PICC_CMD_MF_AUTH_KEY_A,
trailerBlock, &key, &(mfrc522.uid));

  if (status != MFRC522::STATUS_OK) { // 인증에 성공하였는지 확인
       Serial.print("PCD_Authenticate() failed: ");
       Serial.println(mfrc522.GetStatusCodeName(status));
       return 3;//return "3" as error message
  }

  // 해당 블록 위치에 데이터 쓰기
  status = mfrc522.MIFARE_Write(blockNumber, arrayAddress, 16);
  if (status != MFRC522::STATUS_OK) { //
         Serial.print("MIFARE_Write() failed: "); //데이터 쓰기에 성공하였는지 확인
```

```
        Serial.println(mfrc522.GetStatusCodeName(status));
        return 4; // return "4" as error message
  }
}

int readBlock(int blockNumber, byte arrayAddress[])
{
  int  sectorNum =  blockNumber/4; // 블록에 대한 섹터 번호
  int  trailerBlock = sectorNum*4 + 3; // 블록에 대한 트레일러 블록 위치

 // 블록 읽기를 위해 인증 수행
   byte     status     =     mfrc522.PCD_Authenticate(MFRC522::PICC_CMD_MF_AUTH_KEY_A,
trailerBlock, &key, &(mfrc522.uid));
  if (status != MFRC522::STATUS_OK) {
        Serial.print("PCD_Authenticate() failed (read): ");
        Serial.println(mfrc522.GetStatusCodeName(status));
        return 3;//return "3" as error message
  }

 // 해당 블록 위치에서 데이터 읽기
  byte buffersize = 18;// 읽기 버퍼 크기를 저장하는 변수 선언
  status = mfrc522.MIFARE_Read(blockNumber, arrayAddress, &buffersize);// &buffersiz는
buffersize 변수의 포인터
  if (status != MFRC522::STATUS_OK) { //데이터 읽기에 성공하였는지 확인
         Serial.print("MIFARE_read() failed: ");
         Serial.println(mfrc522.GetStatusCodeName(status));
         return 4;//return "4" as error message
  }
}
```

[결과]

- 값을 초기화하기 위하여 위의 프로그램에서 아래의 부분의 주석 처리 부분을 제거하고 프로그램을 실행

```
// #define rfidReset   ==>  #define rfidReset
```

- RFID 카드(태그)를 리더에 근접시키면 [그림 8.16]과 같이 0 0 0 0 이 즉, 0으로 초기화 됨을 확인

- RFID 카드(태그)를 재차 리더에 근접하여도 [그림 8.16]과 같이 0 0 0 0 이 즉, 0으로 초기화 됨을 확인
- 초기화를 완료 한 후 위의 프로그램에서 아래의 부분을 다시 주석 처리하고 프로그램을 실행

```
#define rfidReset   ==>  // #define rfidReset
```

- RFID 카드(태그)를 리더에 근접시키면 [그림 8.17]과 같이 현재 값이 0 ==〉 0 0 0 0 이고 다음 값이 100 ==〉 0 0 0 100 임을 확인
- RFID 카드(태그)를 리더에 두 번 째 근접시키면 [그림 8.17]과 같이 현재 값이 100 ==〉 0 0 0 100 이고 다음 값이 200 ==〉 0 0 0 200 임을 확인
- RFID 카드(태그)를 리더에 세 번째 근접시키면 [그림 8.17]과 같이 현재 값이 200 ==〉 0 0 0 200 이고 다음 값이 300 ==〉 0 0 1 44 임을 확인
- RFID 카드(태그)를 리더에 네 번째 근접시키면 [그림 8.17]과 같이 현재 값이 300 ==〉 0 0 1 44 이고 다음 값이 400 ==〉 0 0 1 144 임을 확인

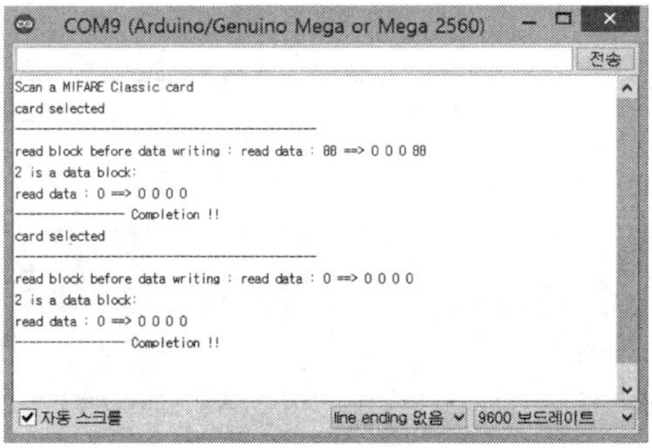

그림 8.16

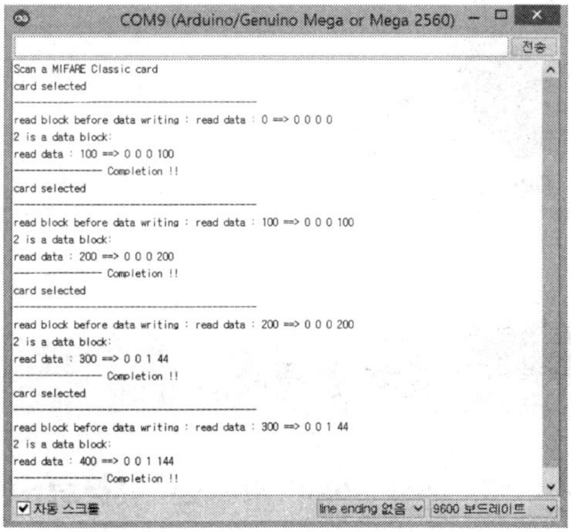

그림 8.17

제9장 적외선 통신을 활용한 센서 제어

실험에 필요한 부품

적외선(IR) 리모콘	적외선 수신기 모듈	LED	캐소드 공통형 3색 RGB LED	1KΩ 저항
1개	1개	1개	1개	4개

서보모터 (HES-288 플라스틱)				
1개				

9.1 적외선 통신

9.1.1 적외선(IR) 리모트 콘트롤러 (적외선 리모콘)과 적외선 수신기

- [그림 9.1]과 같이 적외선(IR: infrared) 리모콘 콘트롤러(또는 적외선 리모콘)에서 보내는 신호를 받는 모듈을 적외선 수신기(IR Receiver)라 하고 TV, 오디오, 에어콘, 선풍기 등의 생활 가전용품에서 제어용으로 널리 사용

적외선 수신기	적외선 리모트 콘트롤러 (적외선 리모콘)

그림 9.1 적외선 리모트 콘트롤러와 적외선 수신기

- 적외선(IR: infrared) 리모트 제어는 리모트 콘트롤러(리모콘)과 수신기 사이에 데이터를 전송하기 위하여 빛(light)을 이용
- 사용하는 빛은 [그림 9.2]와 같이 가시광선 스펙트럼 아래 있는 적외선(infrared) 빛을 사용

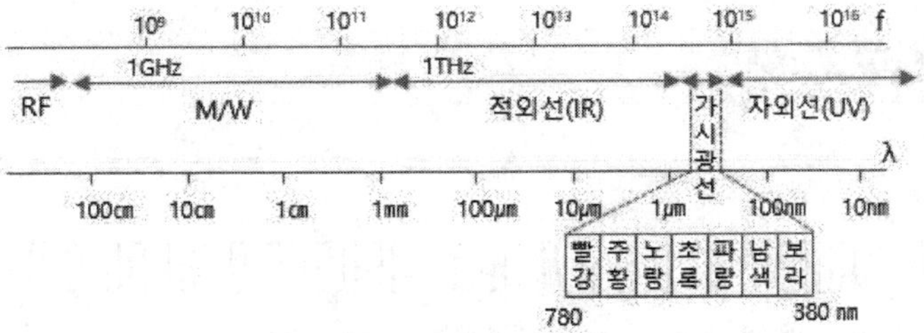

그림 9.2 적외선 스펙트럼

- IR LED는 가격이 저렴하다는 장점을 가지나 자연광 또는 전구(lighting)에 의해 간섭을 받는 단점이 있음
- IR 리모콘은 자연광의 IR과의 간섭을 피하기 위하여 38KHz의 반송파(carrier) 주파수에 데이터를 변조하여 전송
- IR 리모콘의 각 버튼은 개별의 고유한 코드(code)를 수신기에 보냄
- 이때 코드들은 IR 리모콘 제조사 마다 다르며 NEC 포맷이 가장 많이 사용 됨

9.1.2 NEC 포맷

- NEC 포맷은 다음과 같이 9ms의 선행코드(leader code)가 전송되고 4.5ms 동안 휴지기간이 있은 후 54ms의 데이터 워드로 구성

```
▷Leader Code(9ms) + Space(4.5ms) + Data Word(54ms)
```

- NEC 포맷의 코드(또는 데이터 워드)는 다음과 같이 32 비트로 구성되어 주소코드와 데이터 코드를 전송

```
▷ 32 bits Data Word = address code(8 bits) + address code의 1의 보수(8 bits) + data code(8 bits) + data code의 1의 보수(8 bits)
```

- NEC 포맷의 예를 [그림 9.3]에 나타냄

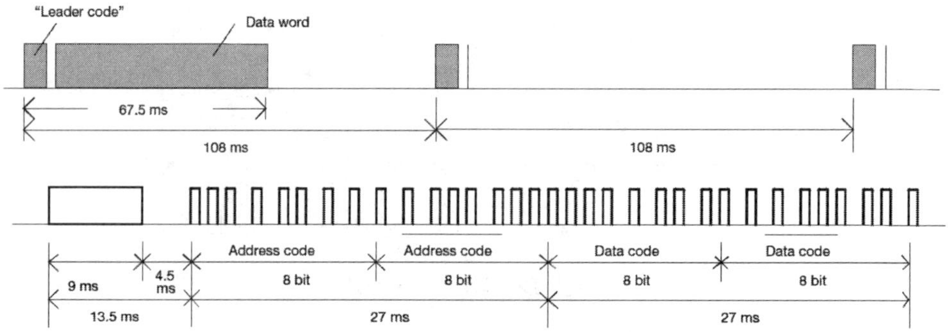

그림 9.3 NEC 포맷 예

- 디지털 0과 디지털 1은 [그림 9.4]와 같이 38KHz의 반송파 주파수에 변조되어 전송

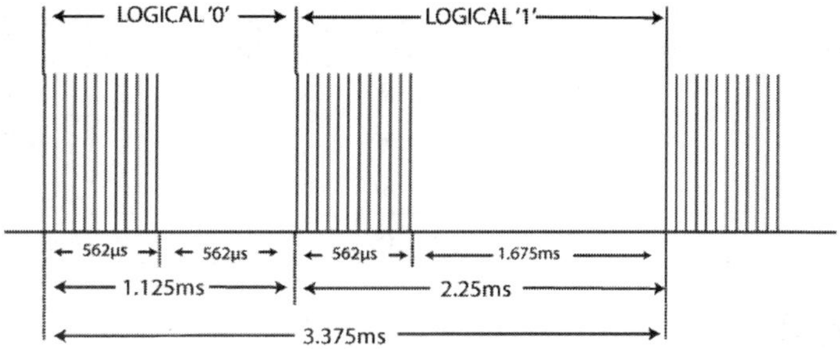

그림 9.4 NEC 포맷 디지털 0, 1 전송

- IR 리모콘의 키가 눌러진 동안 [그림 9.5]와 같이 108ms 마다 반복 코드 값(0xFFFFFF)이 반복되어 전송

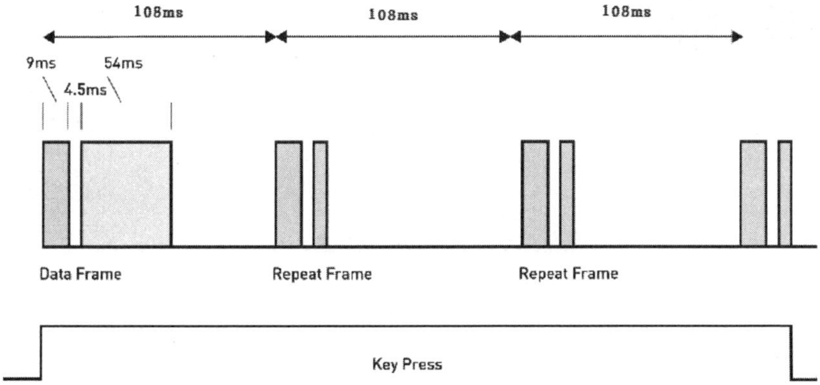

그림 9.5 반복 코드 전송

- 실험에서 사용하는 IR 리모트 콘트롤러 (IR 리모콘)도 NEC 포맷을 따르며 각 키에 대한 32비트 코드(또는 데이터 워드)는 [표 9.1]과 같음

표 9.1 사용하는 IR 리모콘의 키에 대한 32비트 코드(또는 데이터 워드)

리모콘	키	코드
	▲	0xFF629D
	▼	0xFFA857
	◀	0xFF22DD
	▶	0xFFC23D
	OK	0xFF02FD
	1	0xFF6897
	2	0xFF9867
	3	0xFFB04F
	4	0xFF30CF
	5	0xFF18E7
	6	0xFF7A85
	7	0xFF10EF
	8	0xFF38C7
	9	0xFF5AA5
	*	0xFF42BD
	0	0xFF4AB5
	#	0xFF52AD
	반복코드	0xFFFFFFFF

9.1.3 IR 수신기 모듈

• 실험에 사용할 IR 수신기 모듈은 TL1838 IR 센서를 사용하며 [그림 9.6]과 같음

• OUT : 아두이노 메가보드 A3에 연결
• VCC : 5V
• GND : 접지

그림 9.6 실험에 사용할 IR 수신기 모듈

• [그림 9.7]과 같이 변조된 신호를 복조하여 펄스들을 출력하며 이를 디코딩하여 어떤 키가 눌려 졌는지 결정

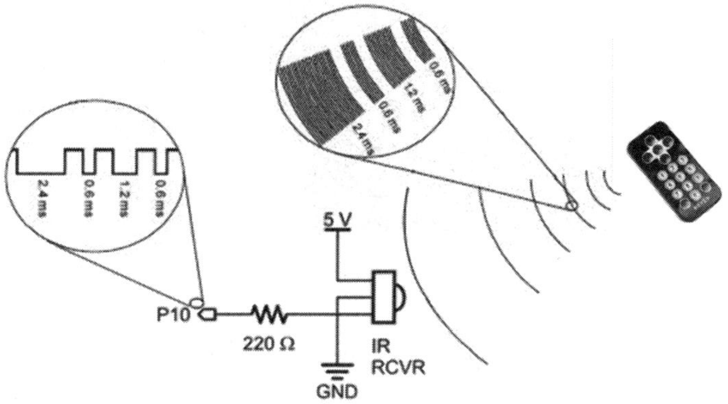

그림 9.7

9.1.4 적외선(IR) 통신 라이브러리 설치

• 다음에 라이브러리를 설치하는 2가지 방법을 소개하는데 어느 방법을 사용하여도 좋음

■ [방법1]

- 적외선(IR) 통신 라이브러리를 사용하기 위해서는 아래의 사이트에서 zip 파일을 다운받아 압축을 풀고 폴더이름을 IRremote로 설정
  - http://z3t0.github.io/Arduino-IRremote/
- IRremote 폴더 그대로 아래의 아두이노 라이브러리 폴더로 복사하고 아두이노 IDE를 재 시작해야 설치한 라이브러리를 사용할 수 있음.
  - 문서\Arduino\libraries

■ [방법2]

- [그림 9.8]과 같이 IDE의 메뉴에서 "스케치/라이브러리 포함하기/라이브러리 관리"를 선택

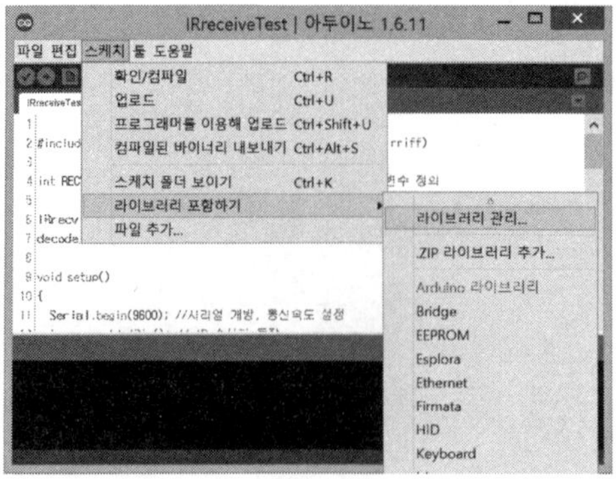

그림 9.8

- [그림 9.9]과 같이 라이브러리 매니저 창이 나타나면 찾고자하는 IRremote를 입력하고 엔터를 치면 라이브러들이 나타나는데 **"shirriff"에 의해 개발된 라이브러리를 선택**하고 설치 버튼을 누르면 라이브러리를 설치

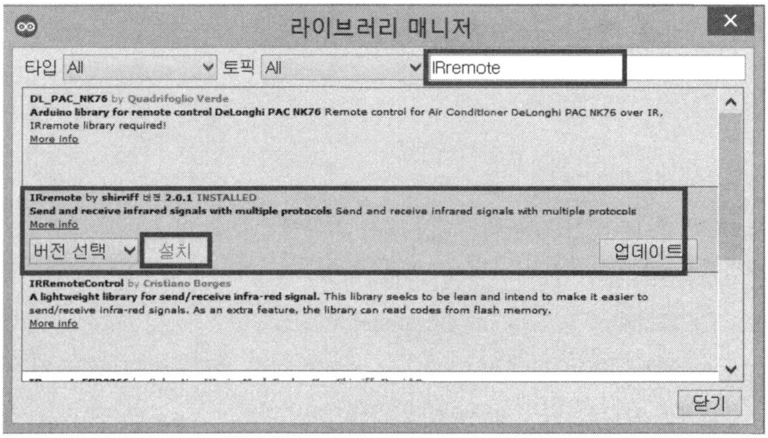

그림 9.9

9.1.5 적외선(IR) 통신 라이브러리에서 제공하는 IRrecv 클래스 라이브러리 제공 함수

IRrecv(int recvpin)		
기능	IR 수신 객체 생성	
매개변수	recvpin	IR을 수신할 핀 번호
리턴 값	–	없음, 생성자 함수

void enableIRIn(void)		
기능	IR 데이터 수신 시작, setup() 함수 내에서 사용	
매개변수	void	없음
리턴 값	void	없음

int decode(decode_results *results)		
기능	IR 수신 데이터의 디코딩 처리	
매개변수	result	decode_results 객체로 디코딩 결과 저장
리턴 값	int	1 : 데이터 준비 0 : 데이터 없음

void resume(void)		
기능	디코딩 종료 후 다시 IR 데이터를 입력 받기 위한 설정 초기화 수행	
매개변수	void	없음
리턴 값	void	없음

실험 9-1

적외선(IR) 리모콘 수신데이터를 시리얼 모니터에 출력

- 적외선(IR) 리모콘 버튼에 대한 32비트 코드(또는 데이터 워드) 값을 시리얼 모니터에 출력
- [그림 9.10]과 같이 회로를 연결하고 아래의 스케치 프로그램을 업로드

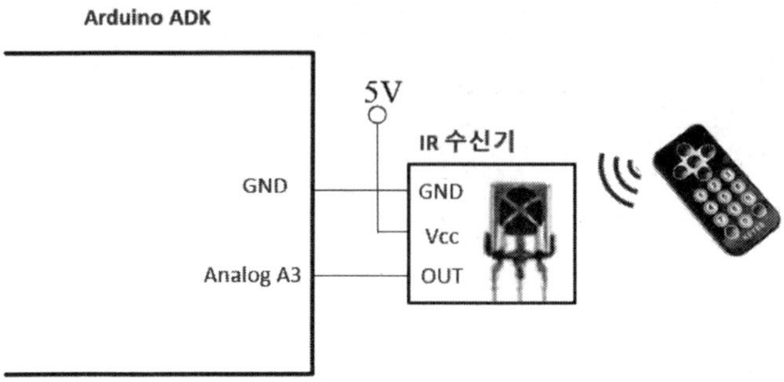

그림 9.10 실험 9-1 회로 연결

소스 프로그램 irRxTest

```
#include <IRremote.h> //IR Remote 라이브러리 삽입 (Ken Shirriff)

int RECV_PIN = A3; // IR 센서 핀과 연결된 연결된 핀 번호 변수 정의

IRrecv irrecv(RECV_PIN); // IR 수신 객체 생성
decode_results results; // 디코딩 결과 저장 객체 생성

void setup() {
  Serial.begin(9600); //시리얼 개방, 통신속도 설정
  irrecv.enableIRIn(); // IR 수신기 동작
}

void loop() {
  if (irrecv.decode(&results)) { // 디코딩한 데이터가 있는지 확인
    Serial.println(results.value, HEX); // 디코딩한 결과를 16진수 형태로 출력
    irrecv.resume(); // 다음 IR 데이터를 받기 위한 초기화 수행
  }
}
```

[결과]

- IR 리모콘 키 중에서 '1' 버튼을 좀 길게, '2' 버튼을 좀 길게, '3' 버튼을 짧게 그리고 '3' 버튼을 좀 길게 누르면 [그림 9.11]과 같은 32비트 코드 값이 나타남.
- 좀 길게 누른 경우 108ms 마다 반복 코드 값(0xFFFFFF)이 전송되고 있음을 확인 할 수 있음

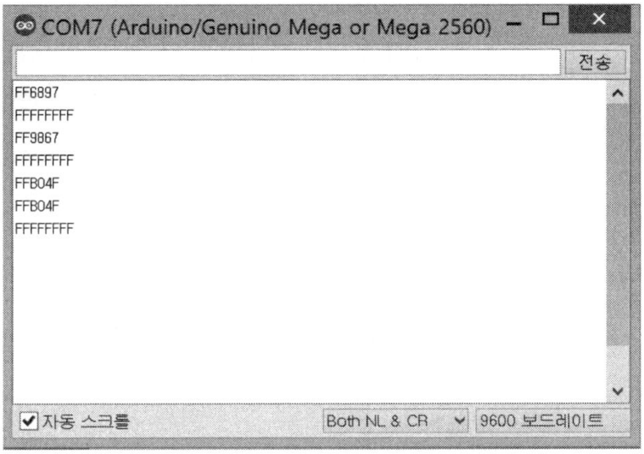

그림 9.11

실험 9-2

적외선(IR) 리모콘 제조사 확인

- IR 리모콘 제조사를 알아내는 getDecodeType() 함수를 사용하여 제조사를 시리얼 모니터에 출력
- [그림 9.10]의 회로를 사용하고 아래의 스케치 프로그램을 업로드

소스 프로그램 **irRxManufType**

```
#include <IRremote.h> //IR Remote 라이브러리 삽입 (Ken Shirriff)

int RECV_PIN = A3; // IR 센서 핀과 연결된 연결된 핀 번호 변수 정의

IRrecv irrecv(RECV_PIN); // IR 수신 객체 생성
decode_results results; // 디코딩 결과 저장 객체 생성
```

```
void setup() {
  Serial.begin(9600); //시리얼 개방, 통신속도 설정
  irrecv.enableIRIn(); // IR 수신기 동작
}

void loop() {
  if (irrecv.decode(&results)) { // 디코딩한 데이터가 있는지 확인
    Serial.println("------------------------------");
    Serial.println(results.value, HEX); // 디코딩한 결과를 16진수 형태로 출력
    Serial.println(getDecodeType(results.decode_type)); // 제조사 출력
    irrecv.resume(); // 다음 IR 데이터를 받기 위한 초기화 수행
  }
}

String getDecodeType(int type){
  String szType="Remote Control Type : ";

  switch (type) {
    case NEC : szType += "NEC"; break;
    case SONY : szType += "SONY"; break;
    case RC5 : szType += "RC5"; break;
    case RC6 : szType += "RC6"; break;
    case SHARP : szType += "SHARP"; break;
    case SAMSUNG : szType += "SAMSUNG"; break;
    case LG : szType += "LG"; break;
    default : szType += "Unknown";
  }
  return szType;
}
```

[결과]

- IR 리모콘 키 중에서 'OK' 버튼을 좀 길게 누르면 [그림 9.12]와 같이 32비트 코드 값과 제조사가 나타남.

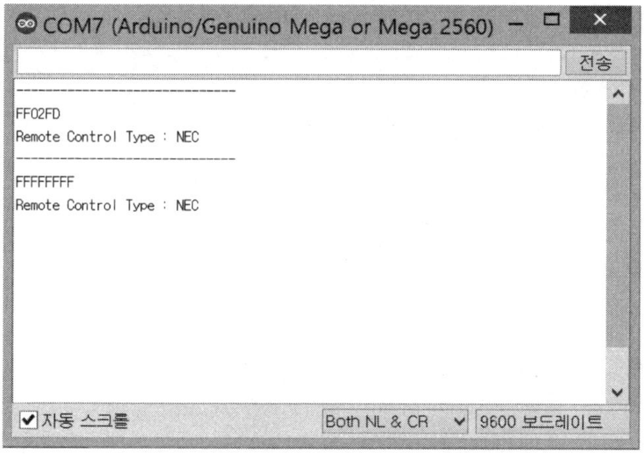

그림 9.12

실험 9-3

적외선(IR) 리모콘 버튼 확인

- 실험에서 사용하는 NEC 포맷 IR 리모트 콘트롤러 (IR 리모콘) 각 키에 대한 32비트 코드(또는 데이터 워드)는 [표 9.1]과 같음
- IR 리모콘 버튼을 누르면 어떤 버튼이 눌려 졌는지 시리얼 모니터에 출력
- [그림 9.10]의 회로를 사용하고 아래의 스케치 프로그램을 업로드

소스 프로그램 irRxKeyCheck

```
#include <IRremote.h> //IR Remote 라이브러리 삽입 (Ken Shirriff)

int RECV_PIN = A3; // IR 센서 핀과 연결된 연결된 핀 번호 변수 정의

IRrecv irrecv(RECV_PIN); // IR 수신 객체 생성
decode_results results; // 디코딩 결과 저장 객체 생성

void setup() {
  Serial.begin(9600); //시리얼 개방, 통신속도 설정
  irrecv.enableIRIn(); // IR 수신기 동작
}

void loop() {
```

```
  if (irrecv.decode(&results)) { // 디코딩한 데이터가 있는지 확인
    Serial.println("----------------------------");
    determineKey(); // 디코딩한 키값 확인
    irrecv.resume(); // 다음 IR 데이터를 받기 위한 초기화 수행
  }
}

void determineKey(void) {
  switch(results.value) // 리모트 IR 코드
  {
    case 0xFF629D: Serial.println(" FORWARD"); break;
    case 0xFF22DD: Serial.println(" LEFT");    break;
    case 0xFF02FD: Serial.println(" -OK-");    break;
    case 0xFFC23D: Serial.println(" RIGHT");   break;
    case 0xFFA857: Serial.println(" REVERSE"); break;
    case 0xFF6897: Serial.println(" 1");    break;
    case 0xFF9867: Serial.println(" 2");    break;
    case 0xFFB04F: Serial.println(" 3");    break;
    case 0xFF30CF: Serial.println(" 4");    break;
    case 0xFF18E7: Serial.println(" 5");    break;
    case 0xFF7A85: Serial.println(" 6");    break;
    case 0xFF10EF: Serial.println(" 7");    break;
    case 0xFF38C7: Serial.println(" 8");    break;
    case 0xFF5AA5: Serial.println(" 9");    break;
    case 0xFF42BD: Serial.println(" *");    break;
    case 0xFF4AB5: Serial.println(" 0");    break;
    case 0xFF52AD: Serial.println(" #");    break;
    case 0xFFFFFFFF: Serial.println(" REPEAT");break;
    default:
      Serial.print(" other button  :  ");
  } // End Case
}
```

[결과]

- IR 리모콘 키 중에서 '1' 버튼을 좀 길게, '2' 버튼을 좀 길게, 'OK' 버튼을 좀 길게, '3' 버튼을 짧게 그리고 '3' 버튼을 좀 길게 누르면 [그림 9.13]과 같이 눌려진 버튼이 시리얼 모니터에 출력 됨.
- 108ms 마다 반복 코드 값(0xFFFFFF) 즉, REPEAT가 전송되고 있음을 확인 할 수 있음

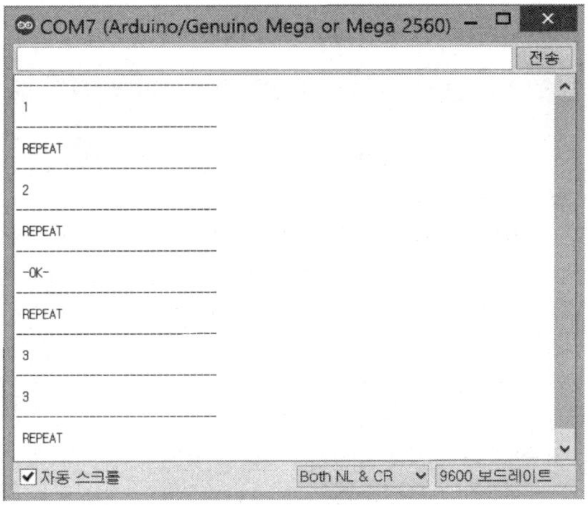

그림 9.13

실험 9-4

적외선(IR) 리모콘으로 단색 및 3색 LED 제어

- IR 리모콘 키 중에서 '*' 버튼을 누르면 LED를 켜고 '0' 버튼을 누르면 LED를 끄기
- IR 리모콘 키 중에서 '#' 버튼을 누를 때 마다 3색 LED가 끄기→빨간색→초록색→파란색→OFF→빨간색 ... 순서로 순차적으로 반복
- 3색 RGB LED로는 캐소드 공통형을 사용
- [그림 9.14]와 같이 회로를 연결하고 아래의 스케치 프로그램을 업로드

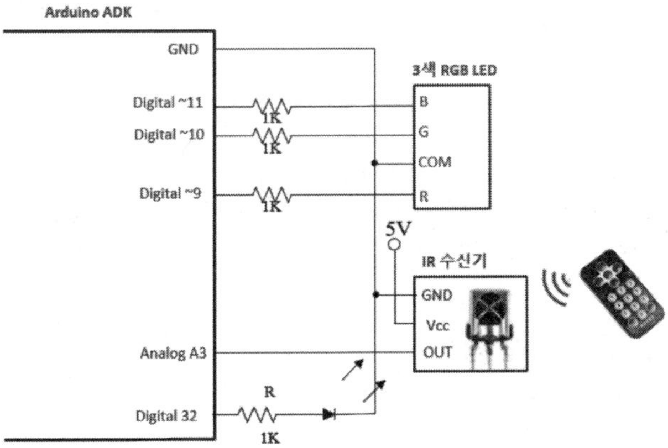

그림 9.14

소스 프로그램 irRxLedCtrl

```
#include <IRremote.h> //IR Remote 라이브러리 삽입 (Ken Shirriff)

int RECV_PIN = A3; // IR 센서 핀과 연결된 연결된 핀 번호 변수 정의
const int ledPin=32; // LED에 연결된 핀 번호 변수 정의
const int rLedPin = 9; //3색 LED 중 빨간색 LED와 연결된 핀 번호 변수 정의
const int gLedPin = 10; //3색 LED 중 초록색 LED와 연결된 핀 번호 변수 정의
const int bLedPin = 11; //3색 LED 중 파란색 LED와 연결된 핀 번호 변수 정의

IRrecv irrecv(RECV_PIN); // IR 수신 객체 생성
decode_results results; // 디코딩 결과 저장 객체 생성
int keyInputNum=0; // # 키 입력 횟수를 저장하는 변수 선언

void setup() {
  Serial.begin(9600); //시리얼 개방, 통신속도 설정
  irrecv.enableIRIn(); // IR 수신기 동작
  pinMode(ledPin, OUTPUT);
  pinMode(rLedPin, OUTPUT); // rLED를 출력으로 설정
  pinMode(gLedPin, OUTPUT); // gLED를 출력으로 설정
  pinMode(bLedPin, OUTPUT); // bLED를 출력으로 설정

  digitalWrite(rLedPin, LOW);  //rLED에 LOW 출력(rLED 끄기)
  digitalWrite(gLedPin, LOW);  //gLED에 LOW 출력(gLED 끄기)
  digitalWrite(bLedPin, LOW);  //bLED에 LOW 출력(bLED 끄기)
}

void RGBLED_Display(int Num) {

  switch (Num) {
    case 0 :
       digitalWrite(rLedPin, LOW);  //rLED 끄기
       digitalWrite(gLedPin, LOW);  //gLED 끄기
       digitalWrite(bLedPin, LOW);  //bLED 끄기
      break;
    case 1 :
       digitalWrite(rLedPin, HIGH);  //rLED 켜기
       digitalWrite(gLedPin, LOW);  //gLED 끄기
       digitalWrite(bLedPin, LOW);  //bLED 끄기
      break;
    case 2 :
```

```
      digitalWrite(rLedPin, LOW);  //rLED 끄기
      digitalWrite(gLedPin, HIGH);  //gLED 켜기
      digitalWrite(bLedPin, LOW);  //bLED 끄기
     break;
   case 3 :
      digitalWrite(rLedPin, LOW);  //rLED 끄기
      digitalWrite(gLedPin, LOW);  //gLED 끄기
      digitalWrite(bLedPin, HIGH);  //bLED 켜기
     break;
  }
}

void loop() {
  if (irrecv.decode(&results)) { // 디코딩한 데이터가 있는지 확인
    Serial.println("-----------------------------");
    ledCtrl(); // 디코딩한 키값 확인 및 LED 제어
    irrecv.resume(); // 다음 IR 데이터를 받기 위한 초기화 수행
  }
}

void ledCtrl(void) { // 디코딩한 키값 확인 및 LED 제어
  if(results.value == 0xFF42BD) { // '*' 키
     Serial.println("LED ON");
     digitalWrite(ledPin, HIGH);
  }

  if(results.value == 0xFF4AB5) { // '0' 키
     Serial.println("LED OFF");
     digitalWrite(ledPin, LOW);
  }

  if(results.value == 0xFF52AD) { // '#' 키
     keyInputNum++;
     if(keyInputNum == 4) keyInputNum=0; // 키 입력이 4의 배수이면 초기화
     RGBLED_Display(keyInputNum);
  }
}
```

실험 9-5

적외선(IR) 리모콘으로 서보모터 제어

- 초기 서보모터는 중앙(90도)에 위치 함
- IR 리모콘 키 중에서 '◀' 버튼을 한번 누르면 왼쪽으로 2도 이동. 버튼을 계속 누르고 있으면 2도씩 왼쪽으로 계속 이동하며 왼쪽으로 최대 180도 까지만 이동 함
- IR 리모콘 키 중에서 '▶' 버튼을 한번 누르면 오른쪽으로 2도 이동. 버튼을 계속 누르고 있으면 2도씩 오른쪽으로 계속하여 이동하며 오른쪽으로 최소 0도 까지만 이동 함.
- IR 리모콘 키 중에서 'OK' 버튼을 누르면 중앙(90도 위치)로 이동
- [그림 9.15]와 같이 회로를 연결하고 아래의 스케치 프로그램을 업로드

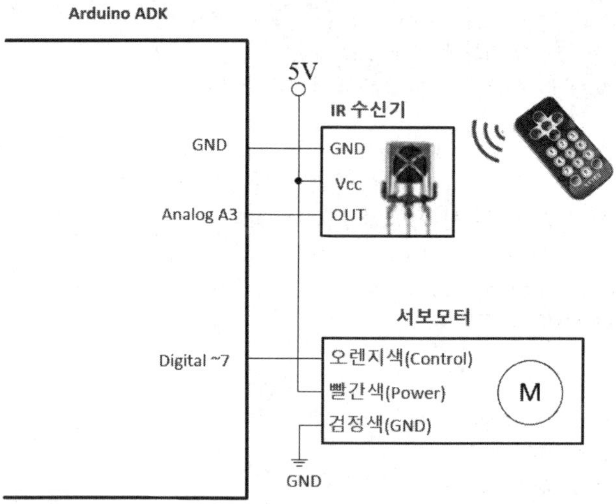

[그림 9.15]

소스 프로그램 irServoCtrl

```
#include <IRremote.h> //IR Remote 라이브러리 삽입 (Ken Shirriff)
#include <Servo.h> //서보 라이브러리 삽입

int RECV_PIN = A3; // IR 센서 핀과 연결된 연결된 핀 번호 변수 정의
const int servoPin=7; //서보에 연결된 핀 번호 변수 정의

IRrecv irrecv(RECV_PIN); // IR 수신 객체 생성
```

```
decode_results results; // 디코딩 결과 저장 객체 생성
Servo myServo; // myServo 객체 생성
int pos=90; //서보 위치 값을 저장하는 변수 (초기값 중앙위치)
unsigned long lastCode; // 이전에 수신된 코드 값을 저장하는 변수

void setup() {
  Serial.begin(9600); //시리얼 개방, 통신속도 설정
  irrecv.enableIRIn(); // IR 수신기 동작
  myServo.attach(servoPin); // servoPin에 연결된 서보모터를 초기화
  myServo.write(pos); // 지정된 위치로 서보 이동 (중앙 위치로 이동)
}

void loop() {
  if (irrecv.decode(&results)) { // 디코딩한 데이터가 있는지 확인
    Serial.println("----------------------------");
    rotateServo(); // 디코딩한 키값 확인 및 서보 위치 변경
    delay(30); // 30ms 지연
    irrecv.resume(); // 다음 IR 데이터를 받기 위한 초기화 수행
  }
}

void rotateServo(void) {
  if(results.value == 0xFFFFFFFF) {// 반복 키 입력
      results.value = lastCode;
  }

  if(results.value == 0xFF22DD) { // 왼쪽 화살표 키 입력
      lastCode = results.value;
      pos += 2; // 왼쪽으로 2도 이동
      if(pos > 180) pos=180;
      myServo.write(pos); // 지정된 위치로 서보 이동
  }

  if(results.value == 0xFFC23D) { // 오른쪽 화살표 키 입력
      lastCode = results.value;
      pos -= 2; // 오른쪽으로 2도 이동
      if(pos < 0) pos=0;
      myServo.write(pos); // 지정된 위치로 서보 이동
  }

  if(results.value == 0xFF02FD) { // 오른쪽 화살표 키 입력
      lastCode = results.value;
      pos = 90; // 중앙 위치로 이동
      myServo.write(pos); // 지정된 위치로 서보 이동
  }
}
```

제10장 시리얼 통신을 활용한 센서 제어

실험에 필요한 부품

10KΩ 가변저항	LED	캐소드 공통형 3색 RGB LED	부저 (SM-1212C)	1KΩ 저항
1개	1개	1개	1개	4개

10.1 시리얼 통신

- 마이크로 프로세서 내부에서 병렬로 한 번에 처리되는 데이터를 외부로 전송하기 위해서 직렬 데이터 열로 바꾸어 전송하는 것을 시리얼(직렬) 통신이라 함
- 시리얼 통신은 아두이노 보드와 컴퓨터 또는 아두이노 보드와 다른 장치 사이의 통신을 위해 사용

10.1.1 컴퓨터 USB와 아두이노 하드웨어 시리얼 포트간 통신

- 모든 아두이노 보드는 적어도 하나 이상의 시리얼 통신 포트(UART or USART)를 가지고 있는데 시리얼(Serial)은 [그림 10.1]와 같이 USB를 통해 디지털 핀 0(Rx)와 1(Tx)을 통해 컴퓨터와 통신

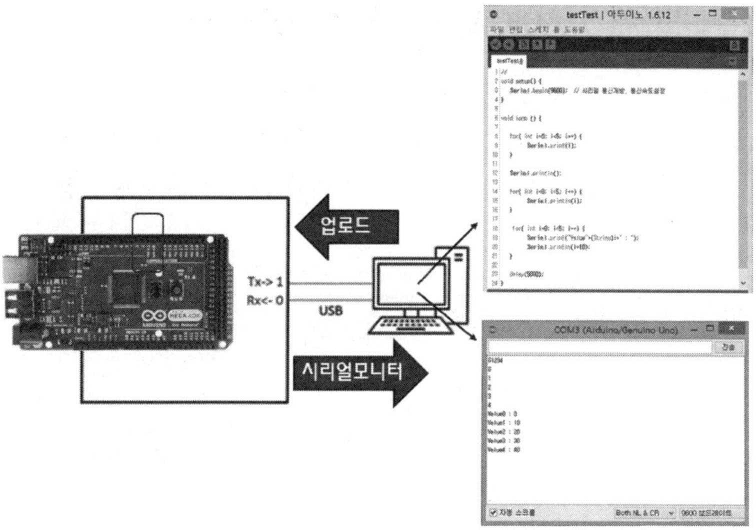

그림 10.1

• 아두이노 메가 ADK 보드에는 [그림 10.2]와 같이 USB를 통해 들어온 신호를 시리얼 통신으로 바꾸어 주는 USB-시리얼 컨버터가 내장

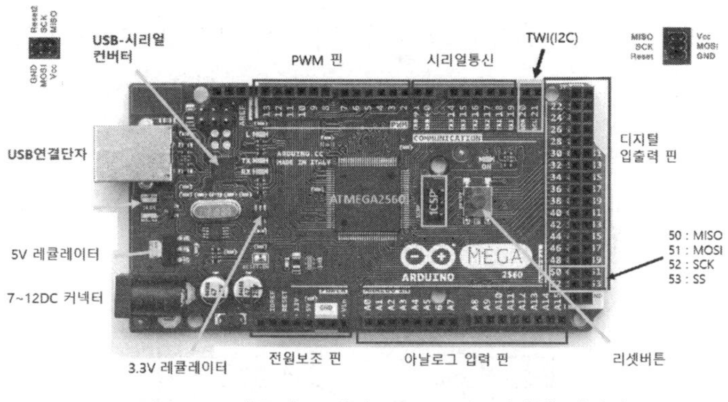

그림 10.2 아두이노 메가 보드 USB-시리얼 컨버터

• 우리는 이러한 시리얼을 [그림 10.1]과 같이 두 가지 용도로 사용하였는데 한 가지 용도는 스케치 프로그램을 아두이노에 업로드하는 용도이며 다른 한 가지는 이러한 시리얼을 통하여 PC 아두이노 IDE에 내장된 시리얼 모니터(Serial Monitor)를 통해 원하는 데이터를 시리얼 모니터 창에 출력하여 확인하는 용도로 사용

10.1.2 아두이노 메가 ADK 보드 시리얼 통신 포트

- 시리얼 통신 포트 수는 아두이노 보드별로 상이
- 메가 ADK 보드는 [표 10.1]과 같이 총 4개의 시리얼 통신 포트를 제공
- 시리얼 포트 0는 컴퓨터 USB와 아두이노 시리얼 포트간 통신에 사용

표 10.1 메가 ADK 보드 시리얼 통신 포트

시리얼변수명	포트번호	Tx 핀	Rx 핀	
Serial	0	1	0	- Serial0가 아님 - USB 케이블을 통한 시리얼 통신 - PC와 시리얼 통신 - 스케치 프로그램 업로드
Serial1	1	18	19	
Serial2	2	16	17	
Serial3	3	14	15	

10.1.3 시리얼 통신 포트 연결 방법

- 아두이노 시리얼 통신을 사용하여 외부 컴퓨터 또는 다른 통신 장치와 연결하기 위해서는 다음과 같이 송수신 선을 연결해주고 통신속도를 맞추어 주어야 함

① **송수신 선 연결** : [그림 10.3]과 같이 아두이노 시리얼 포트의 Tx 핀은 다른 장치의 Rx 핀과 연결하고 시리얼 포트의 Rx 핀은 다른 장치의 Tx 핀과 연결

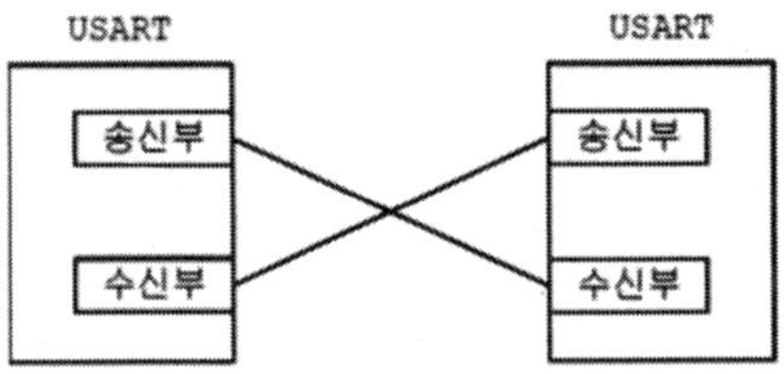

그림 10.3 송수신 선 연결

② **송수신 통신속도 설정** : 초당 비트 수(bps: bits per second, bit/sec)로 정의하는데 300bps, 1200bps, 4800bps, 9600bps, 14400bps, 19200bps, 28800bps, 38400bps, 57500bps, 115200bps 등이 있음

- 아두이노와 다른 통신 장치는 동일한 속도로 데이터를 송수신하여야 하며 아두이노는 Serial.begin(통신속도) 함수를 사용하여 통신속도 지정

10.1.4 시리얼 통신 전송 프레임 형식

- 시리얼 통신 전송 프레임은 [그림 10.4]와 같음
- 프레임 형식은 시작 비트(항상 LOW), 데이터 비트, 패리티 비트, 정지 비트(항상 HIGH)로 구성되며 데이터 비트 수, 짝수 또는 홀수 패리티 사용, 정지 비트 수는 사용자가 선택 가능

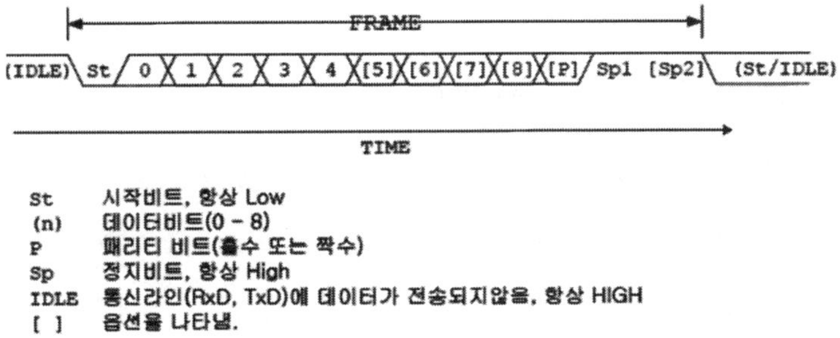

그림 10.4 시리얼 통신 전송 프레임

- 데이터비트, 패리티, 정지비트 설정으로 8 데이터비트, 패리티없음, 1 정지비트(SERIAL_8N1)이 default 값이며 이 경우를 [그림 10.5]에 나타냄

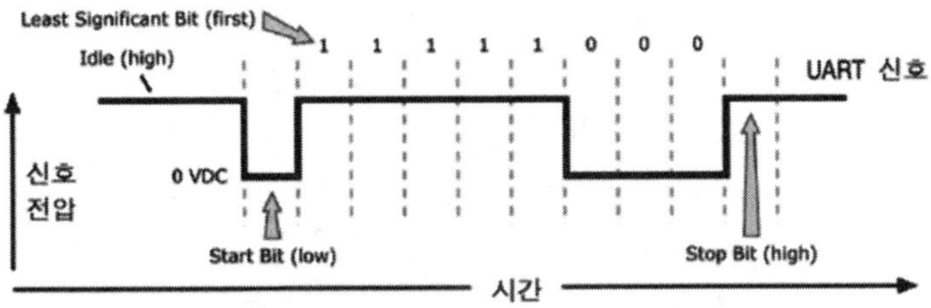

그림 10.5 8 데이터비트, 패리티없음, 1 정지비트 (SERIAL_8N1)인 경우

10.1.5 시리얼 통신 동작 원리

- 시리얼 통신을 하는 송수신기 간에 데이터 전송속도나 처리속도 시간차를 해결하기 위하여 [그림 10.6]과 같이 데이터를 쌓아두는 버퍼(64바이트 저장 가능)를 사용
- 송신 시 송신 버퍼에 데이터를 넣고, 수신시 수신 버퍼에서 데이터를 읽어 옴

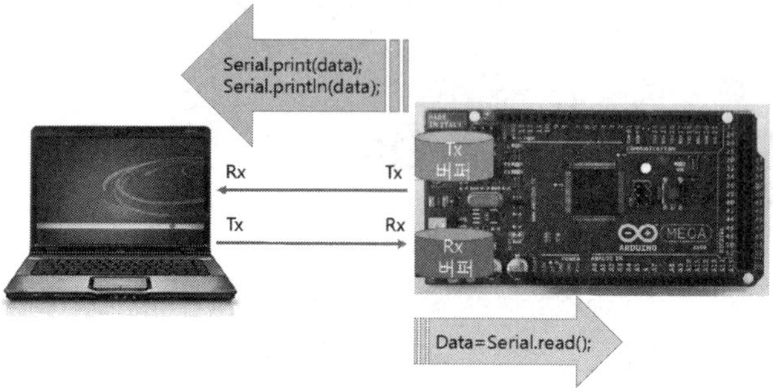

그림 10.6 시리얼통신

10.1.6 아두이노 IDE 시리얼 모니터

- 아누이도 IDE 시리얼 모니터 창에서 아두이노로 데이터를 전송할 수 있음
- 아누이도 IDE 창에서 우측 상단에 있는 시리얼모니터 아이콘 을 클릭하면 시리얼 데이터를 전송하고 표시해주는 [그림 10.7]과 같은 시리얼 모니터가 나타남

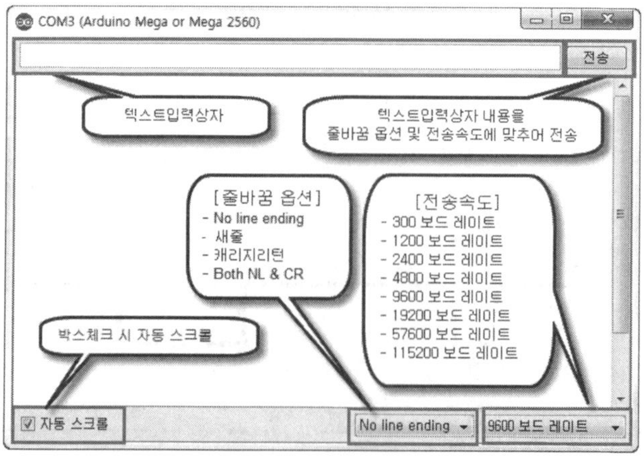

그림 10.7 IDE의 시리얼 모니터

- **텍스트 입력상자**: 아두이노로 전송할 데이터나 명령을 입력하는 상자
- **줄바꿈 옵션**: 아두이노로 보낼 데이터나 명령의 끝을 어떻게 처리할 것인지 설정. 새줄(NL)은 끝에 '\n'을 추가하는 것 즉, 줄 바꿈을 하는 것이며 캐리지리턴(CR : 아스키값 0x0D)은 끝에 '\r'을 추가하는 것 즉, 줄의 맨 처음으로 보내는 것
- **전송속도**: 아두이노 스케치 프로그램에서 설정한 속도와 일치시켜야 함. 이 속도로 아두이노와 통신
- **동작**: 텍스트 입력상자에 데이터나 명령을 입력 후 Enter 키를 누르거나 전송 버튼을 누르면 설정한 줄바꿈 옵션과 속도로 아두이노로 데이터나 명령을 전송

10.1.7 아두이노 IDE의 시리얼 모니터 용도

- 아두이노 IDE의 시리얼 모니터는 [그림 10.8]과 같은 2가지 용도로 사용

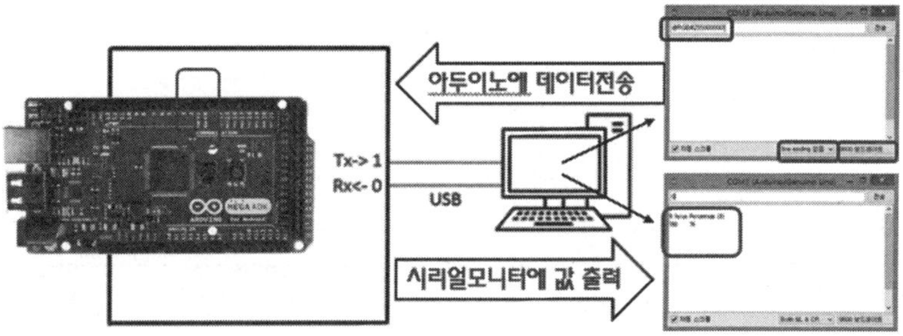

그림 10.8 IDE의 시리얼 모니터의 2가지 용도

① 시리얼 모니터에 값 출력

- 아누이도 보드로부터 값을 받아 모니터에 값 출력
- Serial.print(문자열) 또는 Serial.println(문자열) 함수를 이용하여 값 출력

② 시리얼 모니터를 사용하여 아두이노에 데이터 전송

- IDE의 시리얼 모니터에 있는 텍스트 입력 상자를 통해 컴퓨터에서 아두이노로 데이터나 명령을 전송하기 위한 시리얼 통신

10.1.8 시리얼 객체에서 사용되는 여러 가지 함수들

void Serial.begin(speed) void Serial.begin(speed, config)		
기능	시리얼 통신의 데이터 전송 속도 설정, 시리얼 포트 개방, 통신 시작	
매개변수	speed	bits/sec(bps) 단위 전송 속도 설정- long (가능한 속도 : 300, 600, 1200, 2400, 4800, 9600, 14400, 19200, 28800, 38200, 57600, 115200)
	config	데이터비트, 패리티, 정지비트 설정 **8 데이터비트, 패리티없음, 1 정지비트 (SERIAL_8N1)이 default 값** (가능한 값:SERIAL_5N1, SERIAL_6N1, SERIAL_7N1, SERIAL_8N1, SERIAL_5N2, SERIAL_6N2, SERIAL_7N2, SERIAL_8N2, SERIAL_5E1, SERIAL_6E1, SERIAL_7E1, SERIAL_8E1, SERIAL_5E2, SERIAL_6E2, SERIAL_7E2, SERIAL_8E2, SERIAL_5O1, SERIAL_6O1, SERIAL_7O1, SERIAL_8O1, SERIAL_5O2, SERIAL_6O2, SERIAL_7O2, SERIAL_8OE2,
리턴 값	void	없음

void Serial.end(void)		
기능	시리얼 통신종료. Tx/Rx 핀은 GPIO 핀으로 사용 가능	
매개변수	void	없음
리턴 값	void	없음

int Serial.available(void)		
기능	시리얼 포트의 수신 버퍼(64바이트 저장 가능)에 저장된 데이터의 개수를 바이트 단위로 반환	
매개변수	void	없음
리턴 값	int	수신 버퍼에 저장된 데이터의 개수

int Serial.read(void)		
기능	수신된 데이터 중 첫 번째 바이트의 데이터를 읽어옴. 읽혀진 데이터는 수신 버퍼에서 삭제	
매개변수	void	없음
리턴 값	int	수신된 데이터 중 첫 번째 바이트 또는 -1(데이터가 없을 시)

int Serial.peek(void)		
기능	수신된 데이터 중 첫 번째 바이트의 데이터를 읽어옴. 읽혀진 데이터는 수신 버퍼에서 삭제되지 않음	
매개변수	void	없음
리턴 값	int	수신된 데이터 중 첫 번째 바이트 또는 -1(데이터가 없을 시)

void Serial.flush(void)		
기능	수신 버퍼의 데이터를 비움	
매개변수	void	없음
리턴 값	void	없음

void serialEvent(void) (메가의 경우: serialEvent1(void), serialEvent2(void), serialEvent3(void))		
기능	시리얼 통신으로 데이터가 수신될 경우에 자동으로 호출되는 callback 함수	
매개변수	void	없음
리턴 값	void	없음

boolean Serial.find(target)		
기능	문자열을 발견할 때까지 시리얼 버퍼에서 문자열을 읽음 문자열을 찾으면 시리얼 버퍼의 문자열 다음으로 위치	
매개변수	target	찾고자하는 문자열
리턴 값	boolean	문자열을 발견하면 true를 그렇지 않으면 false를 반환

boolean Serial.findUntil(target, terminal)		
기능	target 문자열이나 terminator 문자열이 발견될 때까지 시리얼 버퍼에서 문자열을 읽음	
매개변수	target	찾고자하는 문자열
	terminal	종료 문자열
리턴 값	boolean	문자열을 발견하면 true를 그렇지 않으면 false를 반환

long Serial.print(val) long Serial.print(val, format)		
기능	데이터 또는 문자열을 ASCII 형태로 시리얼 포트로 전송	
매개변수	val	전송 할 데이터 값, 문자 또는 문자열을 문자열로 취급 -Serial.print(78) gives "78" -Serial.print(1.23456) gives "1.23" -Serial.print('N') gives "N" -Serial.print("Hello world.") gives "Hello world."
	format	전송할 값이 문자열이 아닌 경우 출력 형식 지정 2진수 형태(BIN), 8진수형태(OCT), 10wlstn 형태(DEC), 16진수 형태(HEX) -Serial.print(78, BIN) gives "1001110" -Serial.print(78, OCT) gives "116" -Serial.print(78, DEC) gives "78" -Serial.print(78, HEX) gives "4E" -Serial.println(1.23456, 0) gives "1" -Serial.println(1.23456, 2) gives "1.23" -Serial.println(1.23456, 4) gives "1.2346" 플래쉬 메모리를 사용하기 위해서는 F()을 사용가능 (-Serial.print(F("Hello World"))
리턴 값	long	전송한 바이트 수

long Serial.println(val) long Serial.println(val, format)		
기능	데이터 또는 문자열을 ASCII 형태로 시리얼 포트로 전송 데이터의 마지막에 carriage return을 의미하는 '\r'과 new line을 의미하는 '\n'이 붙어서 출력 출력 후 자동으로 다음 줄 맨 앞으로 이동	
매개변수	val	Serial.print() 함수와 동일
	format	Serial.print() 함수와 동일
리턴 값	long	Serial.print() 함수와 동일

int Serial.write(val) int Serial.write(str) int Serial.write(buf, len)		
기능	문자 데이터를 시리얼 포트로 전송	
매개변수	val	단일 바이트로 전송하는 값
	str	스트링
	buf	배열
	len	버퍼 길이
리턴 값	int	전송한 바이트 수

long Serial.parseInt() long Serial.parseInt(char skipChar)		
기능	시리얼 버퍼 내 첫 번째 정수 값을 찾아 반환 정수가 아니거나 음수 부호가 아닌 문자는 넘어감	
매개변수	skipChar	지정된 문자를 넘어가기 위해 사용
리턴 값	long	찾은 정수 값 또는 0(정수값을 발견하지 못한 경우)

float Serial.parseFloat(void)		
기능	시리얼 버퍼 내 첫 번째 실수 값을 찾아 반환 숫자가 아니거나 음수 부호가 아닌 문자는 넘어감	
매개변수	void	없음
리턴 값	float	찾은 실수 값 또는 0(정수값을 발견하지 못한 경우)

10.1.9 String 객체에서 사용되는 몇 가지 필요 함수들

int*String*.indexOf(value) int*String*.indexOf(value, from)		
기능	String 내에 있는 한 문자 또는 문자열의 위치를 알려 줌	
매개변수	Value	찾고자 하는 값 (문자 또는 문자열)
	From	Search 을 시작하는 인덱스
리턴 값	int	Val의 인덱스 -1 : 찾고자 하는 것이 없으면

String.substring(from) *String*.substring(from, to)		
기능	String 내에 있는 substring을 얻어 냄. 시작 인덱스는 포함되며 끝 인덱스는 포함되지 않음.	
매개변수	Value	Substring이시작하는 인덱스
	From	Substring을 끝내는 인덱스로 이것 바로 전 까지가 substring 임.
리턴 값	String	substring

int *String*.toInt(void)		
기능	String을 정수로 변환. String은 정수로 시작하여야 함.	
매개변수	void	없음
리턴 값	int	변환된 정수 값 0 : String이정수로 시작하지 않는 경우

실험 10-1

시리얼 모니터에 가변저항 값 출력

- 컴퓨터(시리얼포트)와 아두이노(시리얼 포트) 간 통신속도 9600으로 시리얼 통신
- 아두이노 보드에 연결된 가변저항 값을 1초 간격으로 읽어 IDE의 시리얼 모니터로 10진수, 16진수, 팔진수, 이진수 및 백분율(%) 출력
- 출력 형식

  R Value DEC HEX OCT BIN Percentage(%)
- [그림 10.9]와 같이 회로를 연결하고 아래의 스케치 프로그램을 업로드

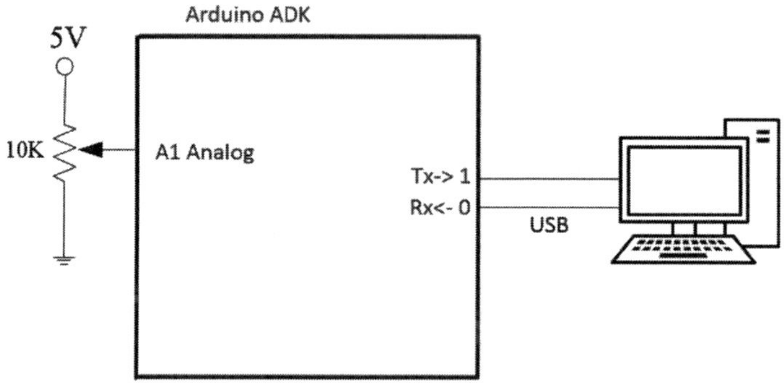

그림 10.9 실험 10-1 회로 연결

소스 프로그램 VarR_SerialWrite

```
const int varRPin=A1; // 가변저항이 연결된 핀 번호

void setup() {
  Serial.begin(9600); // 시리얼 개방, 통신속도 설정
}

void loop() {

    int varRValue=analogRead(varRPin); // 가변저항 값 읽음
    int Percentage=map(varRValue, 0, 1023, 0,100); // 가변저항 값을 백분율로 변환

    Serial.println("R Value\tDEC\tHEX\tOCT\tBIN\t\tPercentage (%) "); // 문자열을
                                                   //시리얼 모니터에 출력
```

```
    Serial.print("\t"); // 탭 만큼의 공백을 추가
    Serial.print(varRValue); // 저항 값을 십진수로 출력
    Serial.print("\t"); // 탭 만큼의 공백을 추가
    Serial.print(varRValue,HEX); // 저항 값을 16진수로 출력
    Serial.print("\t"); // 탭 만큼의 공백을 추가
    Serial.print(varRValue,OCT); // 저항 값을 8진수로 출력
    Serial.print("\t"); // 탭 만큼의 공백을 추가
    Serial.print(varRValue,BIN);  // 저항 값을 2진수로 출력
    Serial.print("\t"); // 탭 만큼의 공백을 추가
    Serial.println(Percentage);  // 저항 값을 백분율로 출력
    Serial.println(); // 한 줄 띄우기

    delay(1000);
}
```

실험 10-2

시리얼 모니터를 사용 한 통신 및 시리얼 모니터에 값 출력

- 시리얼모니터에서 줄바꿈 옵션을 No line ending (line ending 없음)으로 통신속도를 9600으로 설정
- 텍스트 입력상자에 숫자 값을 입력하고 아두이노로 전송
- 입력이 0인 경우에만 가변저항 값을 읽어 저항값과 백분율을 시리얼 모니터로 출력
- [그림 10.9]의 회로를 사용하고 아래의 스케치 프로그램을 업로드

소스 프로그램 VarR_SerialWrite1

```
const int varRPin=A1; // 가변저항이 연결된 핀 번호

void setup() {
  Serial.begin(9600); // 시리얼 개방, 통신속도 설정
}

void loop() {

  if(Serial.available()>0) { // 수신버퍼에 수신 데이터가 있는지 확인
      char data=Serial.read(); //버퍼에서 1바이트 읽어 오기
      Serial.println(data); // 읽어온 데이터를 시리얼 모니터에 출력하기 위해 송신
```

```
    if (data=='0') { // 읽어온 데이터가 문자 '0'인지 확인
     int varRValue=analogRead(varRPin); // 가변저항 값 읽음
     int Percentage=map(varRValue, 0, 1023, 0,100); //가변저항 값을 백분율로 변환
     Serial.println("R Value\tPercentage (%) "); // 문자열을 시리얼 모니터에 출력
     Serial.print(varRValue); // 저항 값을 십진수로 출력
     Serial.print("\t"); // 탭 만큼의 공백을 추가
     Serial.println(Percentage);  // 저항 값을 백분율로 출력
    }
  }
}
```

실험 10-3

시리얼 모니터를 사용 한 통신 및 시리얼 모니터에 값 출력

- 시리얼모니터에서 줄바꿈 옵션을 No line ending (line ending 없음)으로 통신속도를 9600으로 설정
- 텍스트 입력상자에 숫자 값을 입력하고 아두이노로 전송
- 입력이 0인 경우에만 가변저항 값을 읽어 저항값과 백분율을 시리얼 모니터로 출력
- serialEvent() callback 함수 이용
- [그림 10.9]의 회로를 사용하고 아래의 스케치 프로그램을 업로드

소스 프로그램 **VarR_SerialWrite2**

```
const int varRPin=A1; // 가변저항이 연결된 핀 번호

char data=0; // 수신 문자를 저장하기 위한 변수, 초기값으로 0을 설정

void setup() {
  Serial.begin(9600); // 시리얼 개방, 통신속도 설정
}

void loop() {

    if (data=='0') { // 읽어온 데이터가 문자 '0'인지 확인
     int varRValue=analogRead(varRPin); // 가변저항 값 읽음
     int Percentage=map(varRValue, 0, 1023, 0,100); //가변저항 값을 백분율로 변환
```

```
    Serial.println("R Value\tPercentage (%) "); // 문자열을 시리얼 모니터에 출력
    Serial.print(varRValue); // 저항 값을 십진수로 출력
    Serial.print("\t"); // 탭 만큼의 공백을 추가
    Serial.println(Percentage);  // 저항 값을 백분율로 출력
    data=0; //한 번만 출력하기 위하여 data 변수를 초기화
  }
}

void serialEvent(){ // 수신버퍼에 데이터가 있을 때 마다 호출되는 콜백 함수
  data=Serial.read(); // 버퍼에서 1바이트 읽어 오기
  Serial.println(data); // 가변저항 값을 시리얼 모니터에 출력
}
```

실험 10-4

시리얼 모니터를 사용 한 통신 및 시리얼 모니터에 값 출력

- 아두이노 보드에 LED, 3색 RGB LED를 연결
- 시리얼모니터에서 줄바꿈 옵션을 No line ending (line ending 없음)으로 통신속도를 9600으로 설정
- 텍스트 입력상자에 숫자 값을 입력하고 아두이노로 전송
- 키보드로부터 1~6까지의 값을 입력 받아 해당 기능 수행

값	동작	설명
1	LED ON	LED 켜기
2	LED OFF	LED 끄기
3	RED ON	3색 LED 중 빨간색 켜기
4	GREEN ON	3색 LED 중 초록색 켜기
5	BLUE ON	3색 LED 중 파란색 켜기
6	RGB OFF	3색 LED 끄기

- serialEvent() callback 함수 이용
- [그림 10.10]과 같이 회로를 연결하고 아래의 스케치 프로그램을 업로드

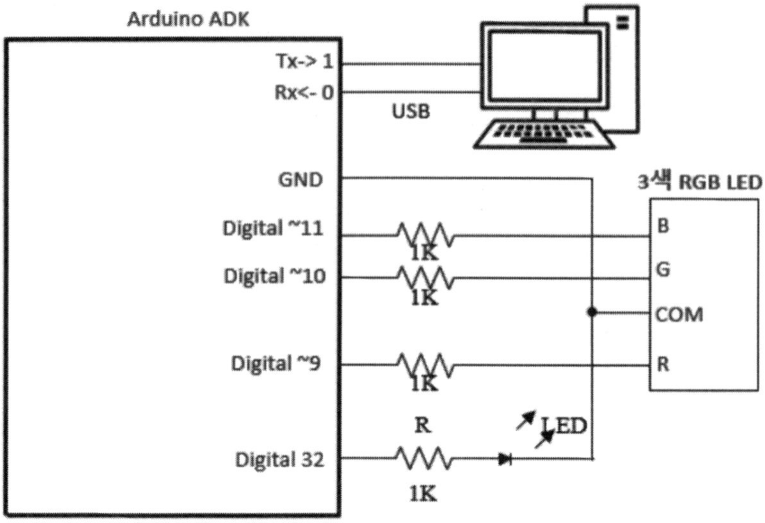

그림 10.10 실험 10-4 회로 연결

소스 프로그램 Serial_Write

```
const int ledPin=32; // LED에 연결된 핀 번호 변수 정의
const int rLedPin = 9; //3색 LED 중 빨간색 LED와 연결된 핀 번호 정의
const int gLedPin = 10; //3색 LED 중 초록색 LED와 연결된 핀 번호 정의
const int bLedPin = 11; //3색 LED 중 파란색 LED와 연결된 핀 번호 정의

char data; // 수신 문자를 저장하기 위한 변수

void setup() {
  pinMode(ledPin, OUTPUT); // LED를 출력으로 설정
  pinMode(rLedPin, OUTPUT); // rLED를 출력으로 설정
  pinMode(gLedPin, OUTPUT); // gLED를 출력으로 설정
  pinMode(bLedPin, OUTPUT); // bLED를 출력으로 설정

  Serial.begin(9600); // 시리얼 개방, 통신속도 설정

  digitalWrite(rLedPin, LOW);  //rLED에 LOW 출력
  digitalWrite(gLedPin, LOW);  //gLED에 LOW 출력
  digitalWrite(bLedPin, LOW);  //bLED에 LOW 출력
}
```

```
void loop() {

  switch(data) {  // 읽어온 데이터에 따라 분기
    case '1' :
       digitalWrite(ledPin, HIGH); // LED 켜기
       break;
    case '2' :
       digitalWrite(ledPin, LOW); // LED 끄기
       break;
    case '3' : // 3색 LED 중 빨간색 켜기
       digitalWrite(rLedPin, HIGH);  //rLED 켜기
       digitalWrite(gLedPin, LOW);  //gLED 끄기
       digitalWrite(bLedPin, LOW);  //bLED 끄기
       break;
    case '4' : // 3색 LED 중 초록색 켜기
       digitalWrite(rLedPin, LOW);  //rLED 끄기
       digitalWrite(gLedPin, HIGH);  //gLED 켜기
       digitalWrite(bLedPin, LOW);  //bLED 끄기
       break;
    case '5' : // 3색 LED 중 파란색 켜기
       digitalWrite(rLedPin, LOW);  //rLED 끄기
       digitalWrite(gLedPin, LOW);  //gLED 끄기
       digitalWrite(bLedPin, HIGH);  //bLED 켜기
       break;
    case '6' : // 3색 LED 끄기
       digitalWrite(rLedPin, LOW);  //LED 끄기
       digitalWrite(gLedPin, LOW);  //gLED 끄기
       digitalWrite(bLedPin, LOW);  //bLED 끄기
     break;
  }
}

void serialEvent(){  // 수신버퍼에 데이터가 있을 때 마다 호출되는 콜백 함수
   data=Serial.read(); // 버퍼에서 1바이트 읽어 오기
   Serial.println(data); // 가변저항 값을 시리얼 모니터에 출력
}
```

실험 10-5

시리얼 모니터를 사용 한 통신 및 시리얼 모니터에 값 출력

- 시리얼모니터에서 줄바꿈 옵션을 No line ending (line ending 없음)으로 통신속도를 9600으로 설정
- 텍스트입력상자에 숫자를 입력하는 대신 다음과 같은 사용자 전송 프레임을 정의하여 전송

[전송 프레임 포맷]

시작문자(@)	센서 명	구분자(#)	센서 제어값	종료문자(!)
@	LED	#	1 : ON 0 : OFF	!
@	RGB	#	000000000 255255255	!
@	BUZ	#	1 : ON 0 : OFF	!

- LED의 경우 LED를 켜기 위해 센서값으로 1을 전송하고 끄기 위해 0을 전송
- 3색 LED의 경우 센서 제어값으로 "빨간색(r)초록색(g)파란색(b)"의 순으로 전송하며 각 색의 값은 000~255 값을 가지므로 3가지 색을 고려한다면 000000000~255255255 값을 전송
- 부저의 경우 센서값으로 1을 전송하면 131Hz인 톤이 출력되고 끄기 위해 0을 전송
- serialEvent() callback 함수 이용
- [그림 10.11]과 같이 회로를 연결하고 아래의 스케치 프로그램을 업로드

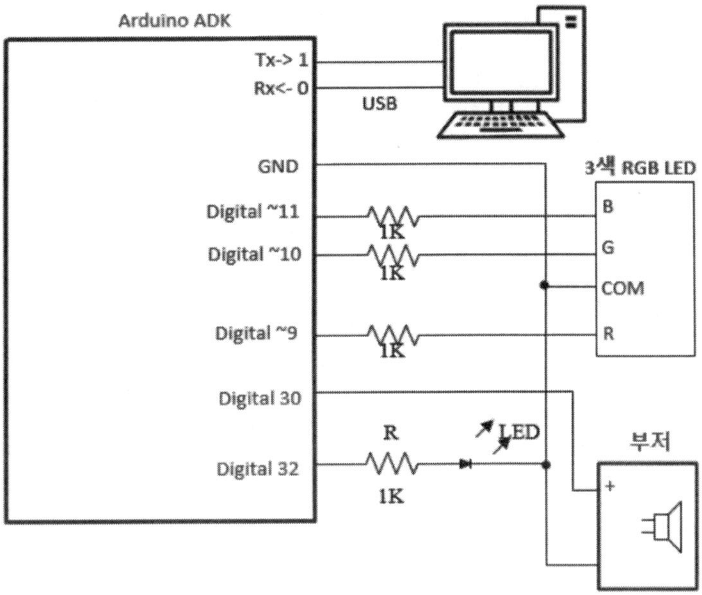

그림 10.11 실험 10-5 회로 연결

소스 프로그램 Serial_Ctrl

```
const int ledPin=32; // LED에 연결된 핀 번호 변수 정의
const int rLedPin = 9; //3색 LED 중 빨간색 LED와 연결된 핀 번호 정의
const int gLedPin = 10; //3색 LED 중 초록색 LED와 연결된 핀 번호 정의
const int bLedPin = 11; //3색 LED 중 파란색 LED와 연결된 핀 번호 정의
const int speakerPin=30; //부저에 연결된 핀 번호 정의

boolean catchFrame=false; //전송 프레임 수신 여부를 결정하는 변수, 초기값으로 false 설정
String frameStr; // 전송 프레임포맷에 해당하는 문자열을 저장하는 변수 선언
String sensorName; // 센서명에 해당하는 문자열을 저장하는 변수 선언

void setup() {
  pinMode(ledPin, OUTPUT); // LED를 출력으로 설정
  pinMode(rLedPin, OUTPUT); // rLED를 출력으로 설정
  pinMode(gLedPin, OUTPUT); // gLED를 출력으로 설정
  pinMode(bLedPin, OUTPUT); // bLED를 출력으로 설정

  Serial.begin(9600); // 시리얼 개방, 통신속도 설정
```

```
  digitalWrite(rLedPin, LOW);  //rLED에 LOW 출력
  digitalWrite(gLedPin, LOW);  //gLED에 LOW 출력
  digitalWrite(bLedPin, LOW);  //bLED에 LOW 출력
}

void FrameAnalysis(){
    if (sensorName == "LED") { // 센서명이 LED인지 확인
      Serial.println(" LED OK"); // 시리얼 모니터에 문자열 출력
      int data = frameStr.substring(5).toInt(); //센서 제어 값을 가져옴

      switch (data) { // 읽어온 데이터에 따라 분기
        case 0 :
          digitalWrite(ledPin, LOW); // LED 끄기
          break;
        case 1 :
        digitalWrite(ledPin, HIGH); // LED 켜기
          break;
      }
    }
    else if  (sensorName == "RGB") { // 센서명이 RGB인지 확인
      Serial.println(" RGB OK"); // 시리얼 모니터에 문자열 출력
      int redValue = frameStr.substring(5,8).toInt(); //센서 제어값 중 red값을 가져옴
      int greenValue = frameStr.substring(8,11).toInt(); //센서 제어값 중 green값을 가져옴
      int blueValue = frameStr.substring(11,14).toInt(); //센서 제어값 중 blue값을 가져옴
      analogWrite(rLedPin, redValue);  //rLED에 red값 출력
      analogWrite(gLedPin, greenValue);  //gLED에 green값 출력
      analogWrite(bLedPin, blueValue);  //bLED에 blue값 출력
    }
    else if  (sensorName == "BUZ") { // 센서명이 BUZ인지 확인
      Serial.println(" BUZ OK"); // 시리얼 모니터에 문자열 출력
      int data = frameStr.substring(5).toInt(); //센서 제어 값을 가져옴
      switch (data) { // 읽어온 데이터에 따라 분기
        case 0 :
          noTone(speakerPin); // 스피커 끄기
          break;
        case 1 :
          tone(speakerPin,131); // 주파수가 131Hz인 톤을 출력
          break;
      }
```

```
    }
}

void loop() {

  if(catchFrame == true) { //전송 프레임이 정상적으로 수신되었는지 확인

    sensorName =  frameStr.substring(1,4); //센서명을 읽어 냄
    FrameAnalysis(); // 프레임 분석 함수 호출

    catchFrame=false; //전송 프레임 분석을 종료하고 초기화
  }
}

void serialEvent(){ // 수신버퍼에 데이터가 있을 때 마다 호출되는 콜백 함수
    frameStr=Serial.readStringUntil('!'); // 수신버퍼에서 '!' 문자까지 문자열을 읽어
                                          // 문자열 변수에 저장
    if(frameStr.indexOf('@') == 0) catchFrame=true; // 읽어들인 문자열이 시작문자로
                          // 시작하였는지 확인하고 확인되었으면 전송 프레임 수신을 설정
}
```

제11장 블루투스 통신을 활용한 센서 제어

실험에 필요한 부품

블루투스 모듈 (HC-06)	LED	캐소드 공통형 3색 RGB LED	부저 (SM-1212C)	서보모터 (HES-288 플라스틱)
1개	1개	1개	1개	1개

온도센서 (LM35DZ)	**먼지센서 (샤프 GP2Y1010AU0F)**	**220uF 캐패시터**	**150Ω 저항**	**1KΩ 저항**
1개	1개	1개	1개	7개
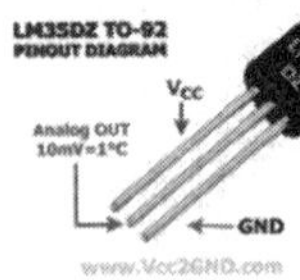				

11.1 근거리무선통신 네트워크(WPAN)

11.1.1 근거리무선통신 네트워크(WPAN : Wireless Personal Area Network)

- 10m 이내의 짧은 거리에 존재하는 무선기기들을 연결하여 기기 간에 통신을 지원함으로써 다양한 응용서비스를 가능하게 하는 무선 네트워크
- [그림 11.1]과 같이 대표적인 WPAN 통신시스템으로 Bluetooth 통신, UWB 통신, ZigBee 통신 시스템이 있고 이들 3개 통신시스템에 대한 주요특징을 비교하여 [표 11.1]에 제시

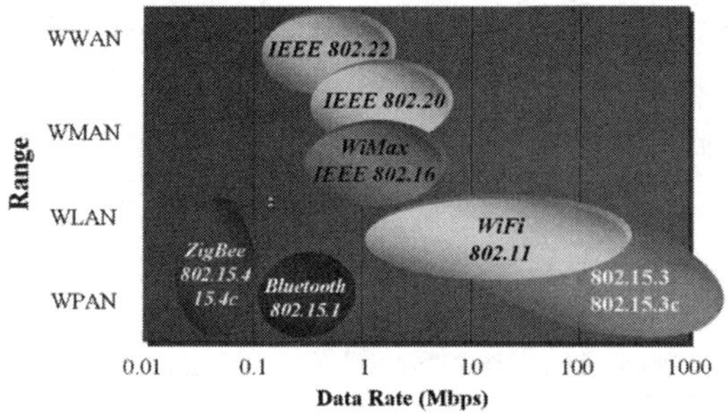

- WAN : Wide Area Network
- MAN : Metropolitan Area Network
- LAN : Local Area Network
- PAN : Personal Area Network

그림 11.1 WPAN 통신

표 11.1 WPAN 통신 비교

	bluetooth	UWB	Zigbee
표준명칭	IEEE 802.15.1	IEEE 802.15.3a	IEEE 802.15.4
주파수	2.4GHz(ISM band)	500MHz	868MHz, 915MHz, 2.4GHz
MAC	TDMA		CSMA/CA
전송속도	24Mbps	500Mbps	250k, 40k, 20k
전송거리	10m~100m	10m	10m ~ 75m
활용	음성, 데이터전송	멀티미디어 데이터 전송	센서간 통신

11.2 Bluetooth 통신

11.2.1 Bluetooth 통신

- 블루투스(Bluetooth, BT) 통신기술은 1994년 에릭슨이 최초로 개발한 WPAN 산업 표준이나 나중에 소니 에릭슨, IBM, 노키아, 도시바 등이 참여한 블루투스 SIG(Special Interest Group)을 통해 본격적으로 상용화를 진행
- 블루투스는 휴대폰, 노트북, 이어폰, 헤드폰 등의 휴대기기를 서로 연결해 정보를 교환하는 WPAN의 대표적 기술 중 하나로 IEEE 802.15.1 표준으로 규격화한 기술
- ISM(Industrial Scientific and Medical) 주파수 대역인 2400~2483.5MHz를 사용. 이 중 2402~2480MHz에서 총 79개 채널을 사용

> **참고** ISM이란 산업, 과학, 의료용으로 할당된 주파수 대역으로, 전파 사용에 대해 허가를 받을 필요가 없어 저전력의 전파를 사용하는 개인 무선기기에 사용. 아마추어 무선, 무선랜, 블루투스, ZigBee, 무선전화기 등이 이 ISM 대역을 사용

- Bluetooth 통신의 주요 특징을 [표 11.2]에 나타냄

표 11.2 Bluetooth 통신의 주요 특징

- 네트워크 구성 : 마스터-슬레이브 구조, 1:N(7대 까지 가능)
- 전송방식 : 주파수 호핑(Frequency Hopping) 방식, 79개 채널을 1초당 1600번 호핑
- 데이터 전송율 : 최대 24Mbps
- 전력소모량 : 대기상태 0.3mA, 송수신시 30mA의 저전력 소비
- 간섭현상 : IEEE 802.11b와 전파간섭 현상 발생
- 적용거리 : 10m~100m

- 블루투스의 발전
  - v1.0 : 전송속도 1Mbps(1998년)
  - v2.0 : 전송속도 3Mbps(2004년)
  - v3.0 : 전송속도 24Mbps(2009년)
  - v4.0 : 기존 블루투스 고속전송과 저전력 기능 포함(2010년)
    · 클래식 블루투스, 블루투스 high speed, 블루투스 low energy(BLE) 프로토콜 포함
    · 클래식 블루투스는 고속 전송, BLE는 저전력 (전송속도 1Mbps)에 사용
  - v5.0 : 사물인터넷에 초점을 맞춤. 전송속도 2Mbps(2016년)

- [그림 11.2]는 실험에 사용할 HC-06 블루투스 모듈을 보여주며 [표 11.3]에 주요특징을 나타냄

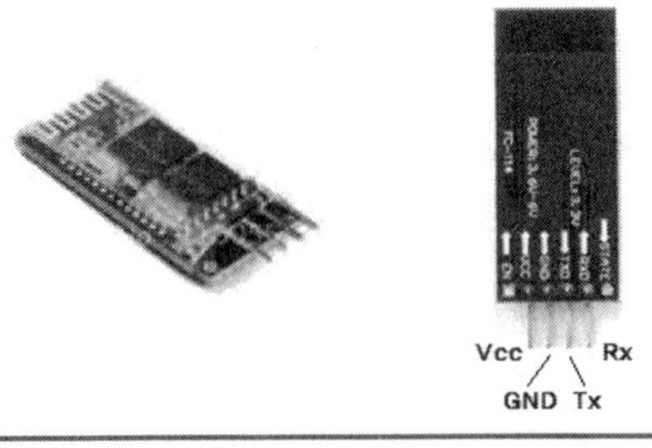

- Rx (레벨 3.3V) UART 수신
- Tx (레벨 3.3V) UART 송신
- GND : 접지
- VCC : 2.6~6V (5V)
- STATE, EN : 개방

그림 11.2 HC-06 블루투스 모듈

표 11.3 HC-06 블루투스 모듈 주요특징

- 2.4GHz 무선 트랜시버 (2.4GHz 내장 안테나)
- 적응 주파수 호핑(adaptive frequency hopping) 기능
- 블루투스 V2.1 지원 : 2Mbps ~ 3Mbps
- class 2 전력 레벨 (10m 정도의 통신 거리)
- UART 인터페이스 지원 : 1200, 2400, 4800, 9600(초기값), 19200, 38400, 57600, 115200, 230400, 460800, 921600, 1382400
- AT 커맨드 사용

11.2.2 AT 커맨드

- AT 커맨드는 블루투스 설정 내용을 변경하기 위하여 블루투스에 전달할 수 있는 명령어의 형식과 동작을 설명. 많이 사용하는 AT 커맨드는 [표 11.4]와 같음. 문자 AT로 시작하기 때문에 AT 커맨드라 하며 컴퓨터에서 아두이노 보드를 통해 블루투스에 전달

표 11.4 AT 커맨드

AT 커맨드	응답	초기값	설명
AT	OK		UART 연결 확인
AT+NAMEname	OKsetname	HC-06	블루투스 디바이스 이름 설정
AT+PINxxxx	OKsetPIN	1234	블루투스 디바이스 비밀번호 변경
AT+BAUDn	n=1인 경우 OK1200 n=2인 경우 OK2400 n=3인 경우 OK4800 n=4인 경우 OK9600 n=5인 경우 OK19200 n=6인 경우 OK38400 n=7인 경우 OK57600 n=8인 경우 OK115200 n=9인 경우 OK230400 n=A인 경우 OK460800 n=B인 경우 OK921600 n=C인 경우 OK1382400	9600	UART 전송속도 설정 n=1인 경우 1200 n=2인 경우 2400 n=3인 경우 4800 n=4인 경우 9600 n=5인 경우 19200 n=6인 경우 38400 n=7인 경우 57600 n=8인 경우 115200 n=9인 경우 230400 n=A인 경우 460800 n=B인 경우 921600 n=C인 경우 1382400
AT+VERSION	OKlinorV1.8	LinorV1.8	펌웨어 버전 확인

실험 11-1

AT 커맨드를 사용한 BT 설정변경

- [그림 11.3]과 같이 아두이노 메가 ADK 보드의 포트 0(Serial)를 컴퓨터에 포트 3(Serial3)을 BT 모듈에 연결
- 아두이노 메가 ADK 보드 Tx는 블로투스 모듈의 Rx와 연결되는데 메가보드 Tx는 TTL 레벨로 동작(5V)하고 블루투스 모듈의 Rx는 논리 1이 3.3V로 동작하므로 1KΩ과 2KΩ의 저항으로 전압분배 회로를 구성하여 연결
- 아두이노 메가보드 Rx는 블로투스 모듈의 Tx와 연결되는데 블로투스 모듈의 Tx의 논리 1인 3.3V가 아두이노 메가보드 Rx에서 논리 1로 인식될 수 있으므로 직접 연결
- [그림 11.3]과 같이 회로를 연결하고 아래의 스케치 프로그램을 업로드

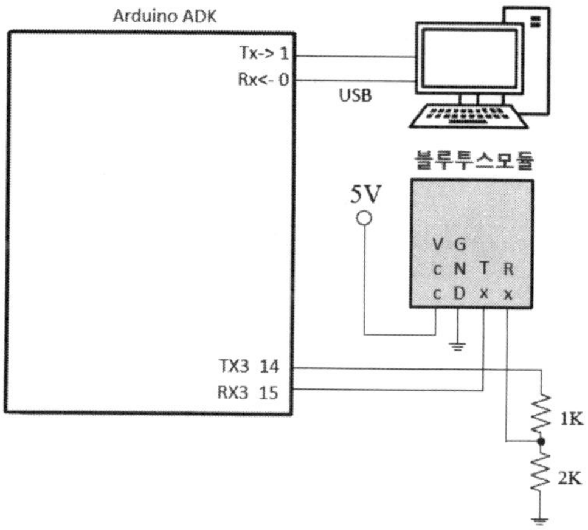

그림 11.3 실험 11-1 회로 연결

소스 프로그램 BT_ATcommand

```
void setup() {
  Serial.begin(9600); // 시리얼 모니터와 시리얼 개방, 통신속도 설정
  Serial3.begin(9600); // BT와 시리얼 개방, 통신속도는 초기값으로 설정
}

void loop() {
  if (Serial.available()) // 포트0 수신버퍼에 수신 데이터가 있는지 확인
  {
```

```
    byte a=Serial.read(); //버퍼에서 1바이트 읽어 오기
    Serial3.write(a); // 읽어온 데이터를 BT로 송신
  }

  if (Serial3.available()) // 포트3 수신버퍼에 수신 데이터가 있는지 확인
  {
    byte a=Serial3.read(); //버퍼에서 1바이트 읽어 오기
    Serial.write(a); // 읽어온 데이터를 시리얼 모니터에 출력하기 위해 송신
  }
}
```

설정변경 실험

- PC에서 시리얼 모니터를 띄우고 아래의 AT 커맨드를 시리얼 모니터 텍스트입력상자에 입력하고 응답을 확인하는 과정을 통하여 블루투스의 설정을 변경 (㈜ **시리얼 모니터 창에서** No line ending**으로 설정**)

AT 커맨드	응답	초기값	설명	
AT	OK		UART 연결 확인	[그림 11.4] [그림 11.5]
AT+NAMEmyBT	OKsetname	HC-06	블루투스 디바이스 이름을 myBT로 변경	[그림 11.6] [그림 11.7]
AT+PIN4321	OKsetPIN	1234	블루투스 디바이스 비밀번호를 4321로 변경	[그림 11.8] [그림 11.9]
AT+BAUD6	OK38400	9600	블루투스 디바이스 전송속도를 38400으로 변경	[그림 11.10] [그림 11.11]

㈜ 시리얼 모니터 창에서 No line ending(line ending 없음)으로 설정

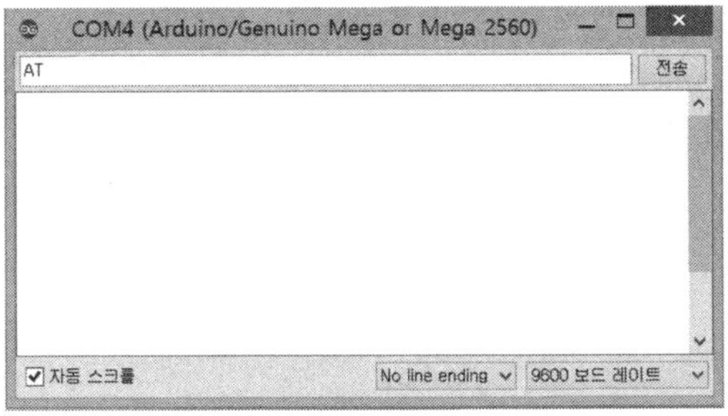

그림 11.4

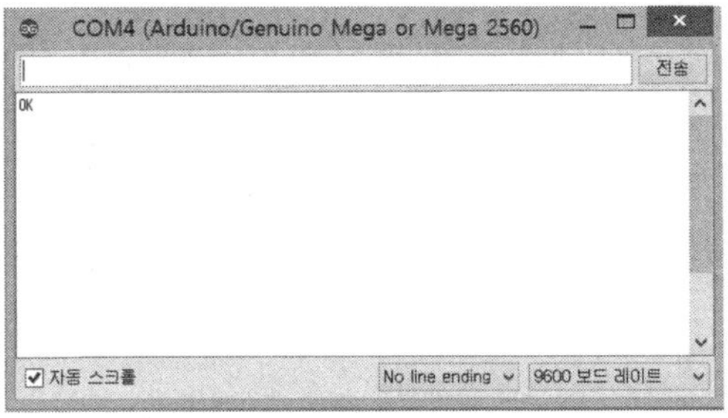

그림 11.5

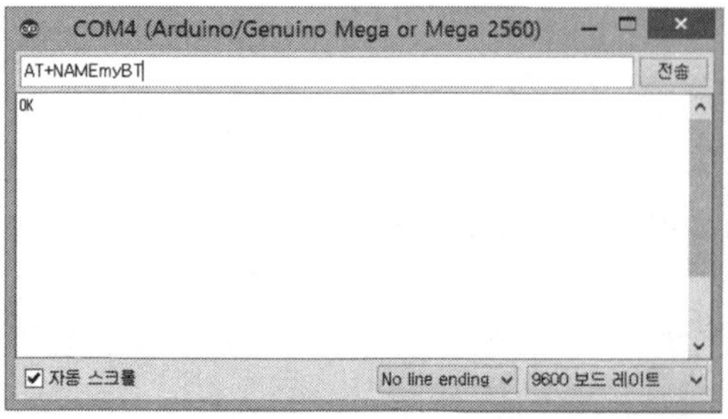

그림 11.6

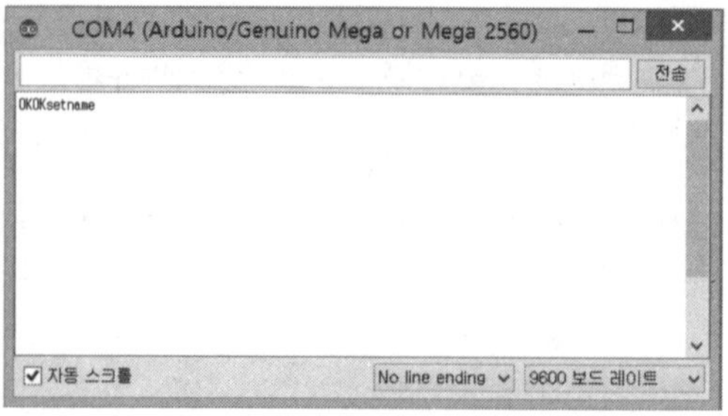

그림 11.7

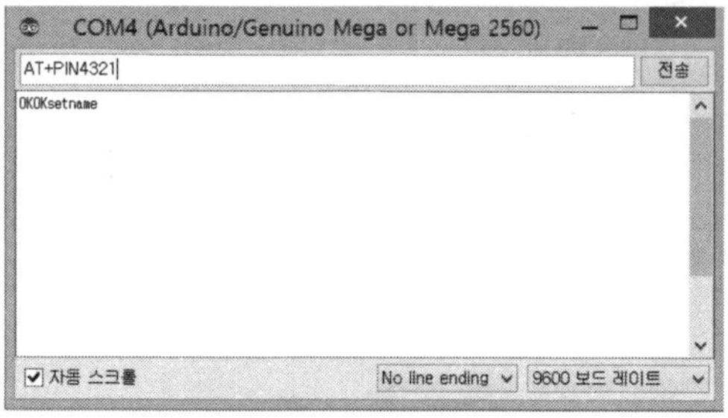

그림 11.8

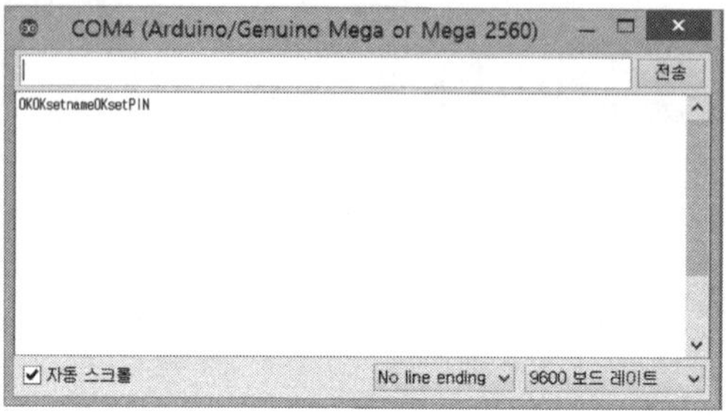

그림 11.9

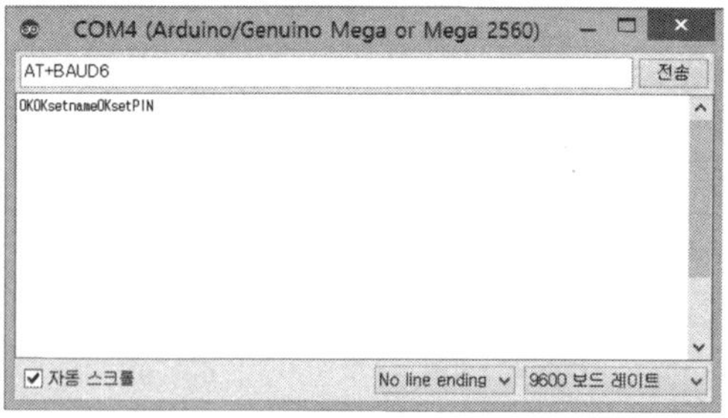

그림 11.10

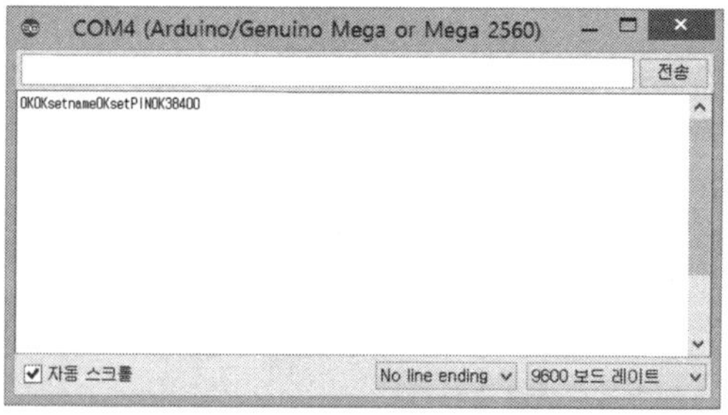

그림 11.11

- 위의 AT 커맨드를 사용한 블루투스 설정 변경을 통하여 블루투스 디바이스 이름은 myBT로 비밀번호는 4321로 디바이스 전송속도는 38400으로 변경 됨.

실험 11-2

스마트폰에서 앱을 사용하여 BT 모듈과 연결하기

- [그림 11.12]와 같이 회로를 연결(BT 모듈을 Serial3에 연결)하고 아래의 스케치 프로그램을 업로드

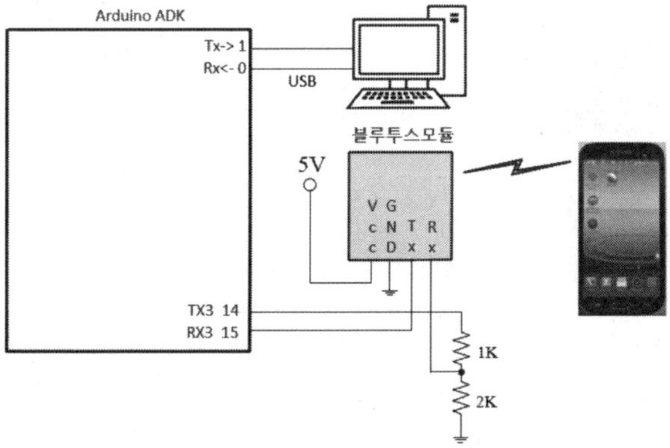

그림 11.12 실험 11-2 회로 연결

소스 프로그램 BT_Test

```
String myString=""; //BT로 부터 수신된 문자열을 저장하는 변수 선언
void setup() {
  Serial.begin(9600); // 시리얼 모니터와 시리얼 개방, 통신속도 설정
  Serial3.begin(38400); // BT와 시리얼 개방, [실험 11-1]에서 설정된 통신속도로 설정
}

void loop() {
  while (Serial3.available()) // 포트3 수신버퍼에 수신 데이터가 있는지 확인
  {
    char myChar = (char) Serial3.read(); //버퍼에서 1바이트 읽어 오기
    myString+=myChar; //수신문자를 문자열에 추가
    delay(5); // 5ms 지연
  }

  if (!myString.equals("")) //수신문자열이 비어있는지 확인
  {
    Serial.print("input value : "+myString); // 수신문자열을 시리얼 모니터에 출력
    myString=""; //수신문자열을 초기화
  }
}
```

스마트폰과 BT 모듈간 통신 실험

- [그림 11.13], [그림 11.14]와 같이 스마트폰 Play 스토아에서 "Serial BlueTooth Terminal" 앱을 검색하고 설치하면 [그림 11.15]와 같은 앱이 설치 됨

그림 11.13

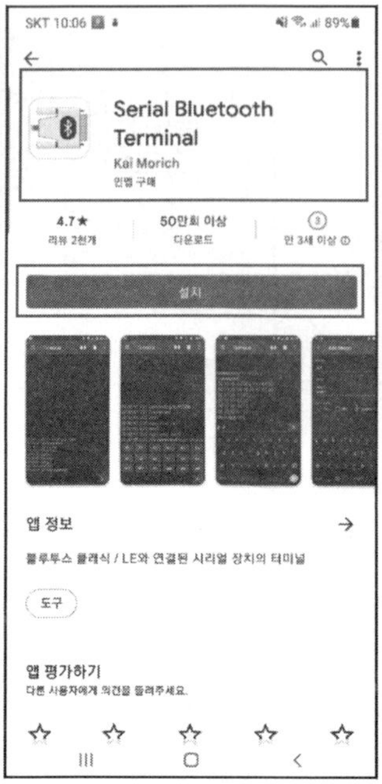

그림 11.14

그림 11.15

- 스마트폰 환경설정에서 블루투스를 켜면 [그림 11.16]과 같이 사용할 수 있는 기기에 설정한 myBT 디바이스가 존재할 것이며 이를 누르면 [그림 11.17]과 같이 디바이스 PIN번호를 입력하라는 창이 나타나게 됨. 비밀번호로 4321을 설정하였으므로 이를 입력하고 확인 버튼을 누르면 [그림 11.18]과 같이 myBT 디바이스가 등록 됨

그림 11.16

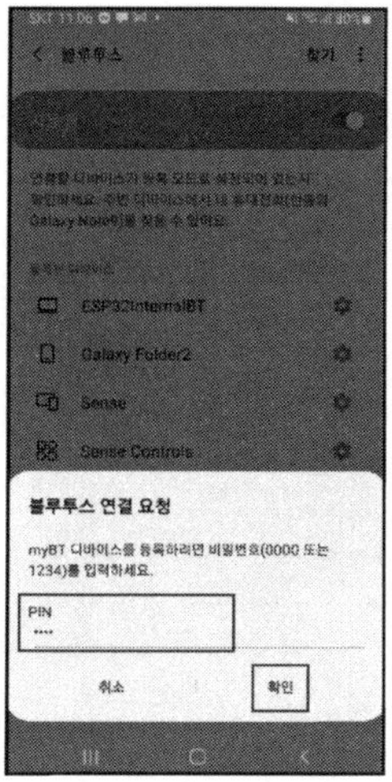

그림 11.17

그림 11.18

• 스마트 폰과 BT 모듈간의 페어링 : [그림 11.15]와 같이 스마트 폰 바탕화면에서 "Serial BlueTooth Terminal" 앱을 선택하면 [그림 11.19]와 같은 창이 나타나고 왼쪽 위에 있는 메뉴 버튼을 누르고 [그림 11.20]과 같은 메뉴가 나타나면 "Device"를 선택. 그러면 [그림 11.21]과 같은 화면이 나타나는데 [실험 11-1]에서 설정한 myBT 디바이스를 선택하면 [그림 11.22]와 같이 연결을 시도하고 스마트 폰과 BT 모듈간 연결이 되었다는 즉, 페어링이 되었다는 메시지가 나타남.

그림 11.19

그림 11.20

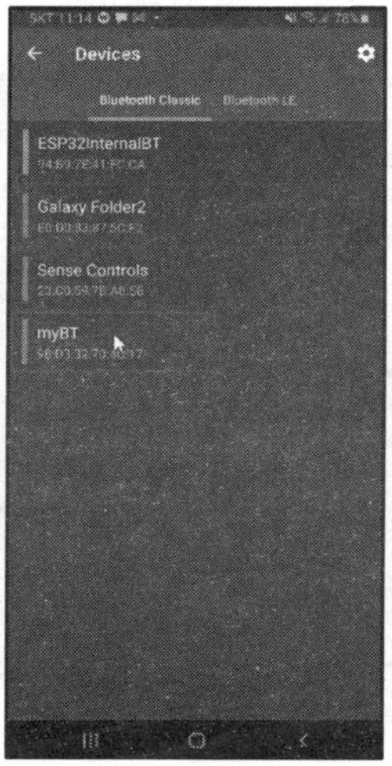

그림 11.21

그림 11.22

- [그림 11.23]과 같이 문자 입력창에 "welcome!!!"을 입력하고 전송 버튼을 누르면 [그림 11.24]와 같이 PC 시리얼 모니터에서 입력문자열을 확인

그림 11.23

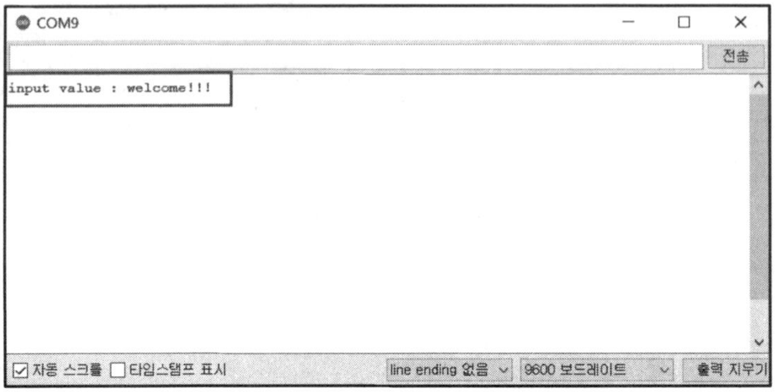

그림 11.24

실험 11-3

스마트폰에서 BT를 통한 센서 제어

- 스마트폰 Serial BlueTooth Terminal 앱을 이용하여 다음의 기능을 수행
  - 앱에서 아두이노 보드에 있는 LED를 ON, OFF하기
  - 앱에서 아두이노 보드에 있는 RGB LED를 제어하기
  - 앱에서 아두이노 보드에 있는 스피커를 ON, OFF 하기
  - 앱에서 아두이노 보드에 있는 창문을 ON, OFF 하기 (서보모터 제어)
  - 앱에서 아두이노 보드에 있는 온도센서 값을 읽어 오기
  - 앱에서 아두이노 보드에 있는 먼지 센서로 부터 공기 상태를 읽어 오기

- 앱과 아두이노 간의 통신프레임을 [표 11.5]와 같이 정의

표 11.5 앱과 아두이노 간의 통신프레임

[전송 프레임 포맷]

시작문자 @	센서명	구분자 #	센서 제어값	종료문자 !

시작문자(@)	센서 명	구분자(#)	센서 제어값	종료문자(!)
@	LED	#	1 : ON 0 : OFF	!
@	RGB	#	000000000 255255255	!
@	BUZ	#	1 : ON 0 : OFF	!
@	WIN	#	1 : OPEN 0 : CLOSE	!
@	GET	#	TMP	!
@	TMP	#	온도값	!
@	GET	#	DST	!
@	DST	#	공기 상태	!

- 먼제센서로부터 미세먼지(PM2.5) 값을 읽어 다음과 같이 공기 상태를 스마트 폰으로 전송

먼지밀도(mg/m^3)	0~0.015	0.016~0.05	0.051~0.1	0.101
공기 상태	좋음 (Good)	보통 (Fair)	나쁨 (Poor)	매우 나쁨 (Very Poor)

- [그림 11.25]와 같이 회로를 연결하고 아래의 스케치 프로그램을 업로드

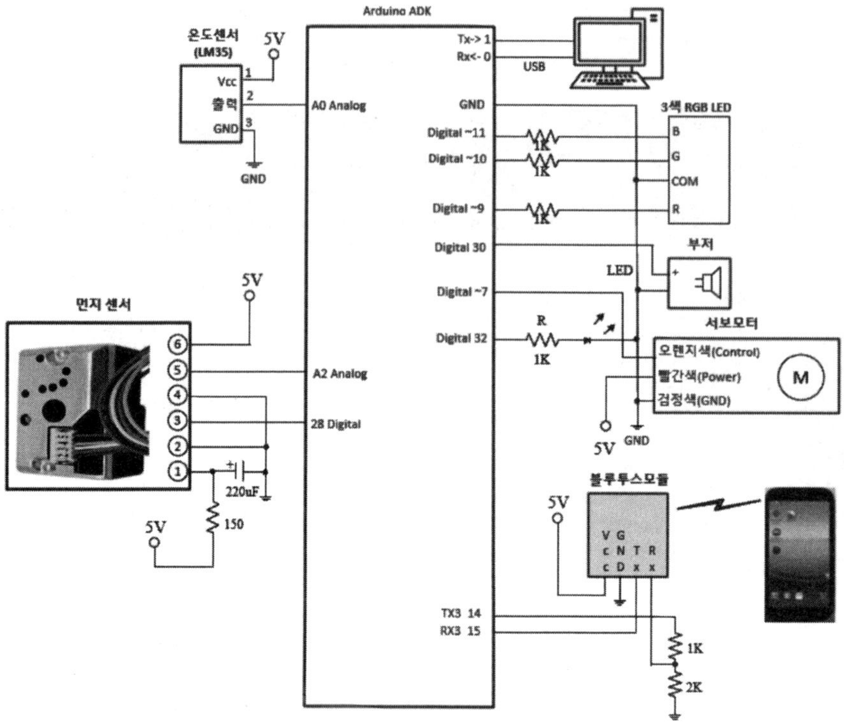

그림 11.25 실험 11-3 회로 연결

소스 프로그램 BT_Sensor_Ctrl

```
#include <Servo.h> // Servo 라이브러리 추가

Servo myServo; // Servo 클래스를 가지고 와서 myServo 객체 생성

const int ledPin=32; // LED에 연결된 핀 번호 변수 정의
const int rLedPin = 9; //3색 LED 중 빨간색 LED와 연결된 핀 번호 정의
const int gLedPin = 10; //3색 LED 중 초록색 LED와 연결된 핀 번호 정의
const int bLedPin = 11; //3색 LED 중 파란색 LED와 연결된 핀 번호 정의
const int speakerPin=30; //부저에 연결된 핀 번호 정의
const int servoPin=7; // 서보모터에 연결된 핀 번호 정의
const int tempPin=0; //온도센서에 연결된 핀 번호 정의
const int measurePin = A2; // 먼지센서 출력(5번 핀)에 연결된 핀 번호 변수 정의 (A2)
const int ledPower = 28;   // 먼지센서 적외선 LED 드라이버(3번 핀)에 연결된 핀 번호 변수 정의 (D28)
```

```
int samplingTime = 280; // 0.28ms 후 출력을 샘플링하기 위한 시간 값을 저장하는 변수
int deltaTime = 40;  // 0,04ms 후 LED를 끄기 위한 시간 값을 저장하는 변수
int sleepTime = 9680; // 10ms 마다 반복하기 위해 9.68ms를 기다리는 시간 값을 저장하는 변수

float dustSensorValue = 0; // 먼지센서의 ADC 한 값을 저장하는 변수 선언
float dustSensorVolValue = 0; // ADC 값을 전압 값으로 환산한 값을 저장하는 변수 선언
float dustDensity = 0; // 먼지밀도 값을 저장하는 변수 선언

boolean catchFrame=false; // BT로부터 온 수신 프레임 수신 여부를 결정하는 변수,
                          // 초기값으로 false 설정
String frameStr; // 수신 프레임포맷에 해당하는 문자열을 저장하는 변수 선언
String sensorName; // 센서명에 해당하는 문자열을 저장하는 변수 선언

boolean getCatchFrame=false; // BT로부터 get 프레임 수신 여부를 결정하는 변수,
                             // 초기값으로 false 설정
String  getSensorName; // get 프레임 센서명에 해당하는 문자열을 저장하는 변수 선언

void setup() {
  pinMode(ledPin, OUTPUT); // LED를 출력으로 설정
  pinMode(rLedPin, OUTPUT); // rLED를 출력으로 설정
  pinMode(gLedPin, OUTPUT); // gLED를 출력으로 설정
  pinMode(bLedPin, OUTPUT); // bLED를 출력으로 설정
  pinMode(ledPower,OUTPUT); // 먼지센서 적외선 LED 드라이버(3번 핀)을 출력으로 설정
  myServo.attach(servoPin); //myServo 객체의 attach라는 method로 초기화
  myServo.write(0); //초기 위치 지정

  Serial.begin(9600); // 시리얼 모니터와 시리얼 개방, 통신속도 설정
  Serial3.begin(38400); // BT와 시리얼 개방, [실험 10-1]에서 설정된 통신속도로 설정

  digitalWrite(rLedPin, LOW);  //rLED에 LOW 출력
  digitalWrite(gLedPin, LOW);  //gLED에 LOW 출력
  digitalWrite(bLedPin, LOW);  //bLED에 LOW 출력
}

void FrameAnalysis() {
    if (sensorName == "LED") { // 센서명이 LED인지 확인
      Serial.println(" LED OK"); // 시리얼 모니터에 문자열 출력
      int data = frameStr.substring(5).toInt(); //센서 제어 값을 가져옴

      switch (data) { // 읽어온 데이터에 따라 분기
```

```
    case 0 :
      digitalWrite(ledPin, LOW); // LED 끄기
      break;
    case 1 :
      digitalWrite(ledPin, HIGH); // LED 켜기
      break;
  }
}
else if  (sensorName == "RGB") { // 센서명이 RGB인지 확인
  Serial.println(" RGB OK"); // 시리얼 모니터에 문자열 출력
  int redValue = frameStr.substring(5,8).toInt(); //센서 제어값 중 red값을 가져옴
  int greenValue = frameStr.substring(8,11).toInt(); //센서 제어값 중 green값을 가져옴
  int blueValue = frameStr.substring(11,14).toInt(); //센서 제어값 중 blue값을 가져옴

  analogWrite(rLedPin, redValue);  //rLED에 red값 출력
  analogWrite(gLedPin, greenValue);  //gLED에 green값 출력
  analogWrite(bLedPin, blueValue);  //bLED에 blue값 출력
}
else if  (sensorName == "BUZ") { // 센서명이 BUZ인지 확인
  Serial.println(" BUZ OK"); // 시리얼 모니터에 문자열 출력
  int data = frameStr.substring(5).toInt(); //센서 제어 값을 가져옴
  switch (data) { // 읽어온 데이터에 따라 분기
    case 0 :
      noTone(speakerPin); // 스피커 끄기
      break;
    case 1 :
      tone(speakerPin,131); // 주파수가 131Hz인 톤을 출력
      break;
  }
}
else if  (sensorName == "WIN") {  // 센서명이 WIN인지 확인
  Serial.println(" WIN OK"); // 시리얼 모니터에 문자열 출력
  int data = frameStr.substring(5).toInt(); //센서 제어 값을 가져옴
  switch (data) { // 읽어온 데이터에 따라 분기
    case 0 :
      myServo.write(0); // 서보를 0°로 위치
      break;
    case 1 :
      myServo.write(180); // 서보를 180°로 위치
      break;
  }
```

```
    }
    else if  (sensorName == "GET") { // 센서명이 값을 읽어오기 위한 GET인지 확인
      Serial.println(" GET OK"); // 시리얼 모니터에 문자열 출력
      getSensorName = frameStr.substring(5,8); // get 프레임의 센서명을 가져옴
      getCatchFrame=true; // get 프레임을 수신함
    }
}

void GetResponse(void){ //get 프레임에 대한 응답 처리
    if (getSensorName == "TMP") { // get 프레임의 센서명이 TMP인지 확인
      float tempC=analogRead(tempPin); // 온도 센서값을 읽어들임(AD값)
      tempC=(5.0*tempC*100.0)/1024.0; // 온도 센서값을 전압으로 변환하고 온도로 변환
      Serial.println("Temperature : "+(String) (int)tempC+ "C"); //온도를 시리얼 모니터에 출력
      Serial3.print("Temperature : "+(String) (int)tempC+ "C"); //온도를 BT 모듈에 전송
    }
    else if (getSensorName == "DST") { // get 프레임의 센서명이 DST인지 확인
      digitalWrite(ledPower,LOW); // 적외선 LED를 켬 power on the LED
      delayMicroseconds(samplingTime); // 0.28ms 후 출력을 샘플링하기 위해 지연

      dustSensorValue = analogRead(measurePin); //먼지센서 출력값을 읽음(AD값:0~1023)

      delayMicroseconds(deltaTime); // 0.04ms 지연
      digitalWrite(ledPower,HIGH); // 적외선 LED를 끔
      delayMicroseconds(sleepTime); // 9.68ms 지연

      // 먼지 센서 출력 AD 값을 전압 값으로 환산
      dustSensorVolValue = dustSensorValue * (5.0 / 1023.0);

      dustDensity = 0.17 * dustSensorVolValue - 0.1; //접압 값을 먼지밀도(mg/m^3) 값으로 환산

      String airStatus="";
      if (dustDensity <= 0.015) {
        airStatus = " 좋음 (Good) !! ";
      }
      else if (dustDensity > 0.015 && dustDensity <= 0.05) {
        airStatus = " 보통 (Fair) !! ";
      }
      else if (dustDensity > 0.05 && dustDensity <= 0.1) {
        airStatus = " 나쁨 (Poor) !! ";
      }
      else {
```

```
        airStatus = " 매우 나쁨 (Very Poor) !! ";
      }
      Serial.print(" air status : "+ airStatus); //공기 상태를 시리얼 모니터에 출력
      Serial3.print(" air status : "+ airStatus); //공기 상태를 BT 모듈에 전송
    }
}

void loop() {

  if(catchFrame == true) { //BT로부터 온 수신 프레임이 정상적으로 수신되었는지 확인
    Serial.println(frameStr); // 시리얼 모니터에 수신 프레임 출력
    sensorName =  frameStr.substring(1,4); //센서명을 읽어 냄
    FrameAnalysis(); // 프레임 분석 함수 호출

    catchFrame=false; //BT로부터 온 수신 프레임 분석을 종료하고 초기화
  }

  if(getCatchFrame == true) { //BT로부터 get 프레임이 정상적으로 수신되었는지 확인
    Serial.println(getSensorName); // 시리얼 모니터에 get 프레임의 센서명 출력
    GetResponse(); //get 프레임 처리 함수 호출

    getCatchFrame=false; //get 프레임 처리를 종료하고 초기화
  }
}

void serialEvent3(){ // 시리얼 포트3 수신버퍼에 데이터가 있을 때 마다 호출되는 콜백 함수

    frameStr=Serial3.readStringUntil('!'); // 수신버퍼에서 '!' 문자까지 문자열을 읽어
                                           // 문자열 변수에 저장
    if(frameStr.indexOf('@') == 0) catchFrame=true; // 읽어들인 문자열이 시작문자로
                             // 시작하였는지 확인하고 확인되었으면 전송 프레임 수신을 설정
}
```

스마트폰에서 센서 제어 실험

- [그림 11.26]과 같이 설치한 앱의 문자 입력창에 "@RGB#255000000!" 을 입력하고 전송 버튼을 누르면 아두이노에 연결된 3색 RGB LED 가 빨간색으로 점등됨을 확인할 수 있음

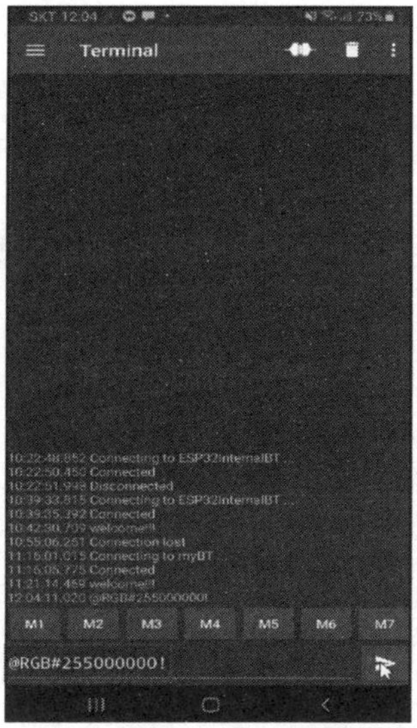

그림 11.26

- 아두이네 연결된 온도센서 값을 가지고 와 스마트 폰에 표시하기 위하여 [그림 11.27]과 같이 앱의 문자 입력창에 "@GET#TMP!" 을 입력하고 전송 버튼을 누르면 [그림 11.28]과 같이 온도 값이 스마트 폰에 표시되는 것을 확인할 수 있음

그림 11.27

그림 11.28

- 아두이노에 연결된 먼제센서 값을 가지고 와 스마트 폰에 표시하기 위하여 [그림 11.29] 와 같이 앱의 문자 입력창에 "@GET#DST!" 을 입력하고 전송 버튼을 누르면 [그림 11.30] 과 같이 공기 상태가 스마트 폰에 표시되는 것을 확인할 수 있음

그림 11.29

그림 11.30

제12장 와이파이(WiFi) 통신을 활용한 센서 제어

| 아두이노를 활용한 무선통신 응용 |

실험에 필요한 부품

WiFi 모듈 (ESP8266-01)	온도센서 (LM35DZ)	LED	1KΩ 저항	
1개	1개	1개	4개	

12.1 무선랜(WLAN : Wireless Local Area Network)

12.1.1 무선랜(WLAN : Wireless Local Area Network)

- 한 건물 내 또는 학교나 회사 등 비교적 좁은 범위의 한정된 지역 내에 있는 기기들을 유선케이블 대신 무선 RF 기술을 이용한 네트워크 구축방식 즉, [그림 12.1]과 같이 케이블의 연결 없이 무선으로 근거리통신망 환경을 구현하는 개념으로 주파수 대역으로는 2.4GHz와 5GHz의 ISM(Industrial, Science, and Medical) 대역을 사용

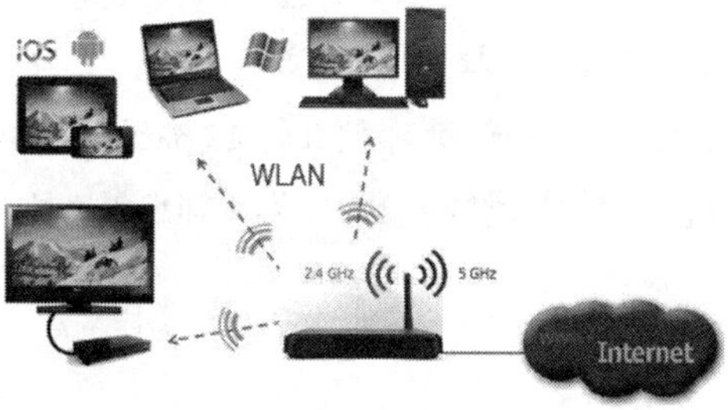

그림 12.1 WLAN

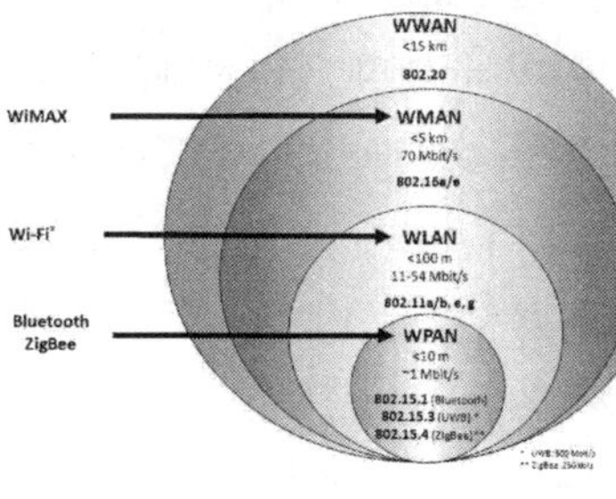

그림 12.2 WPAN과 WLAN 비교

- 무선랜이라는 이름처럼 근본적으로 LAN의 특성을 가지고 있다는 점에서, 휴대폰 등 일반적인 모바일환경에서 이용되는 무선인터넷과는 대별. 즉, 기기에 무선랜 카드만 장착되어 있다면 특정 지역 내에서 통신케이블에 연결하지 않고도 자유자재로 인터넷에 접속할 수 있게 해주는 기술
- WPAN과 비교하여 전송속도 및 통신거리 증가 : 전송속도 및 통신거리 관점에서 WPAN과 WLAN을 [그림 12.2]에 비교하였는데 WPAN은 10m 거리에서 저속데이터 전송에 사용되며 WLAN은 100m 거리에서 54Mbps까지 고속 전송에 사용. 2014년에 상용화를 시작한 기가비트 WiFi(IEEE 802.11ac)인 경우 6.9Gbps까지 전송
- 무선랜 표준은 여러 가지 방식이 있으며 비교 표를 [표 12.1]에 나타냄

표 12.1 무선랜 표준 규격 비교

구분	IEEE802.11b	IEEE802.11a	IEEE802.11g	IEEE802.11n	IEEE802.11ac
주파수대역	ISM(2.4GHz)	ISM(5GHz)	ISM(2.4GHz)	ISM(2.4GHz, 5GHz)	ISM(5GHz)
변조방식	DSSS/CCK	OFDM	DSSS/OFDM	OFDM	OFDM
다중접속	CSMA/CD	CSMA/CD	CSMA/CD	CSMA/CD	CSMA/CD
안테나기술	SISO	SISO	SISO	MIMO (Up to 4)	MU-MIMO (Up to 8)
전송속도	11Mbps	54Mbps	54Mbps	600Mbps	6.9Gbps
채널대역폭	10MHz	20MHz	20MHz	20/40MHz	20/40/80/160MHz
출력제한	100mW	100mW	100mW	100mW	100mW
상용화시기	1997	2003	2003	2009	2014

- 무선랜 네트워크 형태
  - 인프라(Infrastrucure) 방식 : [그림 12.3](a)와 같이 AP(액세스 포인트)나 무선랜 공유기에 여러 대의 클라이언트가 접속해 네트워크를 구성하여 통신하는 방법
  - 애드혹(Ad-Hoc) 방식 또는 피어 투 피어(Peer-to-Peer) 방식 : [그림 12.3](b)와 같이 각 클라이언트가 AP(액세스 포인트)나 무선랜 공유기 없이 서로 접속해 네트워크를 구성해 통신하는 방법

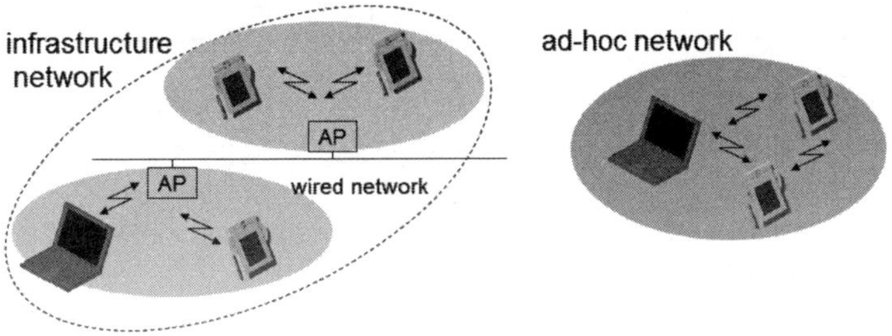

(a) 인프라(Infrastrucure) 방식　　　　(b) 애드혹(Ad-Hoc) 방식

그림 12.3 WLAN 네트워크 형태

- 무선랜 용어
  - **STA(Station)**: WiFi 단말(WiFi 인터페이스를 가진 단말)을 의미. 즉, WiFi 네트워크에 접속하는 단말.
  - **AP(Access Point)**: 802.11 무선랜 인터페이스와 802.3 이더넷 인터페이스를 가지는 장비로 STA가 보낸 데이터를 무선으로 받아 이더넷 포트를 통해 유선망으로 보내 주는 장비. 자체 WiFi 네트워크를 만들 수 있는 장비.

12.2 ESP8266-01(ESP-01) WiFi 모듈

- [그림 12.4]는 실험에 사용할 ESP8266-01(ESP01) WiFi 모듈을 보여주며 주요특징을 [표 12.2]에 나타냄. ESP8266-01(ESP01)은 WiFi 기능이 내장된 32비트 MCU이며 우리는 WiFi 기능을 이용.

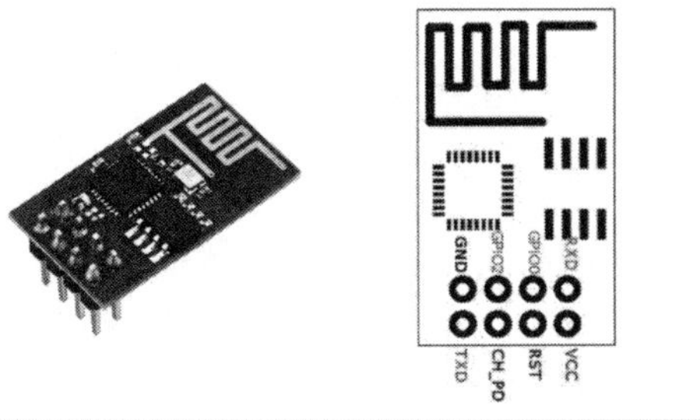

- VCC : 3.3V (3.6V max)
- GND : 접지
- TXD : UART 송신데이터 (3.3V 레벨)
- RXD : UART 수신데이터 (3.3V 레벨)
- /CH_PD : Chip Power down
- GPIO0 : 범용 I/O 0
- GPIO2 : 범용 I/O 2
- /RST : 리셋

그림 12.4 ESP8266 WiFi 모듈

표 12.2 ESP8266-01(ESP-01) WiFi 모듈 주요특징

• 저전력 32비트 MCU • WiFi 프로토콜 : 802.11 b/g/n 프로토콜 지원 • 주파수 범위 : 2.4GHz 트랜시버 (2400MHz~2483.5MHz) • 동작전원 : 3.0~3.6V • WiFi 모드 : STA/AP/STA+AP 동작모드 지원 (WiFi Direct(P2P), soft-AP 지원) • 보안 : WPA/WPA2 지원 • 암호화 : WEP/TKIP/AES • 네트워크 프로토콜 : TCP/IP 프로토콜 스택 지원(IPv4, TCP/UDP/HTTP/FTP) • STBC, 1x1 MIMO, 2x1 MIMO • AT 커맨드 사용
참고 Soft-AP (Software-AP) : Software enabled access point의 줄인 말로 무선클라이언트이지만 액세스 포인트 역할을 소프트웨어로 구현하여 AP와 같이 동작하도록 만든 것.

12.3 네트워크에 아두이노 연결

• 아두이노를 지역 네트워크에 연결하여 사용하기 위해서는 [그림 12.5]와 같이 유무선공유기(AP 또는 라우터)를 사용하여 지역 네트워크를 구성하고 STA들이 유무선공유기에 접속하면 공유기는 사용 가능한 IP 주소를 할당

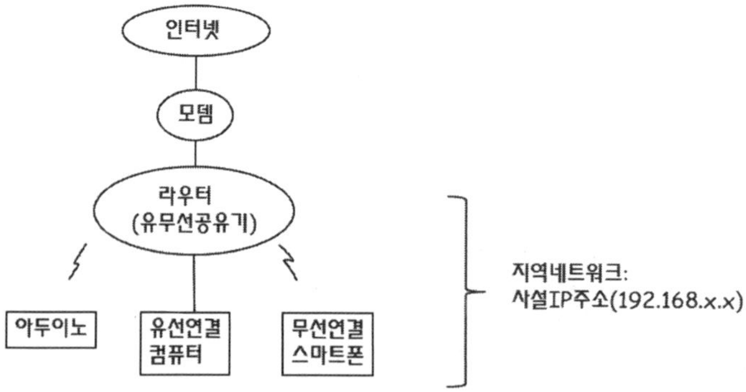

그림 12.5

• 인터넷에 연결되는 모든 장치는 서버나 클라이언트로 동작

• 클라이언트는 데이터를 요청하는 것으로 PC 또는 스마트 폰을 클라이언트로 사용하고

아두이노를 웹서버로 사용

• 유무선공유기를 사용하여 지역 네트워크를 구성하는 대신에 스마트폰의 핫스팟 기능을 사용하여 [그림 12.6]과 같이 스마트 폰을 AP(공유기 또는 라우터)로 사용하여 지역 네트워크를 구성할 수 있음.

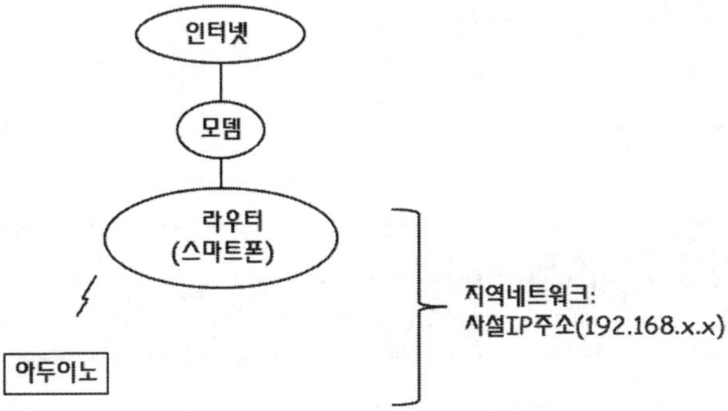

그림 12.6

12.3.1 WiFiEsp.h 라이브러리 설치

• 아두이노 메가보드가 ESP8266-01(ESP-01) WiFi 모듈을 사용하여 Wifi 네트워크에 연결하기 위해서는 WifiEsp.h 라이브러리를 설치하고 제공함수들을 사용하여야 하며 다음과 같이 라이브러리를 설치

• [그림 12.7]과 같이 IDE의 메뉴에서 "스케치/라이브러리 포함하기/라이브러리 관리"를 선택

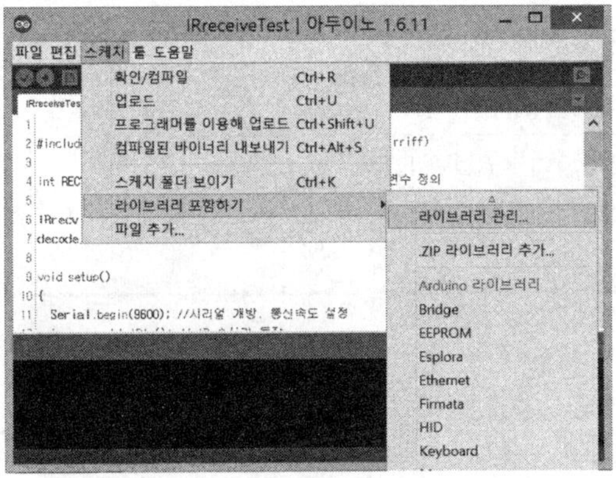

그림 12.7

- [그림 12.8]과 같이 라이브러리 매니저 창이 나타나면 찾고자하는 WiFiEsp를 입력하고 엔터를 치면 라이브러리들이 나타나는데 **"WiFiEsp" 라이브러리를 선택하고** 설치 버튼을 누르면 라이브러리를 설치

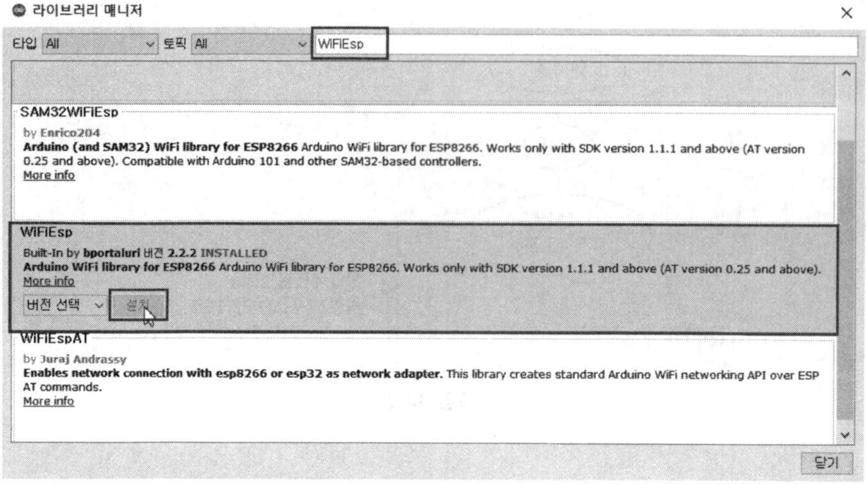

그림 12.8

12.3.2 WifiEsp.h 라이브러리 제공 함수

- 아두이노 메가보드가 ESP8266-01(ESP-01) WiFi 모듈을 사용하여 Wifi 네트워크에 연결하기 위해서는 WifiEsp.h 라이브러리를 삽입하고 제공함수들을 사용

WiFi.begin(ssid, password)		
기능	특정 AP에 연결 (WiFi 연결)	
매개변수	ssid	WiFi 네트워크 이름
	password`	WiFi 네트워크 비번
리턴값	void	

WiFi.status()		
기능	WiFi 연결 상태를 반환	
매개변수	void	
리턴값	WL_CONNECTED	성공적인 연결이 설정된 후
	WL_NO_SSID_AVAIL	SSID가 이용가능하지 않은 경우
	WL_CONNECT_FAILED	비밀번호가 잘못된 경우
	WL_IDLE_STATUS	WiFi가 상태 간 변경 중일 때
	WL_DISCONNECTED	모듈이 스테이션 모드가 아닐 경우

WiFi.localIP()		
기능	DHCP에 의해 할당된 IP 주소 반환	
매개변수	void	
리턴 값	String	IP 주소

WiFi.init()		
기능	시리얼통신과 와이파이 모듈을 연결	
매개변수		시리얼통신 이름
리턴 값	void	

WiFiServer *server*(port)		
기능	지정된 포트로 수신하는 서버 생성(웹서버 객체 생성)	
매개변수	port	수신 할 포트 (웹서버의 경우 80)
리턴 값	void	

server.available()		
기능	서버에 연결되어 있고 읽을 수있는 데이터가있는 클라이언트를 가져옴	
매개변수	void	
리턴 값	Client object	클라이언트 객체(클라이언트에 읽을 수있는 데이터가없는 경우이 객체는 false 임)

server.begin()		
기능	들어오는 연결을 수신하도록 서버에 지시 (서버 동작 시작)	
매개변수	void	
리턴 값	void	

WiFiEspClient *client*		
기능	호스트 (서버)에 접속할 클라이언트 객체 생성	
매개변수		
리턴 값	void	

client.write(data)		
기능	클라이언트에 데이터 출력	
매개변수	data	쓸 바이트 또는 문자
리턴 값	byte	쓰여진 문자 수

client.print(data) client.print(data, BASE)		
기능	클라이언트에 데이터 출력	
매개변수	data	출력할 데이터
리턴 값	byte	출력한 바이트 수

client.println() client.println(data) client.print(data, BASE)		
기능	클라이언트에 데이터 및 캐리지 리턴(줄 바꿈)을 출력	
매개변수	data	출력할 데이터
리턴 값	byte	출력한 바이트 수

client.read()		
기능	클라이언트로부터 수신받은 한 문자를 읽음	
매개변수	void	
리턴 값	byte	바이트 (또는 문자) 또는 없는 경우 -1

client.flush()		
기능	아직 읽지 않은 모든 바이트를 버림	
매개변수	void	
리턴 값	void	

client.stop()		
기능	서버와의 연결을 끊음	
매개변수	void	
리턴 값	void	

12.4 HTTP 프로토콜

- HTTP (Hypertext Transfer Protocal)은 인터넷 상에서 데이터를 주고 받기 위한 클라이언트/서버 모델을 따르는 프로토콜
- WWW (world wide web)에서 하이퍼텍스트 문서를 교환하기 위해 사용되는 통신규약
- TCP/IP 프로토콜 위에서 동작하며 포트 80번을 사용하여 통신
- HTML 문서, 이미지, 동영상, 오디오, 텍스트 문서 등 의 모든 종류의 데이터를 전송
- 첫 표준은 HTTP/1.1이며 이후로 HTTP/2, HTTP/3이 등장

(1) 동작방식

- HTTP는 [그림 12.9]와 같이 서버/클라이언트 모델로 동작
- 클라이언트에서 요청(request)를 보내면 서버는 요청을 처리해서 응답(response)

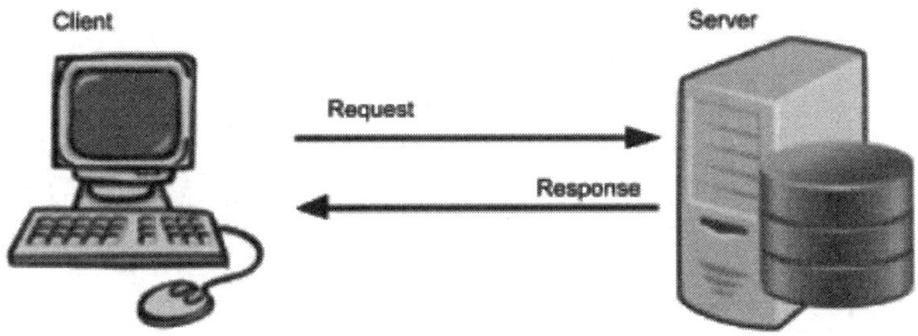

그림 12.9 HTTP 동작방식

① 클라이언트

- 서버에 요청하는 클라이언트 소프트웨어(IE, Chrome, Firefox, Safari ...)가 설치된 컴퓨터를 이용
- 클라이언트는 URI를 이용해서 서버에 접속하고, 데이터를 요청

② 서버 :

- 클라이언트의 요청을 받아서, 요청을 해석하고 응답을 하는 소프트웨어가 설치된 컴퓨터(Apache, nginx, IIS, lighttpd) 등이 서버 소프트웨어
- 웹서버는 보통 표준포트인 80번 포트로 서비스

(2) HTTP의 흐름

- 클라이언트의 요청을 받아서 서버가 응답을 하는 HTTP 동작 과정은 [그림 12.10]과 같음

① TCP 연결

② HTTP 메시지를 전송 (클라이언트는 서버에 요청 메시지를 전송)

③ 서버에 의해 전송된 응답을 읽음 (클라이언트는 서버로부터 응답메시지를 수신)

④ 연결을 닫거나 다른 요청들을 위해 재사용

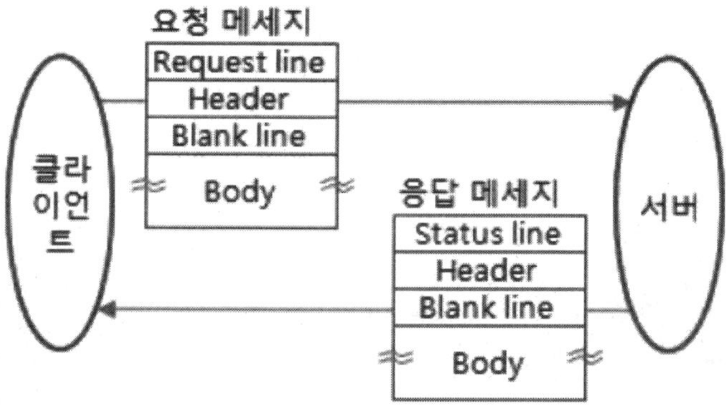

그림 12.10 HTTP 동작과정

(3) HTTP 요청(request) 메시지 형식

■ 요청(request) 메시지

- 요청메시지는 [그림 12.10]과 같이 요청라인(request line), 헤더(header), 공백라인(blank line), 바디(body)로 구성
- 요청라인은 [그림 12.11]의 예와 같이 다음으로 구성

① 요청 메서드 : GET, PUT, POST, PUSH, OPTIONS 등의 요청 방식
② 공백
③ 요청 URI : 요청하는 자원의 위치 명시
④ 공백
⑤ HTTP 프로토콜 버전 : 웹 브라우저가 사용하는 프로토콜 버전

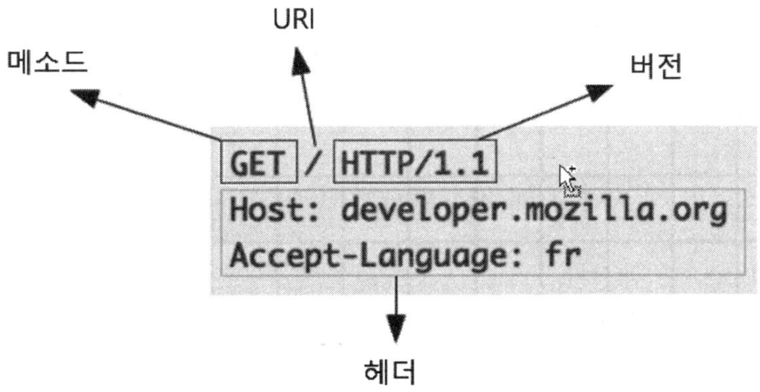

그림 12.11 요청라인 구성

■ 요청 메서드 (request method)

- 메서드는 요청의 종류를 서버에게 알려주기 위해서 사용
- GET, POST, PUT, DELETE 등의 요청 방식
  - GET : 정보를 요청하기 위해서 사용 (SELECT)
  - POST : 정보를 밀어넣기 위해서 사용 (INSERT)
  - PUT : 정보를 업데이트하기 위해서 사용 (UPDATE)
  - DELETE : 정보를 삭제하기 위해서 사용 (DELETE)

- GET 방식은 클라이언트가 서버로부터 문서를 읽어오려 할 때 사용, 클라이언트가 특정 페이지를 요청하면서 서버로 보내는 데이터를 주소창에 포함시켜 보냄
- POST 방식은 클라이언트가 서버에게 어떤 정보를 전송할 때 사용, 클라이언트가 특정 페이지를 요청하면서 서버로 보내는 데이터를 바디(body)에 숨겨서 전송

■ URI(Uniform Resource Identifiers)

- 클라이언트 소프트웨어(IE, Chrome등의 브라우더)는 URI를 이용하여 자원의 위치를 찾음
- HTTP는 전송 프로토콜이고, URI는 자원의 위치를 알려주기 위한 프로토콜
- WWW (World Wide Web) 상에서 접근하고자 하는 자원의 위치를 나타내기 위해서 사용
- 자원은 HTML문서, 이미지, 동영상, 오디오, 텍스트 문서 등 모든 것이 될 수 있음
- 예로 다음의 URI를 고려. https://www.koreatech.ac.kr/kor/Main.do
  - https : 자원에 접근하기 위해서 https 프로토콜을 사용 (프로트콜)
  - www.koreatech.ac.kr : 자원의 인터넷 상에서의 도메인(IP 주소) (위치)
  - /kor/Main.do : 요청할 자원의 이름 (자원명)

(4) HTTP 응답(response) 메시지 형식

■ 응답(response) 메시지

- 응답메시지는 [그림 12.10]과 같이 상태라인(status line), 헤더(header), 공백라인(blank line), 바디(body)로 구성
- 상태라인은 [그림 12.12]의 예와 같이 다음으로 구성

  ① HTTP 프로토콜 버전 : 웹 브라우저가 사용하는 프로토콜 버전

  ② 공백

  ③ 상태 코드 : 서버가 알려주는 여러가지 정보

  ④ 공백

  ⑤ 상태 문구 :

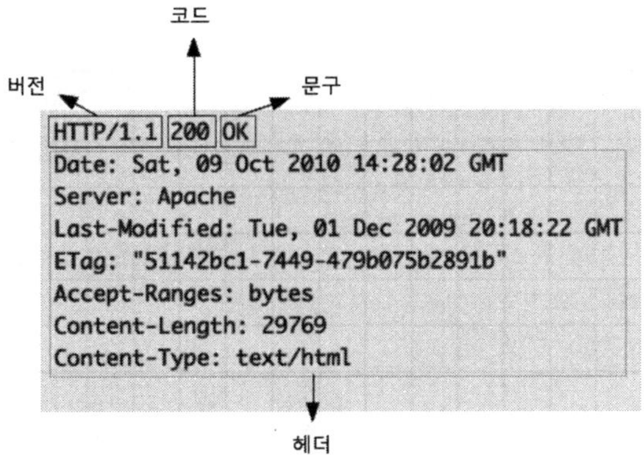

그림 12.12 상태라인 구성

■ 상태 코드

- 2xx : 서버가 요청을 성공적으로 처리했음을 의미

코드번호	설명	비고
200	성공(OK)	서버가 요청을 성공적으로 처리

- 4xx : 클라이언트 요청에 오류가 있음을 의미

코드번호	설명	비고
400	잘못된 요청	헤더 포맷이 HTTP 규약에 맞지 않음
403	금지	서버가 요청을 거부
404	찾을수 없음	요청한 자원이 존재하지 않음

실험 12-1

아두이노 메가보드를 웹서버로 동작시키고 클라이언트인 웹 브라우저에 간단한 웹 페이지를 표시

- HTML로 간단하게 웹페이지를 만들어 아두이노 메가보드를 WiFi에 연결 후 웹서버로 구동 시킨 뒤 웹브라우저를 통해서 아두이노 메가보드 웹서버를 접속하면 웹서버가 보낸 웹페이지를 브라우저에 표시
- 웹페이지는 "Hello World!!"라는 문자열과 메타태그를 사용하여 10초마다 웹페이지를 갱신(refresh) 하도록 하며 갱신될 때마다 값이 1씩 증가하여 표시되도록 함

- 과정은 [그림 12.13]과 같음

① HTML 언어로 웹페이지 구성 (아두이노 IDE) ② 구성한 웹페이지를 아두이노 메가 보드에 업로드 (아두이노 IDE) ③ WiFi에 연결 (ESP8266-01(ESP-01) WiFi 모듈) ④ 메가 보드를 웹서버로 구동 (메가 보드) ⑤ 웹클라이언트로 메가 보드 웹서버에 웹페이지 요청 (크롬 등의 웹브라우저) ⑥ 웹클라이언트로부터 요청받은 웹페이지 응답 전송 (메가 보드) ⑦ 웹페이지가 표시 (웹브라우저)

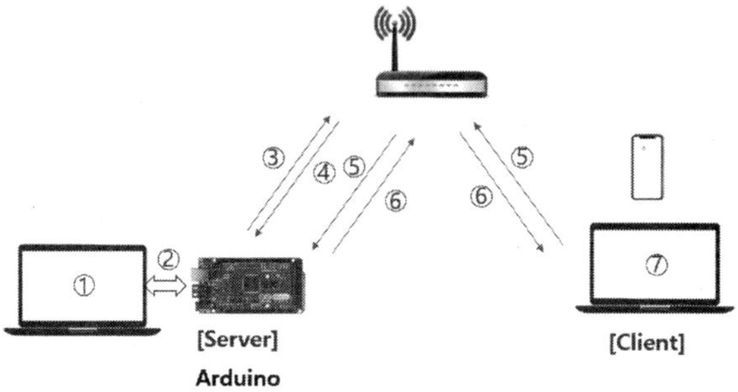

그림 12.13

- [그림 12.14]와 같이 회로를 연결하고 아래의 스케치 프로그램을 업로드. 사용하는 WiFi 네트워크 이름과 비밀번호를 입력해 주어야 함.

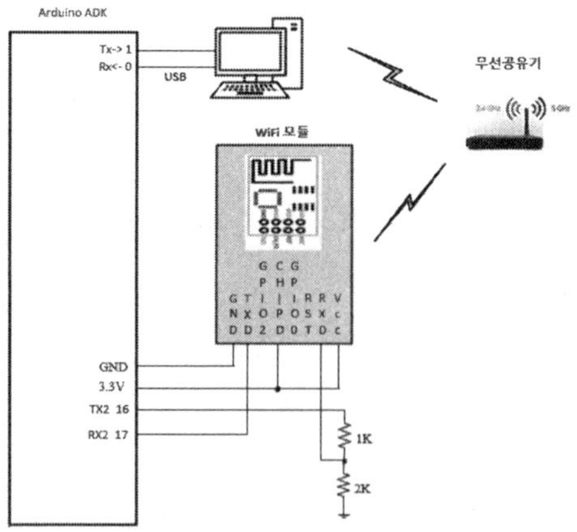

그림 12.14

소스 프로그램 **ESP01_WebServer_Simple**

```
#include "WiFiEsp.h" // WifiEsp 라이브러리 삽입

char ssid[] = "**********"; //WiFi 네트워크 이름 입력
char pass[] = "**********";        // WiFi 네트워크 비번 입력

WiFiEspServer server(80); // 서버생성, 포트번호 80설정 (웹서버 설정)
WiFiEspClient client; // 클라이언트 객체 생성

String request=""; //클라이언트가 요청한 Get Request를 저장할 변수
int reqCnt=0;

void setup_wifi() {

  WiFi.init(&Serial2);    // ESP 모듈 초기화, Serial2에 연결

  delay(10); // 10ms 대기
  WiFi.begin(ssid, pass); // WiFi 연결 시도
  Serial.println("");
  Serial.print("Connecting to ");
  Serial.println(ssid); // WiFi 네트워크 이름 출력
  while (WiFi.status() != WL_CONNECTED) { // 접속될 때까지 대기
    delay(500);
    Serial.print(".");
  }
  Serial.println("");
  Serial.print("WiFi connected to ");
  Serial.println(ssid); // WiFi 네트워크 이름 출력
  Serial.print("IP address: ");
  Serial.println(WiFi.localIP()); //DHCP에 의해 ESP 모듈에 할당된 IP 출력
  server.begin(); // 서버 시작
  Serial.println("Server started");
}

void setup() {
  Serial.begin(115200);   // 시리얼모니터와 통신속도 설정
  Serial2.begin(115200);    // ESP 모듈과 통신속도 설정 (디폴트 115200)

  setup_wifi(); //wifi 네트워크 접속
}
```

```
void parseGetRequest() {
  Serial.println("========================================= start: ");
  Serial.print("request: "); // GET / HTTP/1.1
  Serial.println(request); // 클라이언트가 서버에 요청한 정보 출력
  Serial.println("========================================= end : ");
}

void httpResponse() {
  // HTTP 응답 헤더는 응답코드(e.g. HTTP/1.1 200 OK), content-type, blank line으로 구성
  client.println("HTTP/1.1 200 OK");
  client.println("Content-type:text/html");
  client.println("Connection: close");
  client.println(); // blank line

  // HTML 웹 페이지 표시
  client.println("<!DOCTYPE HTML>");
  client.println("<html><head>");
  client.println("<link rel='icon' href='data:,'>");//GET /favicon.ico HTTP/1.1을 피하기 위해 필요
  client.println("<meta http-equiv='refresh' content='10'/>");
  client.println("<title>Welcome Text Webpage</title>");
  client.println("</head>");

  client.println("<body><br><br>");
  client.println("<p align='center'><font size='10' color='greenor'> Hello World!!
</font></p><br/><br/>");
  client.print("<p align='center'><font size='10' color='red'>");
  client.print(++reqCnt);
  client.println("</font></p>");
  client.println("</body></html>");

  client.println(); // HTTP 응답은 blank line으로 끝남
}

void loop() {
  client = server.available();   // 클라이언트가 접속하였는지 확인

  if(client) {  // 새로운 클라이언트가 연결되었다면,
    Serial.println("New Client.");          // 시리얼모니터에 문자 출력
```

```
    boolean currentLineIsBlank = true; // http 요청은 공백라인으로 끝남
    while(client.connected()) { // 클라이언트가 연결되어 있다면

      if(client.available()) { // 클라이언트로 부터 수신된 읽을 바이트가 있다면,
        char c = client.read(); // 한 문자를 읽음
        request += c; // 요청 변수에 추가

        if(c == '\n' && currentLineIsBlank) { // http 요청의 끝
          parseGetRequest(); //수신된 get request를 분석하기 위해 파싱
          httpResponse(); // HTTP 요청(request)에 대한 응답(response) 전송
          break; // 요청 메시지의 요청라인+헤더 부분을 모두 읽으면 break
        }
        if(c == '\n') { // 개행문자 이면
          currentLineIsBlank = true; //현재라인이 공백
        } else if(c != '\r') { // CR 문자가 아니면
           currentLineIsBlank = false; //현재라인이 공백이 아님
        }
      }
    }

    request=""; // 변수 초기화
    client.stop(); // 연결 끊음
    Serial.println("Client disconnected.");
    Serial.println("");
  }
}
```

[결과]

- 스케치 프로그램을 업로드하면 [그림 12.15]와 같이 메가보드는 WiFi 네트워크에 연결하고 할당된 서버 IP (192.168.35.203)를 출력
- 웹 클라이언트인 웹브라우저를 띄우고 [그림 12.16]과 같이 주소창에 서버 IP인 192.168.35.203을 입력 하면 웹 서버에 웹 페이지 요청. 웹 서버는 웹 클라이언트로부터 요청받은 웹 페이지를 응답 전송하면 웹 브라우저에 웹 페이지가 나타남.
- 서버는 10초마다 웹 페이지를 갱신하여 웹브라우저에 보내주는데 [그림 12.17]과 같이 값이 증가하는 것을 확인할 수 있음.

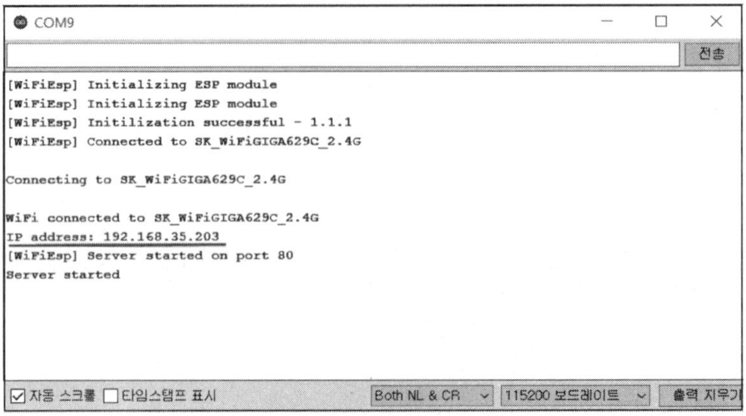

그림 12.15

그림 12.16

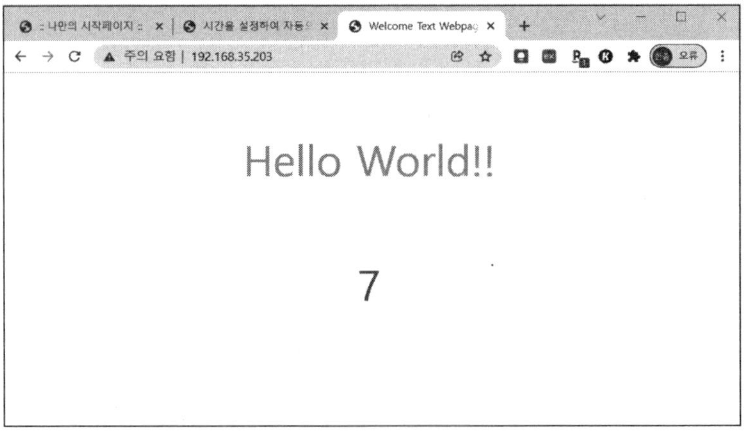

그림 12.17

실험 12-2

웹을 통한 LED 제어

- 아두이노 메가보드를 웹서버로 동작시키고 클라이언트인 웹 브라우저에서 메가보드에 연결된 LED 제어
- [그림 12.18]과 같이 회로를 연결하고 아래의 스케치 프로그램을 업로드. 사용하는 WiFi 네트워크 이름과 비밀번호를 입력해 주어야 함.

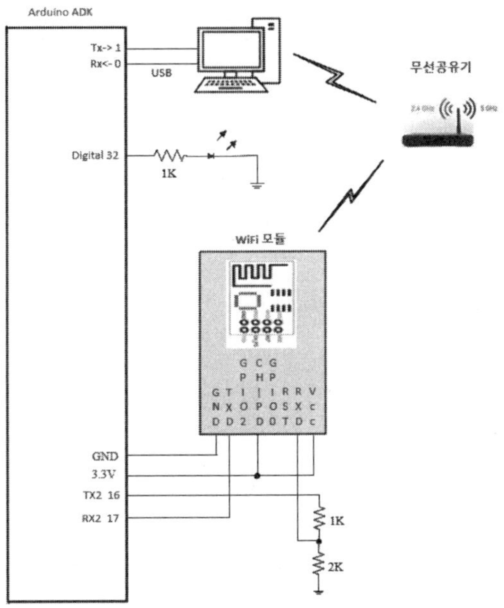

그림 12.18

소스 프로그램

```
#include "WiFiEsp.h" // WifiEsp 라이브러리 삽입

char ssid[] = "**********"; //WiFi 네트워크 이름 입력
char pass[] = "**********";         // WiFi 네트워크 비번 입력

WiFiEspServer server(80); // 서버생성, 포트번호 80설정 (웹서버 설정)
WiFiEspClient client; // 클라이언트 객체 생성

String request=""; //클라이언트가 요청한 Get Request를 저장할 변수
```

```
const int ledPin=32; // LED에 연결된 핀 번호 변수 정의

void setup_wifi() {

  WiFi.init(&Serial2);    // ESP 모듈 초기화, Serial2에 연결

  delay(10); // 10ms 대기
  WiFi.begin(ssid, pass); // WiFi 연결 시도
  Serial.println("");
  Serial.print("Connecting to ");
  Serial.println(ssid); // WiFi 네트워크 이름 출력
  while (WiFi.status() != WL_CONNECTED) { // 접속될 때까지 대기
    delay(500);
    Serial.print(".");
  }
  Serial.println("");
  Serial.print("WiFi connected to ");
  Serial.println(ssid); // WiFi 네트워크 이름 출력
  Serial.print("IP address: ");
  Serial.println(WiFi.localIP()); //DHCP에 의해 ESP 모듈에 할당된 IP 출력
  server.begin(); // 서버 시작
  Serial.println("Server started");
}

void setup() {
  pinMode(ledPin, OUTPUT);  // 온보드 LED(LED_BUILTIN)
  Serial.begin(115200);   // 시리얼모니터와 통신속도 설정
  Serial2.begin(115200);    // ESP 모듈과 통신속도 설정 (디폴트 115200)

  setup_wifi(); //wifi 네트워크 접속
}

void parseGetRequest() {
  Serial.println("========================================= start: ");
  Serial.print("request: "); // GET / HTTP/1.1
  Serial.println(request); // 클라이언트가 서버에 요청한 정보 출력
  Serial.println("========================================= end : ");

  String        Uri=request.substring(request.indexOf("        ")+1,request.indexOf("
",request.indexOf(" ")+1));

  if (Uri.indexOf("LED=ON") >= 0) {
    Serial.println("on board LED on");
```

```
    digitalWrite(ledPin, HIGH);   // 온보드 LED 켜기
  }
  if (Uri.indexOf("LED=OFF") >= 0) {
    Serial.println("on board LED off");
    digitalWrite(ledPin, LOW);  // 온보드 LED 끄기
  }
}

void httpResponse(){

  // HTTP 응답 헤더는 응답코드(e.g. HTTP/1.1 200 OK), content-type, blank line으로 구성
  client.println("HTTP/1.1 200 OK");
  client.println("Content-type:text/html");
  client.println("Connection: close");
  client.println(); // blank line

  // HTML 웹 페이지 표시
  client.println("<!DOCTYPE HTML>");
  client.println("<html><head>");
  client.println("<link rel='icon' href='data:,'>");//GET /favicon.ico HTTP/1.1을 피하기 위해 필요
  client.println("<meta          http-equiv='Content-Type'          content='text/html'
charset='utf-8'/>");
  client.println("<title>LED Control Webpage</title>");
  client.println("</head>");

  client.println("<body><br><br>");
  client.println("<p align='center'><font size='10' color='greenor'> 웹을 통한 LED 제어
</font></p><br/><br/>");
  client.println("<a  href=\'/LED=ON\'\'><p  align='center'><button><font  size='10'
color='red'> LED ON </font></button></a>");
  client.println("<a href=\'/LED=OFF\'\'><button><font size='10' color='black'> LED OFF
</font></button></p></a><br/><br/>");
  client.println("</body></html>");

  client.println(); // HTTP 응답은 blank line으로 끝남
}

void loop() {
  client = server.available();   // 클라이언트가 접속하였는지 확인

  if(client) {  // 새로운 클라이언트가 연결되었다면,
    Serial.println("New Client.");          // 시리얼모니터에 문자 출력
```

```
    boolean currentLineIsBlank = true; // http 요청은 공백라인으로 끝남
    while(client.connected()) { // 클라이언트가 연결되어 있다면

      if(client.available()) { // 클라이언트로 부터 수신된 읽을 바이트가 있다면,
        char c = client.read(); // 한 문자를 읽음
        request += c; // 요청 변수에 추가

        if(c == '\n' && currentLineIsBlank) { // http 요청의 끝
          parseGetRequest(); //수신된 get request를 분석하기 위해 파싱
          httpResponse(); // HTTP 요청(request)에 대한 응답(response) 전송
          break; // 요청 메시지의 요청라인+헤더 부분을 모두 읽으면 break
        }
        if(c == '\n') { // 개행문자 이면
          currentLineIsBlank = true; //현재라인이 공백
        } else if(c != '\r') { // CR 문자가 아니면
           currentLineIsBlank = false; //현재라인이 공백이 아님
        }
      }
    }

    request=""; // 변수 초기화
    client.stop(); // 연결 끊음
    Serial.println("Client disconnected.");
    Serial.println("");
  }
}
```

[결과]

- 스케치 프로그램을 업로드하면 [그림 12.19]와 같이 메가보드는 WiFi 네트워크에 연결하고 할당된 서버 IP (192.168.35.203)를 출력
- 웹 클라이언트인 웹브라우저를 띄우고 [그림 12.20]과 같이 주소창에 서버 IP인 192.168.35.203을 입력 하면 웹 서버에 웹 페이지 요청. 웹 서버는 웹 클라이언트로부터 요청받은 웹 페이지를 응답 전송하면 웹 브라우저에 웹 페이지가 나타남.
- [그림 12.21]과 같이 "LED ON" 버튼을 누르게 되면 GET 방식으로 IP 이후에 메시지가 나타나는 것을 알 수 있으며 [그림 12.22]와 같이 아두이노 메가보드에서 받은 HTTP 요청 메시지에서 요청라인(request line)이 Get 방식에 URI가 /LED=ON 이고 http 버전이 HTTP/1.1임을 알 수 있음. /LED=ON 문자열이 있어 아두이노는 연결된 LED를 켬.

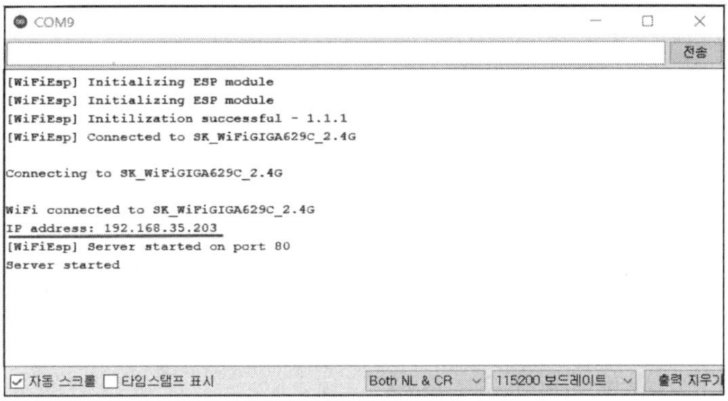

그림 12.19

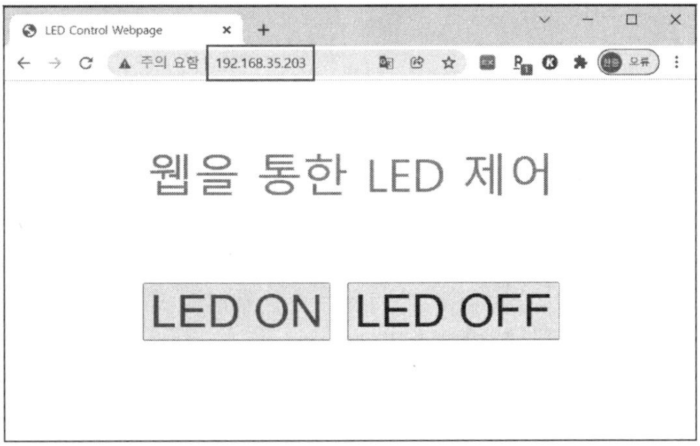

그림 12.20

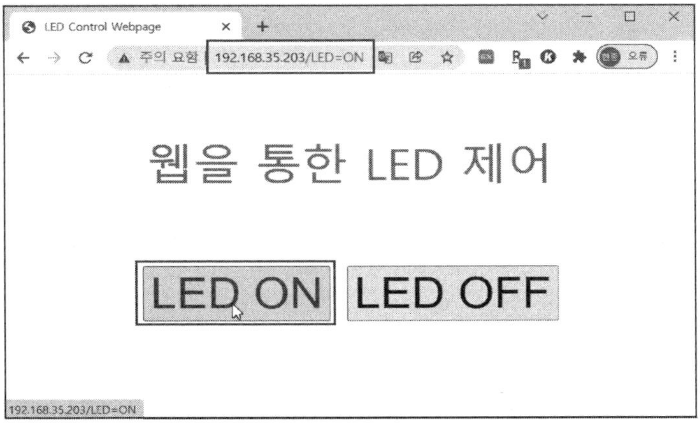

그림 12.21

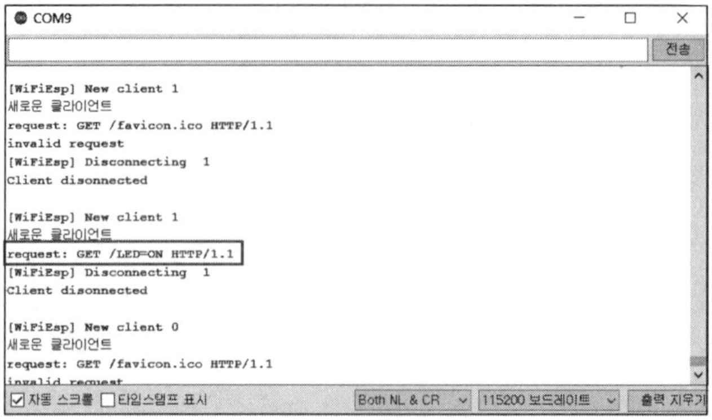

그림 12.22

실험 12-3

웹을 통한 LM35 온도센서 온도값 모니터링

- 아두이노 메가보드를 웹서버로 동작시키고 클라이언트인 웹 브라우저에서 메가보드에 연결된 LM35 온도센서 온도값 모니터링
- 웹페이지는 메타태그를 사용하여 10초마다 온도 값을 갱신(refresh)
- [그림 12.23]과 같이 회로를 연결하고 아래의 스케치 프로그램을 업로드. 사용하는 WiFi 네트워크 이름과 비밀번호를 입력해 주어야 함.

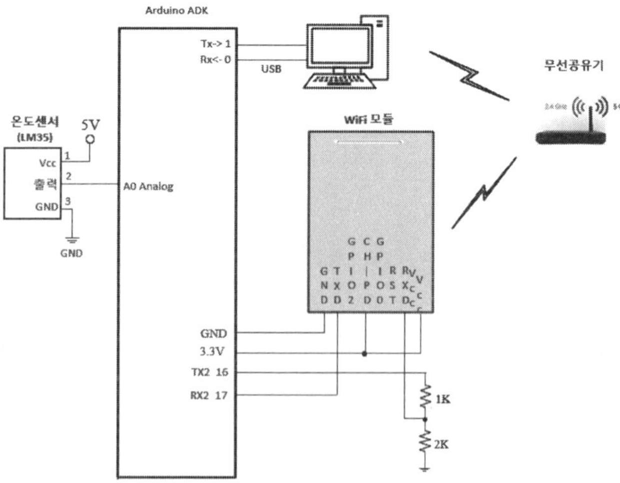

그림 12.23

소스 프로그램

```
#include "WiFiEsp.h" // WifiEsp 라이브러리 삽입

const int tempPin=0; //온도센서와 연결된 핀 번호 변수 정의

char ssid[] = "**********"; //WiFi 네트워크 이름 입력
char pass[] = "**********";        // WiFi 네트워크 비번 입력

WiFiEspServer server(80); // 서버생성, 포트번호 80설정 (웹서버 설정)
WiFiEspClient client; // 클라이언트 객체 생성
String request=""; //클라이언트가 요청한 Get Request를 저장할 변수

void setup_wifi() {

  WiFi.init(&Serial2);    // ESP 모듈 초기화, Serial2에 연결

  delay(10); // 10ms 대기
  WiFi.begin(ssid, pass); // WiFi 연결 시도
  Serial.println("");
  Serial.print("Connecting to ");
  Serial.println(ssid); // WiFi 네트워크 이름 출력
  while (WiFi.status() != WL_CONNECTED) { // 접속될 때까지 대기
    delay(500);
    Serial.print(".");
  }
  Serial.println("");
  Serial.print("WiFi connected to ");
  Serial.println(ssid); // WiFi 네트워크 이름 출력
  Serial.print("IP address: ");
  Serial.println(WiFi.localIP()); //DHCP에 의해 ESP 모듈에 할당된 IP 출력
  server.begin(); // 서버 시작
  Serial.println("Server started");
}

void setup() {
  Serial.begin(115200);   // 시리얼모니터와 통신속도 설정
  Serial2.begin(115200);    // ESP 모듈과 통신속도 설정 (디폴트 115200)

  setup_wifi(); //wifi 네트워크 접속
}
```

```
void parseGetRequest() {
  Serial.println("========================================== start: ");
  Serial.print("request: "); // GET / HTTP/1.1
  Serial.println(request); // 클라이언트가 서버에 요청한 정보 출력
  Serial.println("========================================== end : ");
}

void httpResponse(){

  // HTTP 응답 헤더는 응답코드(e.g. HTTP/1.1 200 OK), content-type, blank line으로 구성
  client.println("HTTP/1.1 200 OK");
  client.println("Content-type:text/html");
  client.println("Connection: close");
  client.println(); // blank line

  // HTML 웹 페이지 표시
  client.println("<!DOCTYPE HTML>");
  client.println("<html><head>");
  client.println("<link rel='icon' href='data:,'>");//GET /favicon.ico HTTP/1.1을 피하기 위해 필요
  client.println("<title> Temp Sensor </title>");
  client.println("<meta http-equiv='refresh' content='10'/>");
  client.println("</head>");

  client.println("<body><br><br>");
  client.println("<p align='center'><font size='10' color='red'> LM35 Sensor Values
Monitoring </font></p><br/><br/>");
  client.print("<p align='center'><font size='10' color='greenor'> Temperature : ");

  int getTempC=analogRead(tempPin); //아날로그 입력 핀의 값 읽음
  float tempC= ((5.0*getTempC*100.0)/1023.0); // 값을 온도로 환산

  client.print(tempC);
  client.println(" C </font></p><br/><br/>");
  client.println("</body></html>");

  client.println(); // HTTP 응답은 blank line으로 끝남
}

void loop() {
```

```
  client = server.available();   // 클라이언트가 접속하였는지 확인

  if(client) {  // 새로운 클라이언트가 연결되었다면,
    Serial.println("New Client.");          // 시리얼모니터에 문자 출력

    boolean currentLineIsBlank = true; // http 요청은 공백라인으로 끝남
    while(client.connected()) { // 클라이언트가 연결되어 있다면

      if(client.available()) { // 클라이언트로 부터 수신된 읽을 바이트가 있다면,
        char c = client.read(); // 한 문자를 읽음
        request += c; // 요청 변수에 추가

        if(c == '\n' && currentLineIsBlank) { // http 요청의 끝
          parseGetRequest(); //수신된 get request를 분석하기 위해 파싱
          httpResponse(); // HTTP 요청(request)에 대한 응답(response) 전송
          break; // 요청 메시지의 요청라인+헤더 부분을 모두 읽으면 break
        }
        if(c == '\n') { // 개행문자 이면
          currentLineIsBlank = true; //현재라인이 공백
        } else if(c != '\r') { // CR 문자가 아니면
           currentLineIsBlank = false; //현재라인이 공백이 아님
        }
      }
    }

    request=""; // 변수 초기화
    client.stop(); // 연결 끊음
    Serial.println("Client disconnected.");
    Serial.println("");
  }
}
```

[결과]

- 웹브라우저를 띄우고 [그림 12.24]와 같이 주소창에 서버 IP인 192.168.35.203을 입력 한 후 서버에 접속하면 [그림 12.24]와 같이 현재의 온도를 웹상에서 확인할 수 있으며 10초마다 온도 값이 갱신됨

DHT22 Sensor
주의 요함
192.168.35.203
LM35 Sensor Values Monitoring
Temperature : 25.90 C

그림 12.24

제13장

로라(LoRa) 통신을 활용한 센서 제어

실험에 필요한 부품

LoRa 모듈 (RYLR896)	온도센서 (LM35DZ)	16×2 문자LCD	10KΩ 가변저항	LED
2개	1개	1개	1개	1개

1KΩ				
7개				

13.1 LoRa(Long Range) 통신

13.1.1 무선 네트워크 기술의 장점 및 단점

- [그림 13.1]은 다양한 무선네트워크 기술들을 보여 주고 있으며 무선 기술마다 장단점 존재

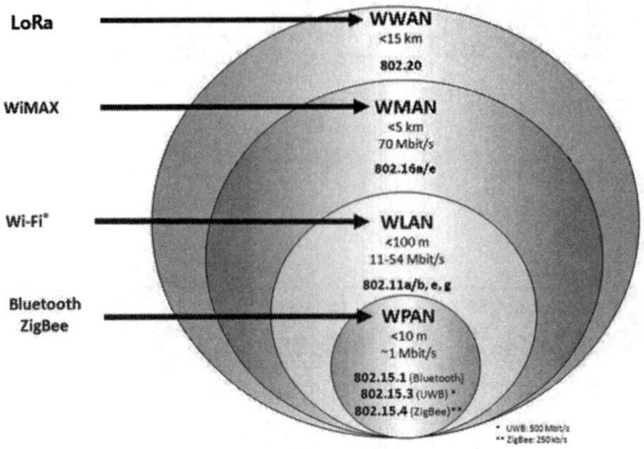

그림 13.1 무선 네트워크 기술

■ WPAN 기술 : 블루투스나 지그비와 같은 저전력 무선통신 프로토콜로 근거리 통신에서는 유용하나 통신 범위가 10m 이내로 짧음

■ WLAN 기술 : WiFi는 대량의 데이터를 고속으로 전송할 수 있지만 거리가 100m로 제한적

■ 셀룰러 기술 : 3G, LTE, 5G와 같은 셀룰러 네트워크는 빠른 속도와 장거리를 결합하지만 전력 소비가 큼

- 원격 데이터 획득, 도시 조명 제어, 날씨 모니터링, 농업 같은 IoT 응용 분야에서는 측정되거나 제어되는 데이터 크기/양은 많지 않음
- 또한, 센서 노드가 서로 멀리 떨어져 있는 경우가 많고 배터리로 구동되므로, 최적의 무선 프로토콜은 최소한의 전력 소비로 긴 거리에 걸쳐 작은 데이터 패킷을 효율적으로 전송할 수 있어야 함. LoRa 프로토콜은 이러한 요구 사항을 정확히 충족하도록 설계

■ WWAN 기술 : LoRa 통신은 롱레인지(Long Range)의 약자로 3G, LTE, 5G 등 기존 스마트폰 통신망과 달리 저전력으로 통신할 수 있는 저전력 장거리 통신으로 데이터 전송 속도가 낮은 사물인터넷(IoT)과 M2M(Machine-to-Machine) 무선 통신을 15km 범위에서 10년 이상 배터리 수명을 유지할 수 있도록 설계

- LoRa는 간단한 정보를 주고 받는 사물인터넷 통신에 적용되어 스마트 팩토리, 가스 검침, 미아 방지, 물품 분실방지, 원격 데이터 획득, 도시 조명 제어, 날씨 모니터링, 농업 등 다양한 IoT 기기에 응용

13.1.2 LoRa 기술 개요

- LoRa는 저전력, 광역 통신망(LPWAN) 응용 분야를 대상으로 함. LoRa는 15킬로미터 이상의 거리를 지원하며 최대 1백만 노드를 수용. 저전력 및 장거리의 조합은 데이터 전송률을 최대 50킬로비트/초(Kbps)로 제한.
- LoRa는 Semtech Corporation이 소유하고 특허를 획득한 기술로서 ISM(Industrial, Scientific, and Medial Radio Band) 대역에서 작동. ISM 주파수 할당과 규정 요구 사항은 지역에 따라 다르며 가장 대표적인 두 주파수는 유럽에서 사용되는 868MHz와 북미에서 사용되는 915MHz 임. 국내에서는 920MHz 대역(920.9-923.3MHz)의 주파수를 사용.
- LoRa는 유럽 통신사를 중심으로 한 다국적 기업 협의체인 로라 얼라이언스(LoRa Alliance)를 중심으로 기술 개발 및 보급이 활발히 이뤄지고 있으며 IBM, 시스코, 보쉬 등 유수 IT 기업이 참여해 기술 개발을 주도. 국내에서는 SK텔레콤이 로라얼라이언스에 참여
- LoRa 물리층은 확산 스펙트럼 변조(SSM)를 사용. SSM은 기본 신호를 더 높은 주파수 시퀀스로 인코딩하므로 기본 신호를 의도적으로 더 넓은 대역폭에 걸쳐 확산시키고, 전력 소비를 줄이며, 전자기 간섭에 대한 내성을 향상시키는 변조 방법

13.1.3 LoRaWAN 및 LoRa 네트워크 아키텍처

- LoRaWAN 사양은 LPWAN을 위한 매체 접근 제어(MAC) 계층을 정의. LoRaWAN은 LoRa 물리계층 위에 구현되며 통신 프로토콜 및 네트워크 아키텍처를 지정. 이 기능은 다음을 비롯한 여러 성능 파라미터에 큰 영향을 미침
  - 노드의 배터리 수명
  - 네트워크 용량
  - 네트워크 보안
  - 응용 제품

- LoRaWAN 네트워크 아키텍처는 별형 토폴로지를 사용하는데 이 토폴로지에서 각 엔드 노드는 네트워크 서버와 통신하는 여러 게이트웨이와 통신
- LoRa 네트워크는 [그림 13.2]와 같이 4가지 요소로 구성
  - **엔드 노드 (End Nodes)/ 센서 노드** : 센서 데이터를 수집하고 업스트림으로 전송하며 응용 서버로부터 다운스트림 통신을 수신. 엔드 포인트 장치는 1개 게이트웨이 또는 여러 게이트웨이에 대해 단일 홉(Hop) 무선 통신을 사용
  - **집신기/게이트웨이 (Concentrator/GateWay)** : 투명한 브리지로서 작동하며 엔드 노드와 업스트림 서버 간에 양방향 데이터 전달
  - **네트워크 서버** : 보안 TCP/IP 연결(유선 또는 무선)을 통해 여러 게이트웨이에 연결되며 중복 메시지를 제거하고 엔드 노드 메시지에 응답해야 할 게이트웨이를 결정. 또한 적응형 데이터 전송률(ADR) 방식을 통해 엔드 노드 데이터 전송률을 관리하여 네트워크 용량을 최대화하고 엔드 노드 배터리 수명을 연장
  - **응용 서버** : 엔드 노드로부터의 데이터를 수집 및 분석하고 엔드 노드 작동을 결정

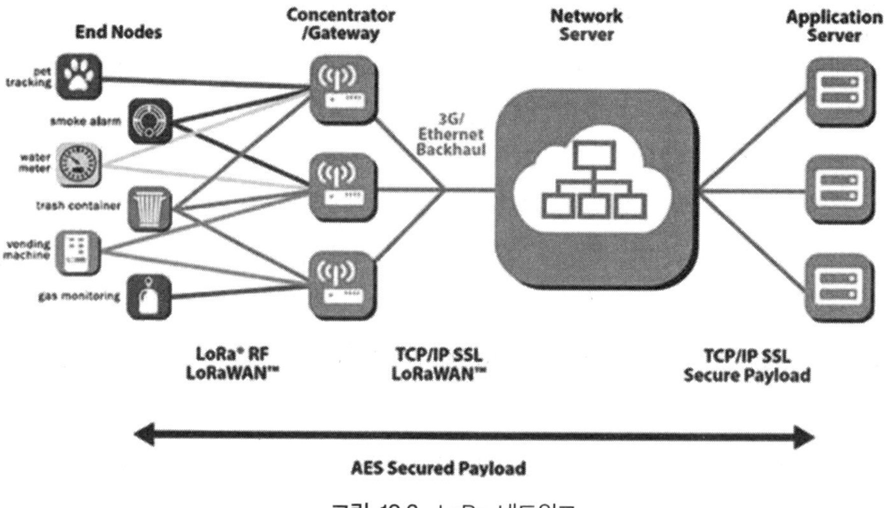

그림 13.2 LoRa 네트워크

- LoRa 통신 모듈과 센서 모듈을 활용하면, 그 어떤 IoT 기기도 소통할 수 있음. [그림 13.3]과 같이 센서 노드가 수집한 정보를 LoRa 통신을 이용해 LoRa AP (LoRaWAN Gateway)로 전달하고, 이렇게 전달된 정보는 클라우드나 서버에 저장. 이렇게 저장한 데이터를

분석해서 사용자 맞춤형 IoT 서비스를 제공하거나, 실시간으로 현장 상황을 파악하는데 활용할 수 있음

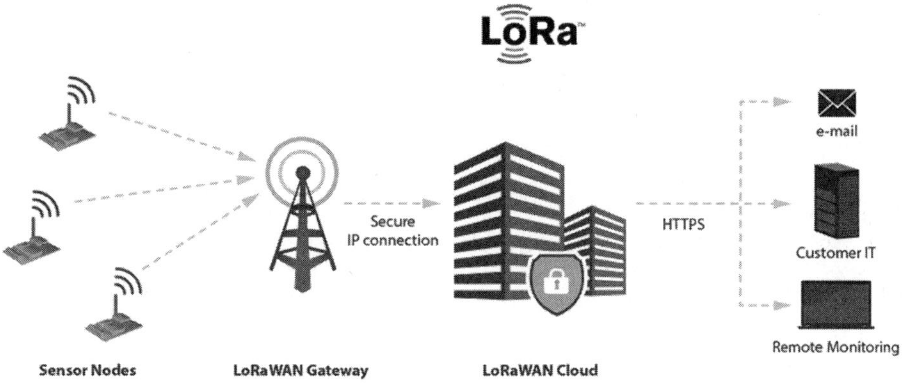

그림 13.3 LoRa 네트워크

13.2 RYLR896 LoRa 모듈

- [그림 13.4]은 실험에 사용할 RYLR896 LoRa 모듈을 보여주며 주요특징을 [표 13.1]에 나타냄
- RYLR896 트랜시버 모듈은 전류 소모를 최소화하면서 초 장거리 스펙트럼 확산 통신 및 높은 간섭 내성을 제공하는 Lora 장거리 모뎀을 특징으로 하며 NCC 및 FCC 인증을 받음
- RYLR896 트랜시버 모듈은 국내 920MHz ISM 대역(920.9-923.3MHz)에서 동작할 수 있도록 RF 주파수를 설정 가능

- 1. VDDC : 3.3V (3.6V max)
- 2. /NRST : 리셋 (active LOW)
- 3. TXD : UART 송신데이터 (3.3V 레벨)
- 4. RXD : UART 수신데이터 (3.3V 레벨)
- 5. NC
- 6. GND : 접지

그림 13.4 RYLR896 LoRa 모듈

표 13.1 RYLR896 LoRa 모듈 주요특징

• Semtech SX1276 엔진 • 우수한 블로킹 면역 • 낮은 수신 전류 • 고감도 • AT 명령으로 쉽게 제어 (AT 명령은 "\r\n"으로 종료) • 디폴트 전송률 : 115200 bps • 127 dB 다이나믹 레인지 RSSI • PCB 통합 안테나로 설계 • AES128 데이터 암호화 • 국내 920MHz ISM 대역(920.9-923.3MHz)에서 동작하도록 RF 주파수를 설정 가능
[응용] • IoT 애플리케이션 • 모바일 장비 • 주택 보안 • 산업용 모니터링 및 제어 장비 • 자동차 알람 등등

13.2.1 AT 명령을 사용하는 순서

1) "AT + ADDRESS"를 사용하여 모듈 주소 설정. 주소는 송신기 또는 수신기의 ID로 간주

2. "AT + NETWORKID"를 사용하여 Lora 네트워크의 ID를 설정. 이것은 그룹 기능이며 동일한 NETWORKID를 설정해야만 모듈이 서로 통신 할 수 있음. 지정된 수신자의 주소가 다른 그룹에 속하면 서로 통신 할 수 없음. 권장 값은 1 ~ 15

3. "AT + BAND"를 사용하여 RF 주파수를 설정. 송신기와 수신기는 서로 통신하기 위해 동일한 주파수를 사용해야 함. 국내 920MHz ISM 대역(920.9-923.3MHz)에서 동작하도록 RF 주파수 설정 가능

4. "AT + PARAMETER"를 사용하여 RF 파라미터들을 설정. 송신기와 수신기는 서로 통신하기 위해 동일한 파라미터를 설정해야 함. 파라미터 들은 다음과 같음.
   - 〈확산계수 (SF)〉 : SF가 클수록 감도가 좋으나 전송 시간이 오래 걸림
   - 〈대역폭〉 : 대역폭이 작을수록 감도가 좋으나 전송 시간이 오래 걸림
   - 〈부호율(Coding Rate)〉 : 1로 설정하면 코딩 속도가 가장 빠름

- 〈프리앰블(Programmed Preamble)〉 : 프리앰블 코드로 프리앰블 코드가 더 크면 데이터를 잃을 기회가 줄어 듬. 일반적으로 프리앰블 코드는 전송 시간의 허가 하에 10을 초과하여 설정할 수 있음.
- 3km 이내의 통신 : "AT + PARAMETER = 10,7,1,7" 설정 권장
- 3km 이상 : "AT + PARAMETER = 12,3,1,7" 설정 권장

5. "AT + SEND"를 사용하여 지정된 주소로 데이터를 전송. 모듈에서 사용하는 프로그램으로 인해 페이로드 부분이 실제 데이터 길이보다 8 바이트 증가 함.

13.2.2 명령어 종류 및 설명

■ 주의 사항

- 모든 AT 명령은 "\r\n"으로 종료
- 명령 끝에 "?"을 추가하여 현재 설정 값을 확인 할 수 있음
- 다음 AT 명령을 실행할 수 있도록 모듈이 +OK를 응답 할 때까지 기다려야 함

1. AT : 모듈이 명령에 응답 할 수 있는지 테스트 / UART연결 확인

구문	응답
AT	+OK

2. AT+RESET : 소프트웨어 리셋

구문	응답
AT+RESET	+RESET +READY

3. AT + MODE : 작업 모드를 설정

구문	응답
AT + MODE = 〈매개 변수〉 0 : 송신 및 수신 모드 (기본값) 1 : 수면 모드 (예) : 수면모드 설정 AT + MODE = 1	+OK
AT+MODE?	+MODE=1

4. AT + IPR : UART 전송 속도 설정

구문	응답
AT + IPR = 〈속도〉	+OK
〈속도〉는 UART 전송 속도로 다음 값을 가짐 300, 1200, 4800, 9600, 19200, 28800, 38400, 57600, <u>**115200 (기본값)**</u>. (예) : 전송 속도를 9600으로 설정 AT + IPR = 9600	
AT+IPR?	+IPR=9600

5. AT + PARAMETER : RF 파라미터 설정

구문	응답
AT + PARAMETER = 〈확산계수〉,〈대역폭〉, 〈부호 율〉, 〈프리엠블〉	+OK
• 〈확산 계수〉 7 ~ 12, (기본값 12) • 〈대역폭〉 0 ~ 9 목록은 아래와 같음 0 : 7.8KHz (권장 사양 이상 권장) 1 : 10.4KHz (권장 사양 이상 권장) 2 : 15.6KHz 3 : 20.8 KHz 4 : 31.25 KHz 5 : 41.7 KHz 6 : 62.5 KHz **7 : 125 KHz (기본값)** 8 : 250 KHz 9 : 500 KHz • 〈부호율〉 1 ~ 4, (기본값 1) • 〈프리앰블〉 4 ~ 7 (기본값 4) (예) : 아래와 같이 매개 변수를 설정 〈확산계수〉 7, 〈대역폭〉 20.8KHz, 〈부호율〉 4, 〈프리앰블〉 5, AT + PARAMETER = 7,3,4,5	
AT+PARAMETER?	+PARAMETER=7,3,4,5

6. AT + BAND : RF 주파수 설정

구문	응답
AT + BAND = 〈매개 변수〉	+OK
• 〈매개 변수〉는 RF 주파수이며 단위는 Hz 470000000 : 470000000Hz (기본값 : RYLR40x) 915000000 : 915000000Hz (기본값 : RYLY89x) (예) : 주파수를 868500000Hz로 설정 AT + BAND = 868500000	
AT+BAND?	+BAND=868500000

7. AT + ADDRESS : 모듈의 주소 설정

구문	응답
AT + ADDRESS = 〈주소〉	+OK
• 〈주소〉 = 0 ~ 65535 (기본값은 0) (예) : 모듈 주소를 120으로 설정 AT + ADDRESS = 120	
AT+ADDRESS?	+ADDRESS=120

8. AT + NETWORKID : 네트워크 ID 설정

구문	응답
AT + NETWORKID = 〈네트워크 ID〉	+OK
• 〈네트워크 ID〉 0 ~ 16 (기본값 0) - "0"은 Lora의 공용 ID. NETWORK의 구별을 위해 0을 설정하는 것은 권장하지 않음. (예) : 네트워크 ID를 6으로 설정 AT + NETWORKID = 6	
AT+NETWORKID?	+NETWORK=6

9. AT + CPIN : 네트워크의 AES128 암호 설정

구문	응답
AT + CPIN = 〈암호〉	+OK
• 〈암호〉 : 32 문자 길이의 AES 암호 00000000000000000000000000000001에서 FFFFFFFFFFFFFFFFFFFFFFFFFFFFFFFF까지 동일한 암호로만 데이터를 인식. 재설정하면 이전 암호가 사라짐. (예) : 아래와 같이 암호를 설정 : FABC0002EEDCAA90FABC0002EEDCAA90 AT + CPIN = FABC0002EEDCAA90FABC0002EEDCAA90	
AT+CPIN?	+CPIN=FABC0002EEDCAA90FABC0002EEDCAA90

10. AT + CRFOP : RF 출력 전력 설정

구문	응답
AT + CRFOP = 〈전원〉	+OK
• 〈전원〉 0 ~ 15 15 : 15dBm (기본값) 14 : 14dBm …… 01 : 1dBm 00 : 0dBm (예) : 출력 전력을 10dBm으로 설정 AT + CRFOP = 10]	
AT+CRFOP?	+CRFOP=10

11. AT + SEND : 주소로 데이터 보내기

구문	응답
AT+SEND=〈수신 주소〉, 〈데이터 길이〉, 〈데이터〉	+OK
• 〈수신 주소〉 0 ~ 65535, 〈수신 주소〉가 0 일 때 모든 주소 (0 ~ 65535)로 데이터를 전송. • 〈데이터 길이〉 최대 240 바이트 • 〈데이터〉 ASCII 형식 (예) : HELLO 문자열을 주소 50에 전송 AT + SEND = 50,5, HELLO	
AT+SEND?	+SEND=50,5,HELLO

12. +RCV : 수신 된 데이터 표시

구문	응답
+RCV=〈송신기주소〉,〈길이〉,〈데이터〉,〈RSSI〉,〈SNR〉	
• 〈주소〉 송신기 주소 ID • 〈길이〉 데이터 길이 • 〈데이터〉 데이터 • 〈RSSI〉 수신 된 신호 강도 표시기 • 〈SNR〉 신호 대 잡음비	
(예) : 모듈은 송신기 주소 ID 50이 보낸 5 바이트 데이터인 HELLO 문자열을 수신하며 RSSI는 -99dBm 이고 SNR은 40이면 다음과 같이 표시 +RCV = 50,5,HELLO,-99,40	

13. AT + VER? : 펌웨어 버전 확인

구문	응답
AT+VER?	+VER=RYLR406_Vx.x.x(RYLR40x) +VER=RYLR89C_Vx.x.x(RYLR89x)

14. AT + FACTORY : 모든 현재 매개 변수를 제조업체 기본값으로 설정

구문	응답
AT + FACTORY	+FACTORY
• 〈제조업체 기본값〉 : • BAND : 915MHz • UART : 115200 • 확산 계수 : 12 • 대역폭 : 125kHz • 코딩 속도 : 1 • 프리앰블 길이 : 4 • 네트워크 ID : 0 • CRFOP : 15	

15. 기타 메시지

구문	응답
After RESET	+READY

16. 오류 결과 코드

구문	응답
• AT 명령 끝에 "enter" 또는 0x0D 0x0A가 없음	+ERR=1
• AT 명령의 헤드가 "AT"문자열이 아님	+ERR=2
• AT 명령에 "="기호가 없음	+ERR=3
• 알수 없는 명령	+ERR=4
• TX 시간 초과	+ERR=10
• RX 시간 초과	+ERR=11
• CRC 오류	+ERR=12
• 240 바이트 이상의 TX 데이터	+ERR=13
• 오류를 알 수 없음	+ERR=15

실험 13-1

AT 커맨드를 사용한 LoRa 모듈 설정변경

- [그림 13.5]와 같이 아두이노 메가 ADK 보드의 포트 0(Serial)를 컴퓨터에 포트 2(Serial2)을 LoRa 모듈에 연결
- 아두이노 메가 ADK 보드 Tx는 LoRa 모듈의 Rx와 연결되는데 메가보드 Tx는 TTL 레벨로 동작(5V)하고 LoRa 모듈의 Rx는 논리 1이 3.3V로 동작하므로 1KΩ과 2KΩ의 저항으로 전압분배 회로를 구성하여 연결
- 아두이노 메가보드 Rx는 LoRa 모듈의 Tx와 연결되는데 LoRa 모듈의 Tx의 논리 1인 3.3V가 아두이노 메가보드 Rx에서 논리 1로 인식될 수 있으므로 직접 연결
- [그림 13.5]와 같이 회로를 연결하고 아래의 스케치 프로그램을 업로드

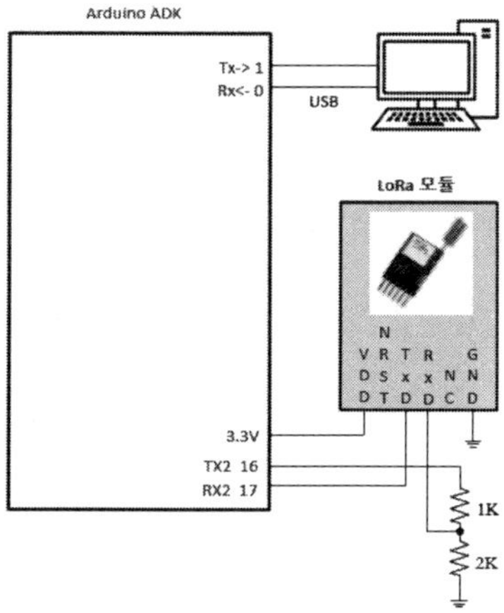

그림 13.5 실험 13-1 회로 연결

소스 프로그램 RYLR_ATcommand

```
void setup() {
  Serial.begin(9600);  // 시리얼 모니터와 시리얼 개방, 통신속도 설정
  Serial2.begin(115200); //LoRa 모듈과 시리얼 개방, 통신속도는 초기값(115200)으로 설정
}

void loop() {

  if(Serial2.available()>0) {//LoRa 모듈이 보낸 포트2 수신버퍼에 수신 데이터가 있는지 확인
    while(Serial2.available()) { // 포트2 수신버퍼에 수신 데이터가 있는 동안 동작
      char ch=Serial2.read(); //버퍼에서 1바이트 읽어 오기
      Serial.print(ch); // 읽어온 데이터를 시리얼 모니터에 출력
    }
  }

  if(Serial.available()>0) { //시리얼 모니터에서 보낸 포트0 수신버퍼에 수신 데이터가 있는지 확인
    delay(1000); // AT 커맨드를 받을 수 있도록 지연
    String cmd=""; // AT 커맨드를 저장할 스트링 초기화

    while(Serial.available()) { // 포트0 수신버퍼에 수신 데이터가 있는 동안 동작
      cmd += (char)Serial.read(); //버퍼에서 1바이트씩 읽어와 커맨드 스트링에 추가
    }
    Serial2.print(cmd); // 읽어온 AT 커맨드를 LoRa 모듈로 송신
  }
}
```

설정변경 실험

- PC에서 시리얼 모니터를 띄우고 아래의 AT 커맨드를 시리얼 모니터 텍스트입력상자에 입력하고 응답을 확인하는 과정을 통하여 LoRa 모듈의 설정을 변경 <u>(㈜ 시리얼 모니터 창에서 줄바꿈 옵션을 "Both NL & CR"로 설정)</u>

AT 커맨드	응답	설명	
AT	+OK	LoRa 모듈 테스트(UART 연결 확인)	[그림 13.6] [그림 13.7]
AT+RESET	+RESET +READY	모듈 리셋	[그림 13.8] [그림 13.9]
AT+PARAMETER=10,7,1,7	+OK	RF 파라미터 설정	[그림 13.10] [그림 13.11]
AT+BAND=920900000	+OK	국내 920MHz ISM 대역 중 RF 주파수를 920.9MHz로 설정	[그림 13.12] [그림 13.13]
AT+ADDRESS=115	+OK	모듈 주소를 115로 설정	[그림 13.14] [그림 13.15]
AT+NETWORKID=6	+OK	네트워크 ID를 6으로 설정	[그림 13.16] [그림 13.17]

㈜ 시리얼 모니터 창에서 줄바꿈 옵션을 "Both NL & CR"로 설정

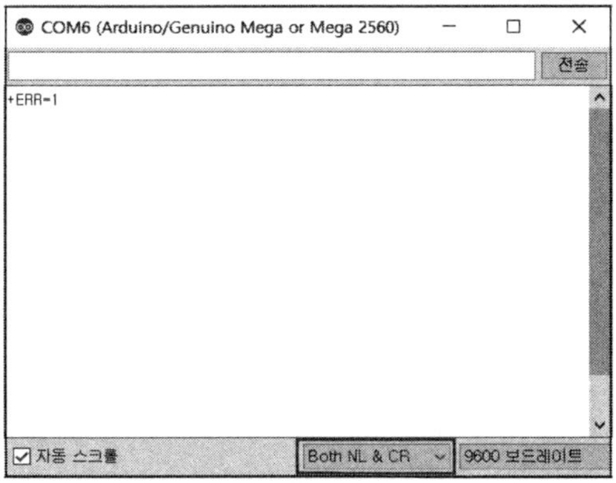

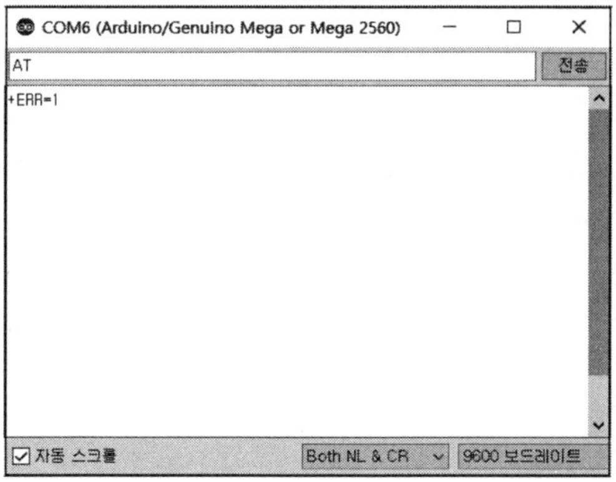

그림 13.6

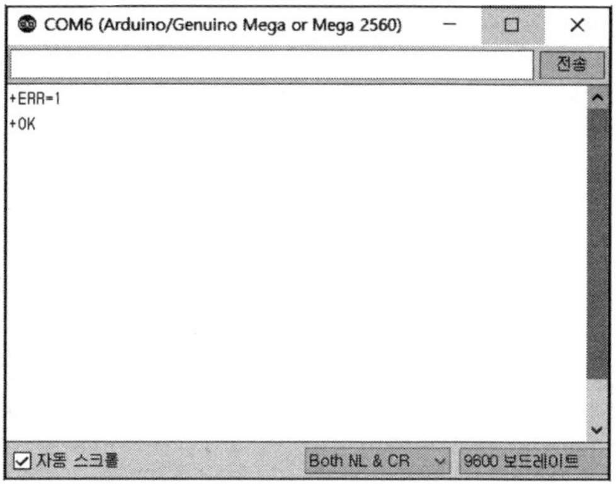

그림 13.7

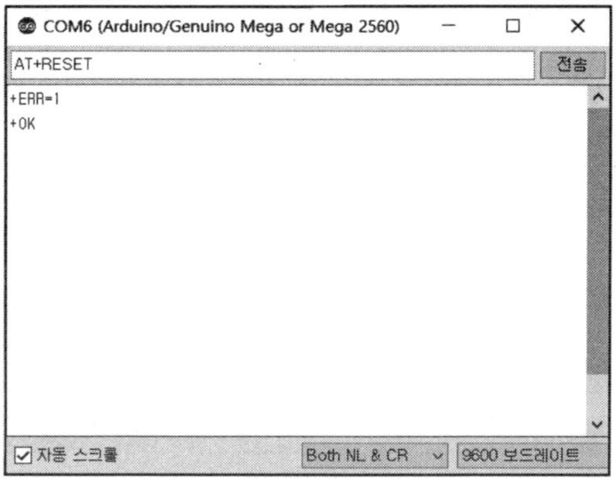

그림 13.8

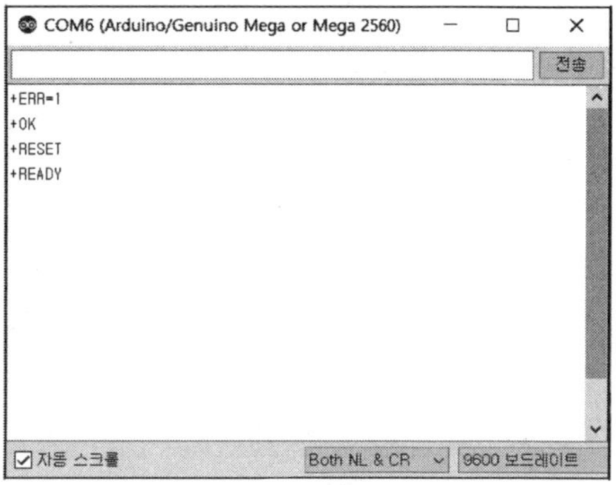

그림 13.9

그림 13.10

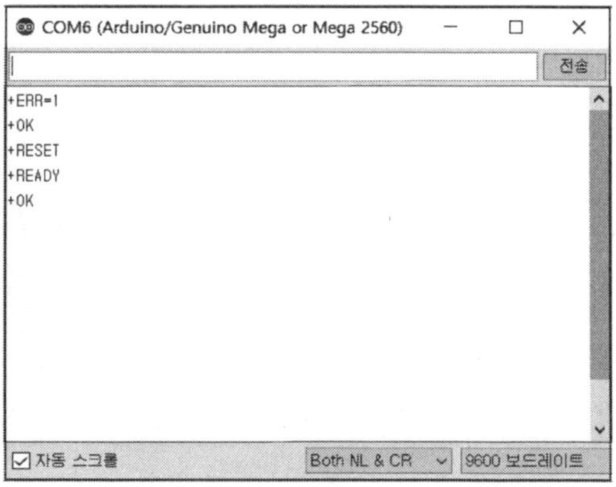

그림 13.11

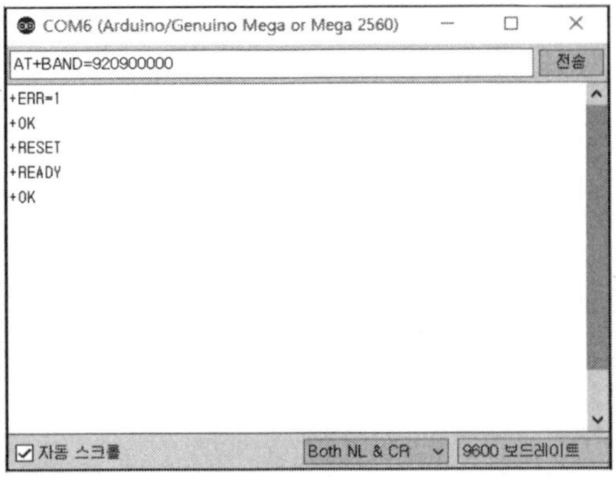

그림 13.12

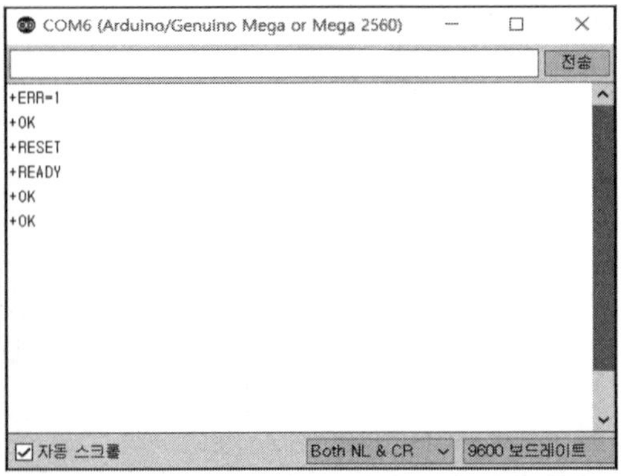

그림 13.13

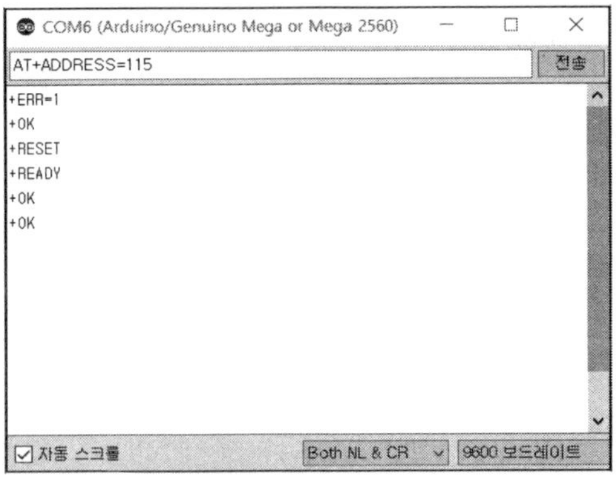

그림 13.14

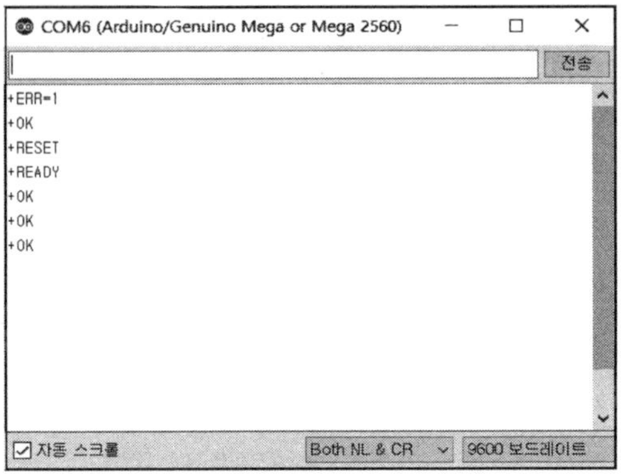

그림 13.15

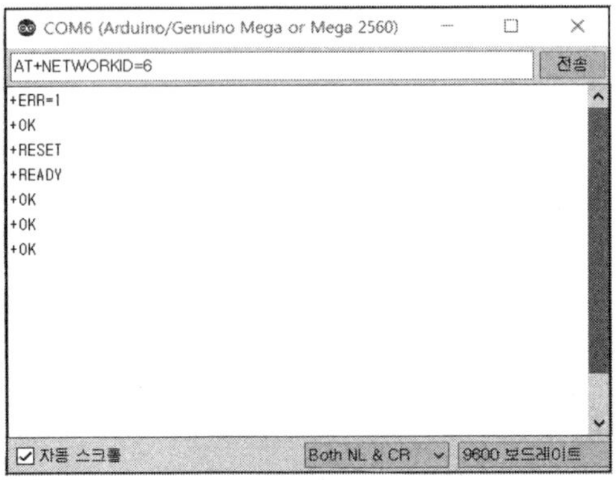

그림 13.16

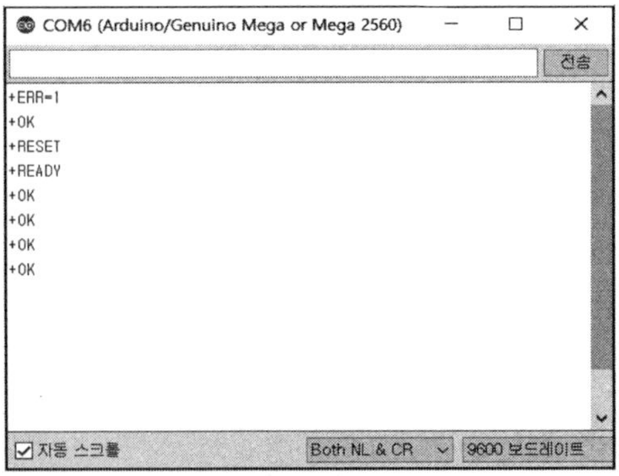

그림 13.17

- 설정된 값을 확인하기 위해서는 [표 13.2]와 같이 AT 커맨드의 끝에 "?"를 추가

표 13.2 RYLR896 LoRa 모듈의 설정된 값 확인

<table>
<tr><th>AT 커맨드</th><th>AT 커맨드 입력</th><th>응답 (설정된 값)</th></tr>
<tr><td>AT+PARAMETER?</td><td>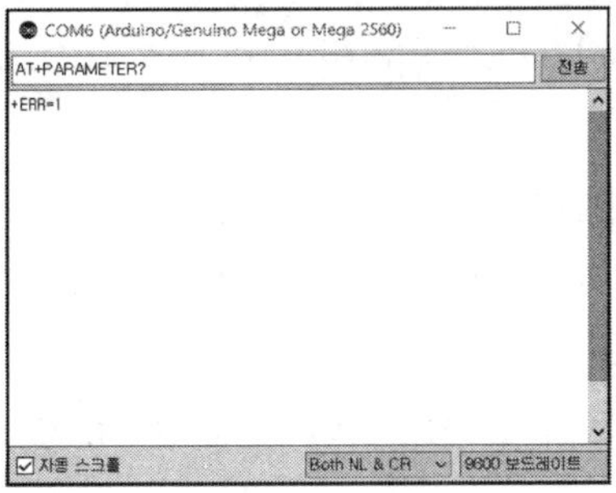</td><td>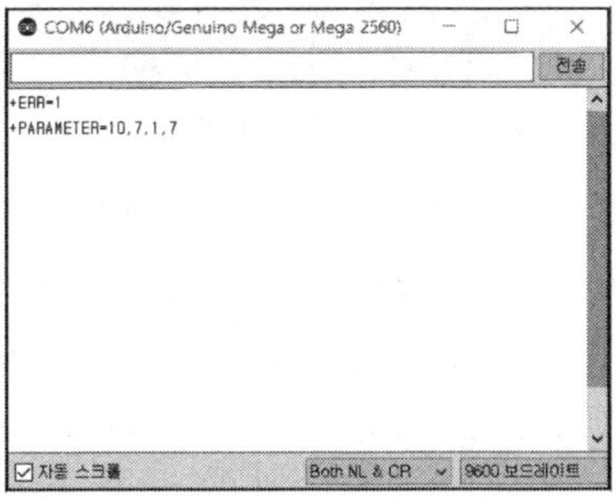</td></tr>
<tr><td>AT+BAND?</td><td>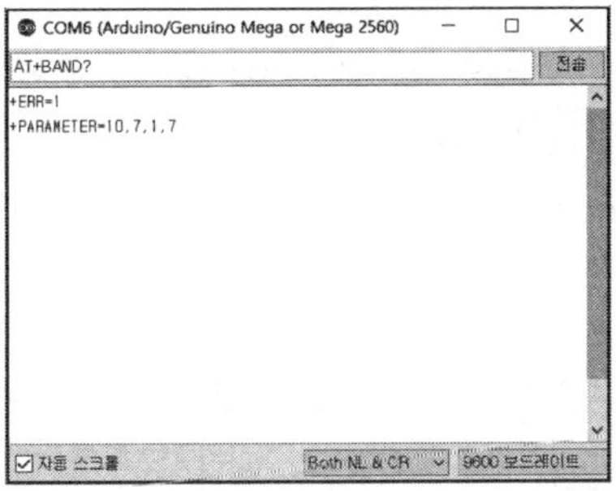</td><td>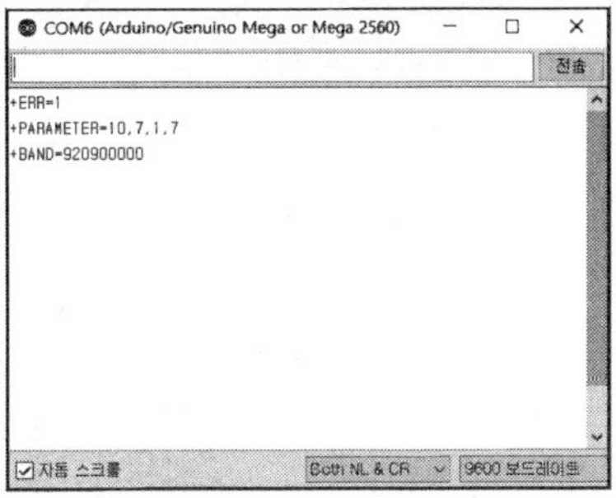</td></tr>
<tr><td>AT+ADDRESS?</td><td></td><td>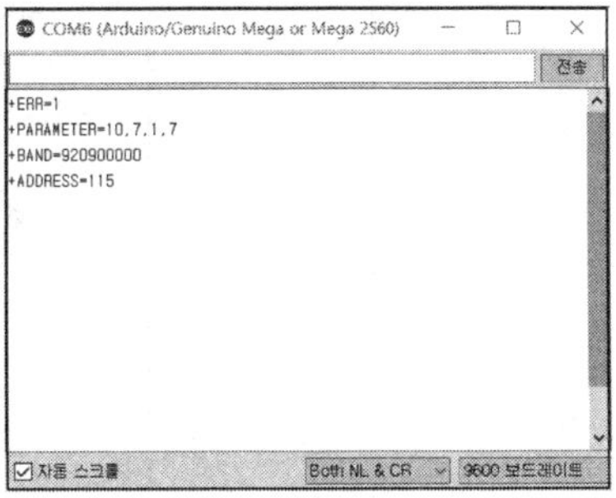</td></tr>
<tr><td>AT+NETWORKID?</td><td>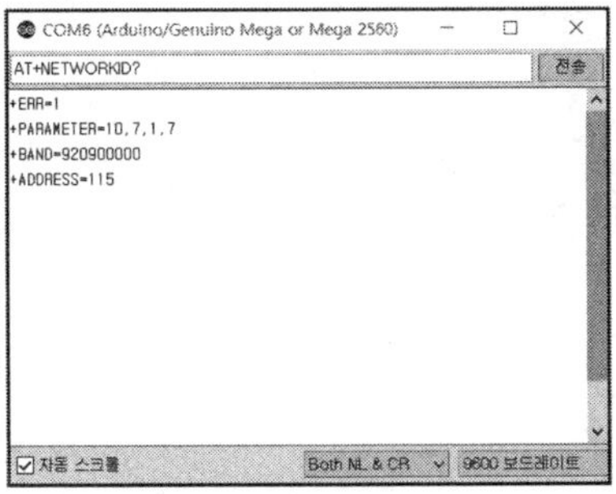</td><td>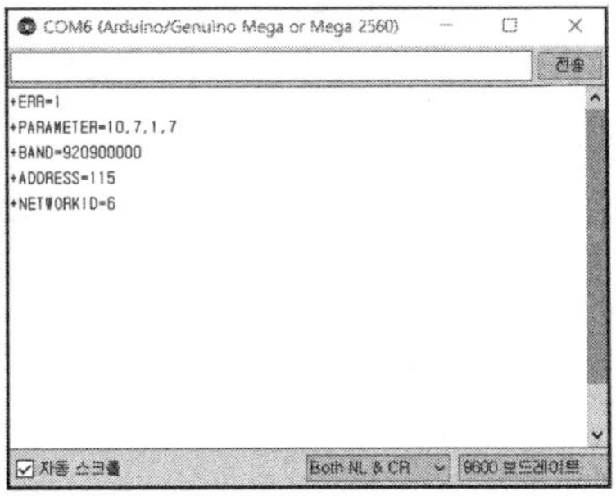</td></tr>
</table>

실험 13-2

문자열 전송

- [실험 13-1]에서는 LoRa 모듈을 설정하기 위하여 시리얼 모니터 창에서 AT 커맨드를 사용하여 설정하였음
- 본 실험에서는 프로그램 안에서 LoRa 모듈을 설정하도록 수정
- 송신단과 수신단으로 구성하며 송신단의 LoRa 모듈 주소를 115로 설정하고 수신단의 LoRa 모듈 주소를 116으로 설정
- LoRa 모듈의 RF 주파수를 920.9MHz로 설정하며 네트워크 ID를 6으로 설정
- LoRa 모듈의 디폴트 전송률 : 115200 bps
- 2초 마다 송신단에서 수신단으로 간단한 문자열 "Welcome to Koreatech !!"을 전송
- 수신단에서는 문자열을 받아 시리얼모니터에 출력
- [그림 13.18]과 같이 회로를 연결하고 아래의 스케치 프로그램을 업로드

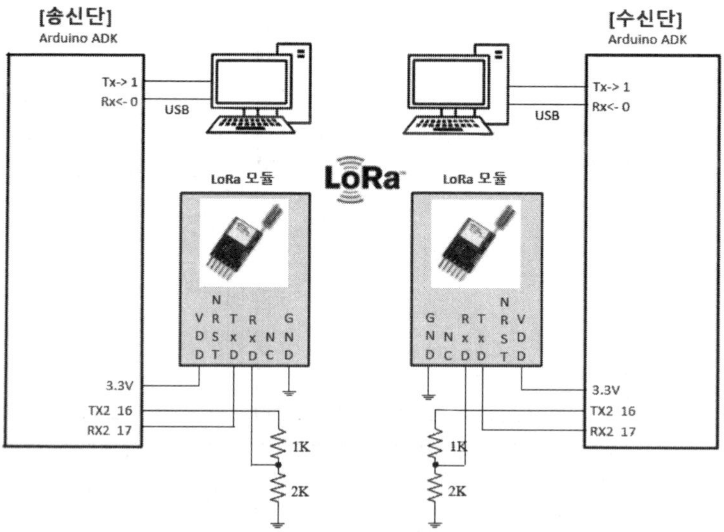

그림 13.18 실험 13-2 회로 연결

송신단 소스 프로그램 RYLR_Tx_SimpleMessage

```
#define DEBUG true // LoRa 응답 디버깅 용도

String message ="Welcome to Koreatech !!"; // 송신 문자열

void setup() {

  Serial.begin(9600);  // 시리얼 모니터와 시리얼 개방, 통신속도 설정
  Serial2.begin(115200); // LoRa 모듈과 시리얼 개방, 통신속도는 초기값(115200)으로 설정

  sendData("AT\r\n",300,DEBUG); // LoRa 모듈 테스트
  sendData("AT+RESET\r\n",300,DEBUG); // 모듈리셋
  sendData("AT+PARAMETER=10,7,1,7\r\n",300,DEBUG); // RF 파라미터 설정
  sendData("AT+BAND=920900000\r\n",300,DEBUG); // RF 주파수를 920.9MHz로 설정
  sendData("AT+ADDRESS=115\r\n",300,DEBUG); // 모듈 주소 설정 (115)
  sendData("AT+NETWORKID=6\r\n",300,DEBUG); // 네트워크 ID 설정

  Serial.println("LoRa Ready !!");
}

String sendData(String command, const int timeout, boolean debug)
{
    String response = ""; //LoRa 모듈로부터 온 응답문자열 초기화
    Serial2.print(command); // LoRa 모듈에 커맨드 전송
    long int time = millis(); // 현재시간을 저장

    while( (time+timeout) > millis()) { //타임아웃기간동안 처리
      while(Serial2.available()) { //LoRa 모듈이 보낸 포트2 수신버퍼에 수신데이터가 있는지 확인
        char c = Serial2.read(); //버퍼에서 1바이트 읽어 오기
        response+=c; //응답문자열 만들기
      }
    }

    if(debug) { //디버그가 참이면
      Serial.print(response); // 응답문자열을 시리얼 모니터에 출력
    }
    return response; // 응답문자열 반환
}

void loop() {
```

```
  // 주소 116으로 데이터 전송
  Serial2.print("AT+SEND=116,"+(String)message.length()+","+message+"\r\n");
  delay(300);   // 전송완료를 위해 대기
  Serial.println("AT+SEND=116,"+(String)message.length()+","+message+"\r\n"); //문자열 출력

  delay(2000); // 2초 지연
}
```

수신단 소스 프로그램 RYLR_Rx_SimpleMessage

```
#define DEBUG true // LoRa 응답 디버깅 용도

String rcvString=""; // LoRa 모듈로 부터 수신된 문자열을 저장하는 변수 선언

void setup() {

  Serial.begin(9600);  // 시리얼 모니터와 시리얼 개방, 통신속도 설정
  Serial2.begin(115200); // LoRa 모듈과 시리얼 개방, 통신속도는 초기값(115200)으로 설정

  sendData("AT\r\n",300,DEBUG); // LoRa 모듈 테스트
  sendData("AT+RESET\r\n",300,DEBUG); // 모듈리셋
  sendData("AT+PARAMETER=10,7,1,7\r\n",300,DEBUG); // RF 파라미터 설정
  sendData("AT+BAND=920900000\r\n",300,DEBUG); // RF 주파수를 920.9MHz로 설정
  sendData("AT+ADDRESS=116\r\n",300,DEBUG); // 모듈 주소 설정 (116)
  sendData("AT+NETWORKID=6\r\n",300,DEBUG); // 네트워크 ID 설정

  Serial.println("LoRa Ready !!");
}

String sendData(String command, const int timeout, boolean debug)
{
    String response = ""; //LoRa 모듈로부터 온 응답문자열 초기화
    Serial2.print(command); // LoRa 모듈에 커맨드 전송
    long int time = millis(); // 현재시간을 저장

    while( (time+timeout) > millis()) { //타임아웃기간동안 처리
      while(Serial2.available()) { //LoRa 모듈이 보낸 포트2 수신버퍼에 수신데이터가 있는지 확인
        char c = Serial2.read(); //버퍼에서 1바이트 읽어 오기
        response+=c; //응답문자열 만들기
```

```
    }
  }

  if(debug) { //디버그가 참이면
    Serial.print(response); // 응답문자열을 시리얼 모니터에 출력
  }
  return response; // 응답문자열 반환
}

void loop() {

 if(Serial2.available()){ // LoRa 모듈이 보낸 포트2 수신버퍼에 수신 데이터가 있는지 확인
  rcvString = Serial2.readStringUntil("\r\n"); //수신버퍼에서 문자열 "\r\n"까지 읽어
                                               //들여 문자열 변수에 저장
  if(rcvString.startsWith("+RCV=")) { //읽어들인 문자열이 문자열 "+RCV="로 시작하는 확인

  int fstCommaPosi=rcvString.indexOf(","); // 첫번째 콤마 위치
  String TxAddress = rcvString.substring(rcvString.indexOf("=")+1,fstCommaPosi); //송신기
                                                                                 //주소 ID 추출

  int sndCommaPosi=rcvString.indexOf(",", fstCommaPosi+1); //두번째 콤마 위치
  String dataLength = rcvString.substring(fstCommaPosi+1,sndCommaPosi); //데이터 길이 추출

  int thirdCommaPosi=rcvString.indexOf(",", sndCommaPosi+1); // 세번째 콤마 위치
  String rxData = rcvString.substring(sndCommaPosi+1,thirdCommaPosi); // 수신 데이터 추출
  Serial.println("---------------------------");
  Serial.println("Rx Data : "+rxData); //문자열 출력
  Serial.println("---------------------------");
  }
 }
}
```

[결과]

- 송신기에서는 "AT + SEND = 〈수신 주소〉, 〈데이터 길이〉, 〈데이터〉" 형식에 따라 [그림 13.19]에 보인 것과 같이 수신기 주소 116에 23바이트의 데이터인 "Welcome to koreatech !!"를 2초마다 수신기로 전송
- 수신기에서는 수신된 데이터 표시 형태인 "+RCV=〈송신기 주소〉, 〈길이〉, 〈데이터〉, 〈RSSI〉, 〈SNR〉"에 따라 [그림 13.20]에 나타낸 것과 같이 송신기 주소 ID 115에서 23바이

트의 데이터인 “Welcome to koreatech !!”를 수신하고 있으며 이때 수신세기는 -47dbm이고 SNR이 46dB 임을 나타내주고 있음

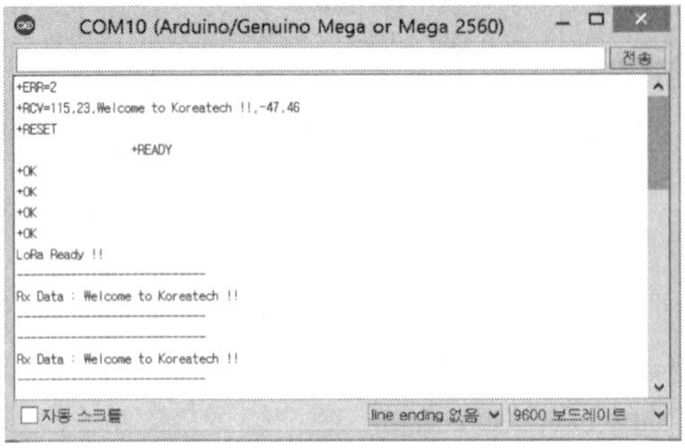

그림 13.19

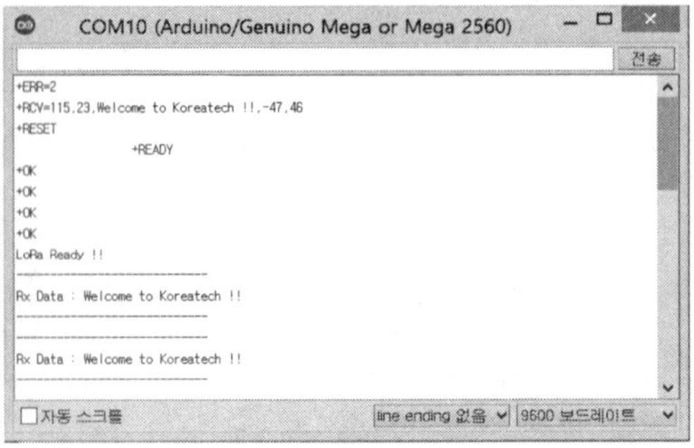

그림 13.20

실험 13-3

온도 값을 전송하여 문자 LCD에 표시

- 송신단과 수신단으로 구성하며 송신단의 LoRa 모듈 주소를 115로 설정하고 수신단의 LoRa 모듈 주소를 116으로 설정
- LoRa 모듈의 RF 주파수를 920.9MHz로 설정하며 네트워크 ID를 6으로 설정
- LoRa 모듈의 디폴트 전송률 : 115200 bps
- 송신단은 [그림 13.21]과 같이 LM35DZ 온도센서를 연결
- 수신단은 [그림 13.21]과 같이 문자 LCD를 연결
- 송신단에서는 2초 간격으로 온도센서 값을 읽어 들여 수신단으로 전송하고 수신단에서는 수신한 온도 값을 다음과 같이 문자 LCD에 표시

T	e	m	p	.		:		2	6	°	C				

- [그림 13.21]과 같이 회로를 연결하고 아래의 스케치 프로그램을 업로드

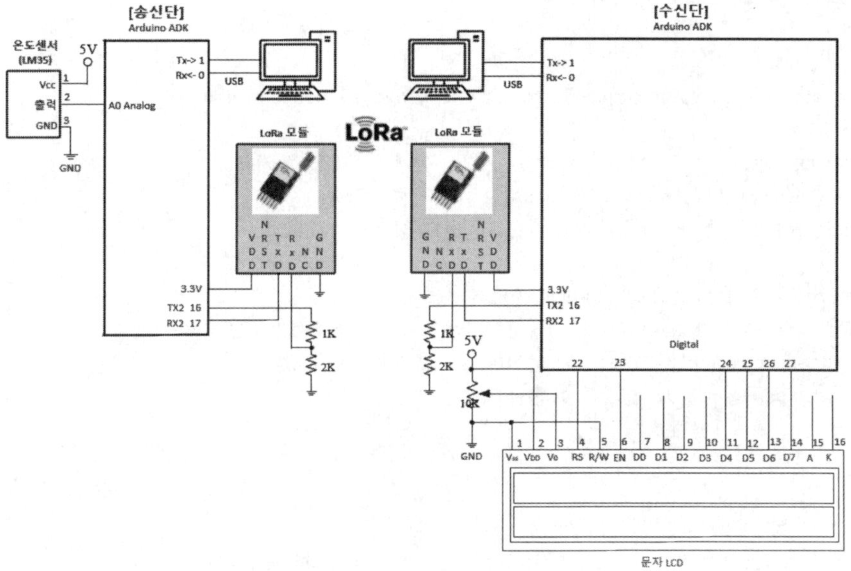

그림 13.21 실험 13-3 회로 연결

송신단 소스 프로그램 RYLR_Tx_TempLcd

```
#define DEBUG true // LoRa 응답 디버깅 용도

const int tempPin=0; //온도센서와 연결된 핀 번호 변수 정의
unsigned long time; //millis() 함수가 리턴한 이전 시간을 저장하는 변수

void setup() {

  Serial.begin(9600);  // 시리얼 모니터와 시리얼 개방, 통신속도 설정
  Serial2.begin(115200); // LoRa 모듈과 시리얼 개방, 통신속도는 초기값(115200)으로 설정
  Serial1.begin(9600); // GPS 모듈과 시리얼 개방, 통신속도는 초기값(9600)으로 설정

  sendData("AT\r\n",300,DEBUG); // LoRa 모듈 테스트
  sendData("AT+RESET\r\n",300,DEBUG); // 모듈리셋
  sendData("AT+PARAMETER=10,7,1,7\r\n",300,DEBUG); // RF 파라미터 설정
  sendData("AT+BAND=920900000\r\n",300,DEBUG); // RF 주파수를 920.9MHz로 설정
  sendData("AT+ADDRESS=115\r\n",300,DEBUG); // 모듈 주소 설정 (115)
  sendData("AT+NETWORKID=6\r\n",300,DEBUG); // 네트워크 ID 설정
```

```
  Serial.println("LoRa Ready !!");
}

String sendData(String command, const int timeout, boolean debug)
{
    String response = ""; //LoRa 모듈로부터 온 응답문자열 초기화
    Serial2.print(command); // LoRa 모듈에 커맨드 전송
    long int time = millis(); // 현재시간을 저장

    while( (time+timeout) > millis()) { //타임아웃기간동안 처리
      while(Serial2.available()) { //LoRa 모듈이 보낸 포트2 수신버퍼에 수신데이터가 있는지 확인
        char c = Serial2.read(); //버퍼에서 1바이트 읽어 오기
        response+=c; //응답문자열 만들기
      }
    }

    if(debug) { //디버그가 참이면
      Serial.print(response); // 응답문자열을 시리얼 모니터에 출력
    }
    return response; // 응답문자열 반환
}

void loop() {

  if(millis()-time>2000) {  //millis()함수가 리턴한 시간과 이전시간의 차가 1초이상이면
    time=millis(); // 현재시간을 이전시간에 저장

    int getTempC=analogRead(tempPin); //아날로그 입력 핀의 값 읽음
    int tempC=(int) ((5.0*getTempC*100.0)/1023.0); // 값을 온도로 환산
    String tempCString=(String) tempC;
    Serial.println("Current Temp. : "+tempCString+" C"); // 온도를 출력
    // 주소 116으로 데이터 전송
    Serial2.print("AT+SEND=116,"+(String)tempCString.length()+","+tempCString+"\r\n");
    delay(300);   // 전송완료를 위해 대기
    Serial.println("AT+SEND=116,"+(String)tempCString.length()+","+tempCString+"\r\n");
  }
}
```

수신단 소스 프로그램 RYLR_Rx_TempLcd

```
#include <LiquidCrystal.h>  //LCD 라이브러리 삽입

#define DEBUG true // LoRa 응답 디버깅 용도
String rcvString=""; // LoRa 모듈로 부터 수신된 문자열을 저장하는 변수 선언
LiquidCrystal lcd(22,23,24,25,26,27); // 회로에 연결된 핀 번호를 사용하여 lcd 객체 생성

byte degree[]={  //8×5 온도 ( ° ) 문자 생성
  0b00110,
  0b01001,
  0b01001,
  0b00110,
  0b00000,
  0b00000,
  0b00000,
  0b00000};

void setup() {

  Serial.begin(9600);  // 시리얼 모니터와 시리얼 개방, 통신속도 설정
  Serial2.begin(115200); // LoRa 모듈과 시리얼 개방, 통신속도는 초기값(115200)으로 설정

  sendData("AT\r\n",300,DEBUG); // LoRa 모듈 테스트
  sendData("AT+RESET\r\n",300,DEBUG); // 모듈리셋
  sendData("AT+PARAMETER=10,7,1,7\r\n",300,DEBUG); // RF 파라미터 설정
  sendData("AT+BAND=920900000\r\n",300,DEBUG); // RF 주파수를 920.9MHz로 설정
  sendData("AT+ADDRESS=116\r\n",300,DEBUG); // 모듈 주소 설정 (116)
  sendData("AT+NETWORKID=6\r\n",300,DEBUG); // 네트워크 ID 설정

  lcd.begin(16,2);  //2행 16열 설정
  lcd.print("Temp. : "); // LCD에 초기메시지 문자열 출력
  lcd.createChar(0, degree); // 온도 ( ° ) 를 정의문자 ID 0에 할당

  Serial.println("LoRa Ready !!");
}

String sendData(String command, const int timeout, boolean debug)
{
   String response = ""; //LoRa 모듈로부터 온 응답문자열 초기화
   Serial2.print(command); // LoRa 모듈에 커맨드 전송
   long int time = millis(); // 현재시간을 저장
```

```
    while( (time+timeout) > millis()) { //타임아웃기간동안 처리
      while(Serial2.available()) { //LoRa 모듈이 보낸 포트2 수신버퍼에 수신데이터가 있는지 확인
        char c = Serial2.read(); //버퍼에서 1바이트 읽어 오기
        response+=c; //응답문자열 만들기
      }
    }

    if(debug) { //디버그가 참이면
      Serial.print(response); // 응답문자열을 시리얼 모니터에 출력
    }
    return response; // 응답문자열 반환
}

void loop() {

  if(Serial2.available()){ // LoRa 모듈이 보낸 포트2 수신버퍼에 수신 데이터가 있는지 확인
    rcvString = Serial2.readStringUntil("\r\n"); //수신버퍼에서 문자열 "\r\n"까지 읽어
                                                  //들여 문자열 변수에 저장
    if(rcvString.startsWith("+RCV=")) { //읽어들인 문자열이 문자열 "+RCV="로 시작하는 확인

    int fstCommaPosi=rcvString.indexOf(","); // 첫번째 콤마 위치
    String TxAddress = rcvString.substring(rcvString.indexOf("=")+1,fstCommaPosi); //송신기
                                                                          // 주소 ID 추출

    int sndCommaPosi=rcvString.indexOf(",", fstCommaPosi+1); //두번째 콤마 위치
    String dataLength = rcvString.substring(fstCommaPosi+1,sndCommaPosi);//데이터 길이 추출

    int thirdCommaPosi=rcvString.indexOf(",", sndCommaPosi+1); // 세번째 콤마 위치
    String rxData = rcvString.substring(sndCommaPosi+1,thirdCommaPosi); // 수신 데이터 추출

    int tempC = rxData.toInt(); // 온도 값
    Serial.println("---------------------------");
    Serial.println("Current Temp. : "+(String)tempC+" C"); // 시리얼모니터에 온도 출력
    Serial.println("----------------------------");
    lcd.setCursor(8,0); // 커서를 1행 9열로 이동
    lcd.print(tempC); // 온도를 LCD에 출력
    lcd.write((byte)0); // 온도 ( ° ) 를 출력
    lcd.write('C');  // 문자 C를 출력
    }
  }
}
```

[결과]

- 송신기에서는 **"AT + SEND = 〈수신 주소〉, 〈데이터 길이〉, 〈데이터〉"** 형식에 따라 [그림 13.22]와 같이 수신기 주소 116으로 2바이트의 온도 값이 2초마다 수신기로 전송
- 수신기에서는 수신된 데이터 표시 형태인 **"+RCV=〈송신기 주소〉, 〈길이〉, 〈데이터〉, 〈RSSI〉, 〈SNR〉"**에 따라 [그림 13.23]에 나타낸 것과 같이 송신기 주소 ID 115에서 2바이트의 온도 데이터인 "23"을 수신하고 있으며 이때 수신세기는 −59dbm이고 SNR이 41dB임을 나타내주고 있음

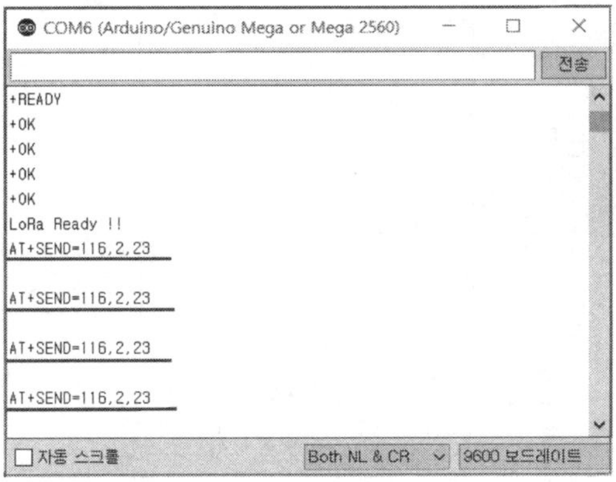

그림 13.22

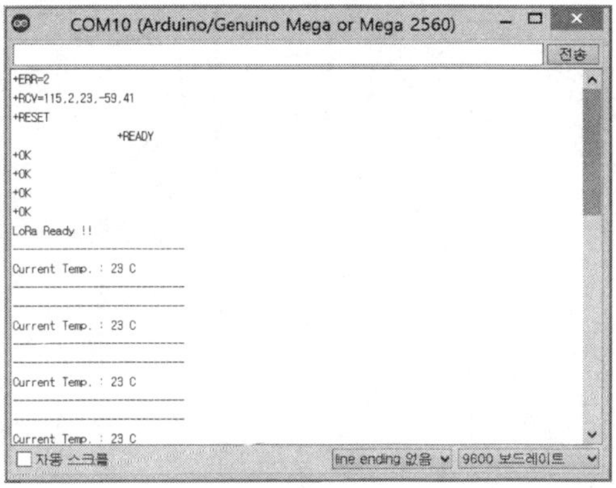

그림 13.23

실험 13-4

양방향으로 데이터 전송

- 송신단과 수신단으로 구성하며 송신단의 LoRa 모듈 주소를 115로 설정하고 수신단의 LoRa 모듈 주소를 116으로 설정
- LoRa 모듈의 RF 주파수를 920.9MHz로 설정하며 네트워크 ID를 6으로 설정
- LoRa 모듈의 디폴트 전송률 : 115200 bps
- 송신단은 [그림 13.24]와 같이 LM35DZ 온도센서와 LED를 연결
- 수신단은 [그림 13.24]와 같이 문자 LCD를 연결
- 수신단의 시리얼모니터 창에서 "temp"를 입력하면 송신단으로 보내지고 이를 수신한 송신단에서는 온도센서의 값을 읽어 수신단으로 전송하게 되고 수신단은 온도 값을 시리얼 모니터 창과 문자 LCD에 출력

- 수신단의 시리얼모니터 창에서 "LED ON"를 입력하면 송신단으로 보내지고 이를 수신한 송신단에서는 LED를 켬
- 수신단의 시리얼모니터 창에서 "LED OFF"를 입력하면 송신단으로 보내지고 이를 수신한 송신단에서는 LED를 끔
- [그림 13.24]와 같이 회로를 연결하고 아래의 스케치 프로그램을 업로드

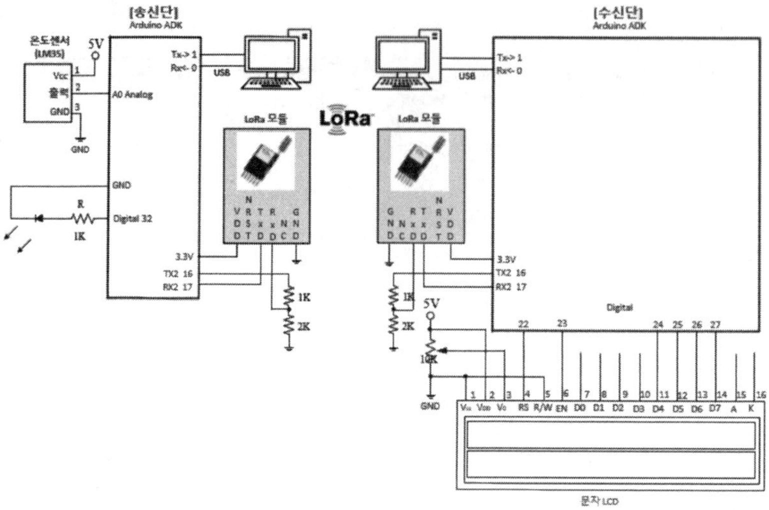

그림 13.24 실험 13-4 회로 연결

송신단 소스 프로그램 RYLR_Tx_biDirectionComm

```
#define DEBUG true // LoRa 응답 디버깅 용도

String rcvString=""; // LoRa 모듈로 부터 수신된 문자열을 저장하는 변수 선언
const int tempPin=0; //온도센서와 연결된 핀 번호 변수 정의
const int ledPin=32; // LED에 연결된 핀 번호 변수 정의

void setup() {

  Serial.begin(9600);  // 시리얼 모니터와 시리얼 개방, 통신속도 설정
  Serial2.begin(115200); // LoRa 모듈과 시리얼 개방, 통신속도는 초기값(115200)으로 설정

  sendData("AT\r\n",300,DEBUG); // LoRa 모듈 테스트
```

```
  sendData("AT+RESET\r\n",300,DEBUG); // 모듈리셋
  sendData("AT+PARAMETER=10,7,1,7\r\n",300,DEBUG); // RF 파라미터 설정
  sendData("AT+BAND=920900000\r\n",300,DEBUG); // RF 주파수를 920.9MHz로 설정
  sendData("AT+ADDRESS=115\r\n",300,DEBUG); // 모듈 주소 설정 (115)
  sendData("AT+NETWORKID=6\r\n",300,DEBUG); // 네트워크 ID 설정

  pinMode(ledPin, OUTPUT); // LED를 출력으로 설정

  Serial.println("LoRa Ready !!");
}

String sendData(String command, const int timeout, boolean debug)
{
   String response = ""; //LoRa 모듈로부터 온 응답문자열 초기화
   Serial2.print(command); // LoRa 모듈에 커맨드 전송
   long int time = millis(); // 현재시간을 저장

   while( (time+timeout) > millis()) { //타임아웃기간동안 처리
     while(Serial2.available()) { //LoRa 모듈이 보낸 포트2 수신버퍼에 수신데이터가 있는지 확인
       char c = Serial2.read(); //버퍼에서 1바이트 읽어 오기
       response+=c; //응답문자열 만들기
     }
   }

   if(debug) { //디버그가 참이면
     Serial.print(response); // 응답문자열을 시리얼 모니터에 출력
   }
   return response; // 응답문자열 반환
}

void loop() {

  if(Serial2.available()) { // LoRa 모듈이 보낸 포트2 수신버퍼에 수신 데이터가 있는지 확인
   rcvString = Serial2.readStringUntil("\r\n"); //수신버퍼에서 문자열 "\r\n"까지
                                                 //읽어들여 문자열 변수에 저장
   Serial.println(rcvString); // 문자열 출력
   if(rcvString.startsWith("+RCV=")) { //읽어들인 문자열이 문자열 "+RCV="로 시작하는 확인

     int fstCommaPosi=rcvString.indexOf(","); // 첫번째 콤마 위치
     //송신기 주소 ID 추출
```

```
      String TxAddress = rcvString.substring(rcvString.indexOf("=")+1,fstCommaPosi);
      Serial.println("Tx address : "+TxAddress); //문자열 출력

      int sndCommaPosi=rcvString.indexOf(",", fstCommaPosi+1); //두번째 콤마 위치
      String dataLength = rcvString.substring(fstCommaPosi+1,sndCommaPosi);//데이터 길이 추출
      Serial.println("Data length : "+dataLength); //문자열 출력

      int thirdCommaPosi=rcvString.indexOf(",", sndCommaPosi+1); // 세번째 콤마 위치
      String rxData = rcvString.substring(sndCommaPosi+1,thirdCommaPosi);//수신 데이터 추출
      Serial.println("Rx Data : "+rxData); //문자열 출력
      Serial.println("---------------------------");
      Serial.println();

      if (rxData == "temp") {
        int getTempC=analogRead(tempPin); //아날로그 입력 핀의 값 읽음
        int tempC=(int) ((5.0*getTempC*100.0)/1023.0); // 값을 온도로 환산
        String tempCString=(String) tempC;
        Serial.println("Current Temp. : "+tempCString+" C"); // 온도를 출력
        // 주소 116으로 데이터 전송
        Serial2.print("AT+SEND=116,"+(String)tempCString.length()+","+tempCString+ "\r\n");
        delay(300);   // 전송완료를 위해 대기

        Serial.println("AT+SEND=116,"+(String)tempCString.length()+","+tempCString+ "\r\n");
      }
      else if (rxData == "LED ON") {
       digitalWrite(ledPin, HIGH); // led 켜기
       Serial.println("LED ON");
      }
      else if (rxData == "LED OFF") {
       digitalWrite(ledPin, LOW); // led 끄기
       Serial.println("LED OFF");
      }

    }
  }
}
```

수신단 소스 프로그램 RYLR_Rx_gpsLocation

```
#include <LiquidCrystal.h>  //LCD 라이브러리 삽입

#define DEBUG true // LoRa 응답 디버깅 용도

String rcvString=""; // LoRa 모듈로 부터 수신된 문자열을 저장하는 변수 선언
LiquidCrystal lcd(22,23,24,25,26,27); // 회로에 연결된 핀 번호를 사용하여 lcd 객체 생성

byte degree[]={  //8×5 온도 ( ° ) 문자 생성
  0b00110,
  0b01001,
  0b01001,
  0b00110,
  0b00000,
  0b00000,
  0b00000,
  0b00000};

void setup() {

  Serial.begin(9600);  // 시리얼 모니터와 시리얼 개방, 통신속도 설정
  Serial2.begin(115200); // LoRa 모듈과 시리얼 개방, 통신속도는 초기값(115200)으로 설정

  sendData("AT\r\n",300,DEBUG); // LoRa 모듈 테스트
  sendData("AT+RESET\r\n",300,DEBUG); // 모듈리셋
  sendData("AT+PARAMETER=10,7,1,7\r\n",300,DEBUG); // RF 파라미터 설정
  sendData("AT+BAND=920900000\r\n",300,DEBUG); // RF 주파수를 920.9MHz로 설정
  sendData("AT+ADDRESS=116\r\n",300,DEBUG); // 모듈 주소 설정 (116)
  sendData("AT+NETWORKID=6\r\n",300,DEBUG); // 네트워크 ID 설정

  lcd.begin(16,2);  //2행 16열 설정
  lcd.print("Temp. : "); // LCD에 초기메시지 문자열 출력
  lcd.createChar(0, degree); // 온도 ( ° ) 를 정의문자 ID 0에 할당

  Serial.println("LoRa Ready !!");
}

String sendData(String command, const int timeout, boolean debug)
{
    String response = ""; //LoRa 모듈로부터 온 응답문자열 초기화
```

```
    Serial2.print(command); // LoRa 모듈에 커맨드 전송
    long int time = millis(); // 현재시간을 저장

    while( (time+timeout) > millis()) { //타임아웃기간동안 처리
      while(Serial2.available()) { //LoRa 모듈이 보낸 포트2 수신버퍼에 수신데이터가 있는지 확인
        char c = Serial2.read(); //버퍼에서 1바이트 읽어 오기
        response+=c; //응답문자열 만들기
      }
    }

    if(debug) { //디버그가 참이면
      Serial.print(response); // 응답문자열을 시리얼 모니터에 출력
    }
    return response; // 응답문자열 반환
}

void loop() {

  while(Serial.available()) { // 시리얼모니터에서 보낸 포트0 수신버퍼에 수신 데이터가 있는지 확인
    String command = Serial.readString(); //PC 시리얼모니터로부터 온 명령어
    Serial.println(command); //문자열 출력

    Serial2.print("AT+SEND=115,"+(String)command.length()+","+command+"\r\n");
    delay(300);
    Serial.print("AT+SEND=115,"+(String)command.length()+","+command+"\r\n");
  }

  if(Serial2.available()){ // LoRa 모듈이 보낸 포트2 수신버퍼에 수신 데이터가 있는지 확인
    rcvString = Serial2.readStringUntil("\r\n"); //수신버퍼에서 문자열 "\r\n"까지
                                                 //읽어들여 문자열 변수에 저장
    Serial.println(rcvString); // 문자열 출력
    if(rcvString.startsWith("+RCV=")) { //읽어들인 문자열이 문자열 "+RCV="로 시작하는 확인

    int fstCommaPosi=rcvString.indexOf(","); // 첫번째 콤마 위치
    //송신기 주소 ID 추출
    String TxAddress = rcvString.substring(rcvString.indexOf("=")+1,fstCommaPosi);

    int sndCommaPosi=rcvString.indexOf(",", fstCommaPosi+1); //두번째 콤마 위치
    String dataLength = rcvString.substring(fstCommaPosi+1,sndCommaPosi);//데이터 길이 추출
```

```
    int thirdCommaPosi=rcvString.indexOf(",", sndCommaPosi+1); // 세번째 콤마 위치
    String rxData = rcvString.substring(sndCommaPosi+1,thirdCommaPosi); // 수신 //데이터 추출

    int tempC = rxData.toInt(); // 온도 값
    Serial.println("----------------------------");
    Serial.println("Current Temp. : "+(String)tempC+" C"); // 시리얼모니터에 온도 출력
    Serial.println("----------------------------");
    lcd.setCursor(8,0); // 커서를 1행 9열로 이동
    lcd.print(tempC); // 온도를 LCD에 출력
    lcd.write((byte)0); // 온도 ( ° ) 를 출력
    lcd.write('C');  // 문자 C를 출력
    }
  }
}
```

[결과]

- [그림 13.25]와 같이 수신단의 시리얼 모니터의 줄바꿈 옵션을 "line ending **없음**"을 선택하고 수신단의 시리얼모니터 창에서 "temp"를 입력하고 엔터를 치면 수신단에서는 "AT + SEND = **〈수신 주소〉, 〈데이터 길이〉, 〈데이터〉**" 형식에 따라 [그림 13.26]의 (1)과 같이 수신기 주소(수신단 입장에서 볼 때 송신기에 해당하는 주소) 115로 4바이트의 데이터 "temp"를 전송
- 송신단에서는 수신된 데이터 표시 형태인 "+RCV=**〈송신기 주소〉, 〈길이〉, 〈데이터〉, 〈RSSI〉, 〈SNR〉**"에 따라 [그림 13.27]의 (1)과 같이 송신기 주소 ID 116(송신단 입장에서 볼 때 수신기에 해당하는 주소)에서 전송한 4바이트의 "temp"을 수신
- 송신단에서는 온도센서의 온도 값을 읽은 후 데이터 전송을 위해 "AT + SEND = **〈수신 주소〉, 〈데이터 길이〉, 〈데이터〉**" 형식에 따라 [그림 13.27]의 (2)와 같이 수신기 주소(송신단 입장에서 볼 때 수신기에 해당하는 주소) 116으로 2바이트의 온도 값을 전송
- 수신단에서는 수신된 데이터 표시 형태인 "+RCV=**〈송신기 주소〉, 〈길이〉, 〈데이터〉, 〈RSSI〉, 〈SNR〉**"에 따라 [그림 13.26]의 (2)와 같이 송신기 주소 ID 115(수신단 입장에서 볼 때 송신기에 해당하는 주소)에서 전송한 2바이트의 온도 값을 수신하여 시리얼 모니터 및 문자 LCD에 온도 값을 표시

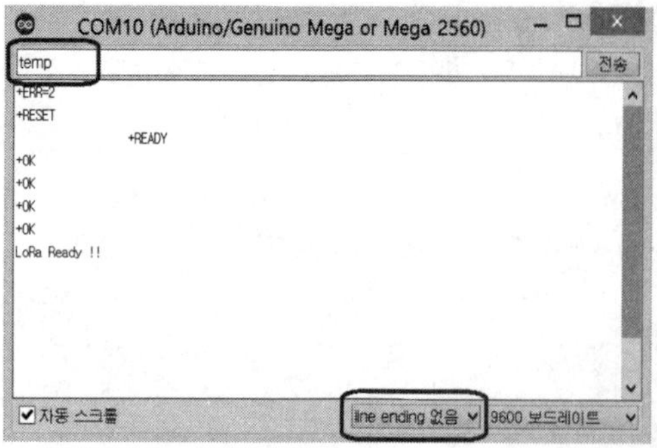

그림 13.25

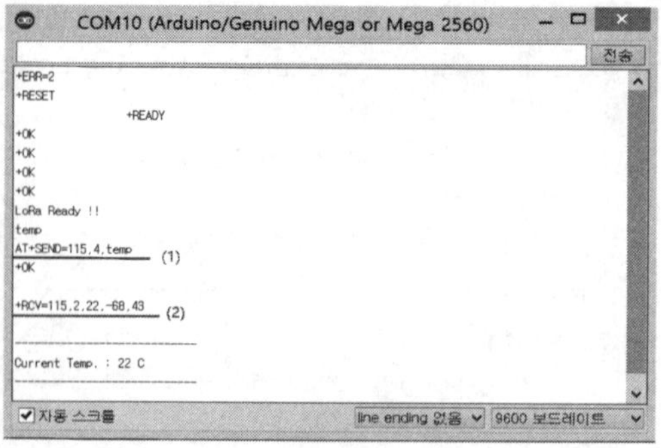

그림 13.26

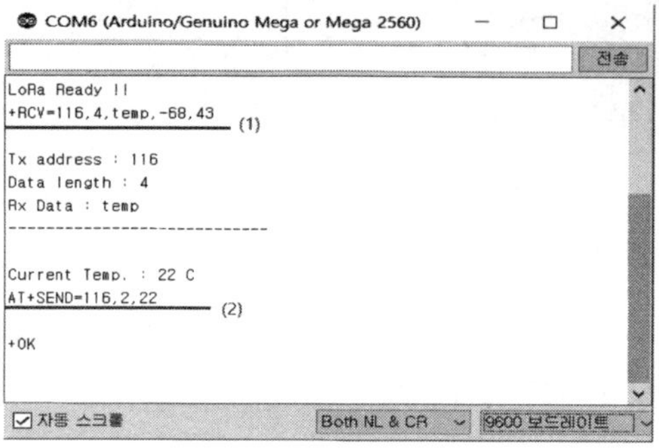

그림 13.27

• [그림 13.28]과 같이 수신단의 시리얼모니터 창에서 "LED ON"를 입력하면 수신단에서는 "AT + SEND = 〈수신 주소〉, 〈데이터 길이〉, 〈데이터〉" 형식에 따라 [그림 13.29]와 같이 수신기 주소(수신단 입장에서 볼 때 송신기에 해당하는 주소) 115로 6바이트의 데이터 "LED ON"을 전송

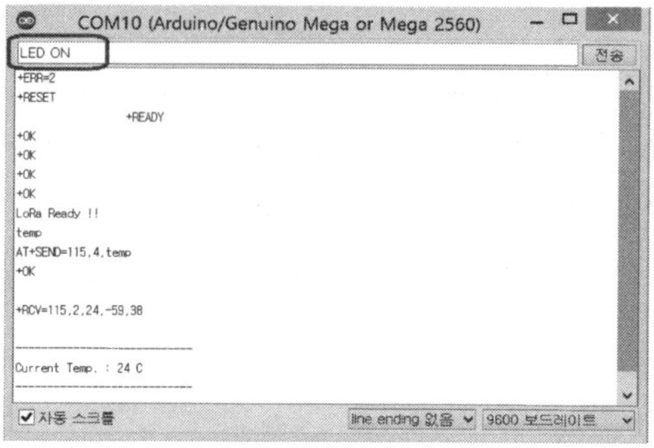

그림 13.28

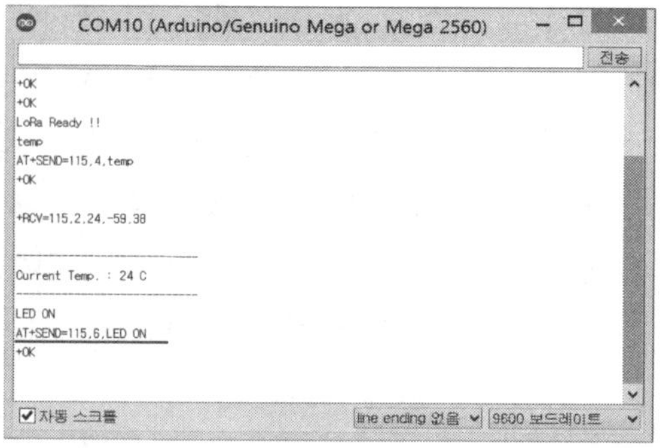

그림 13.29

- [그림 13.30]과 같이 수신단의 시리얼모니터 창에서 "LED OFF"를 입력하면 수신단에서는 **"AT + SEND = ⟨수신 주소⟩, ⟨데이터 길이⟩, ⟨데이터⟩"** 형식에 따라 [그림 13.31]과 같이 수신기 주소(수신단 입장에서 볼 때 송신기에 해당하는 주소) 115로 6바이트의 데이터 "LED OFF"를 전송

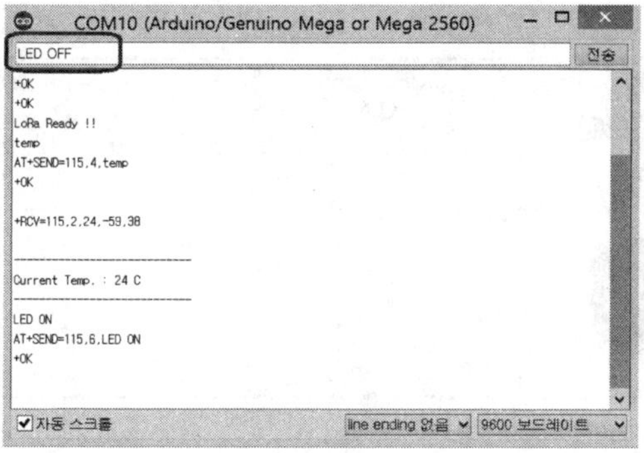

그림 13.30

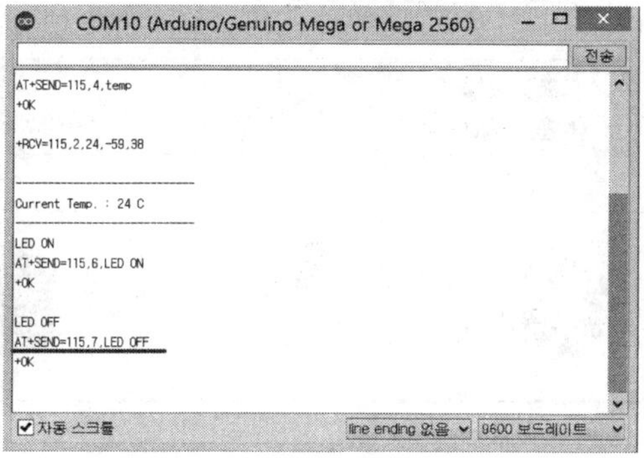

그림 13.31

제14장 GPS 통신을 활용한 센서 제어

실험에 필요한 부품

GPS 모듈 (NEO-6M)	LED	부저 (SM-1212C)	1KΩ	
1개	1개	1개	1개	

14.1 GPS(Global Positioning System)

14.1.1 GPS(Global Positioning System)

- GPS 위성에서 보내는 신호를 수신해 사용자의 현재 위치를 계산하는 위성항법시스템으로 항공기, 선박, 자동차 등의 내비게이션 장치에 주로 쓰이고 있으며, 최근에는 스마트폰, 태블릿 PC등에서도 많이 활용
- GPS는 위성 부문, 지상관제 부문, 사용자 부문으로 구성되는데 위성 부문은 GPS 위성을, 지상관제 부문은 지상에 위치한 제어국을, 사용자 부문은 GPS 수신기를 의미
- GPS는 [그림 14.1]과 같이 24 개 이상의 위성으로 구성된 위성 기반 탐색 시스템으로 무료로 24 시간 언제 어디서나 전 세계 모든 기상 조건에서 작동

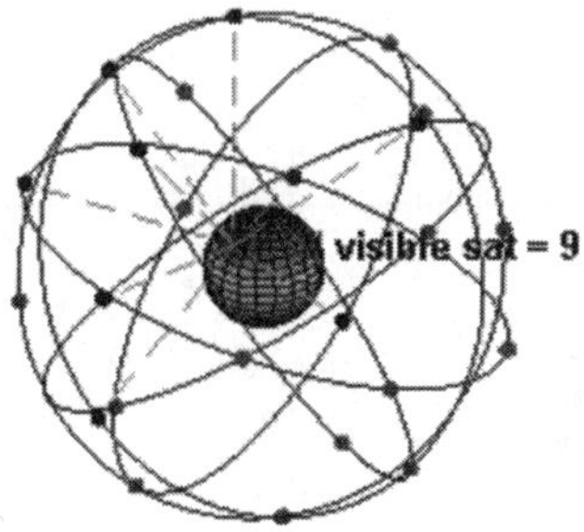

그림 14.1

14.1.2 GPS 작동 방식

- GPS 위성은 지구를 하루 두 번 정확한 궤도로 돌고 있으며 각 위성은 GPS 장치가 위성의 정확한 위치를 해독하고 계산할 수 있게 하는 고유한 신호 및 궤도 매개 변수를 전송
- GPS 수신기는 이 정보와 삼각 측량을 사용하여 사용자의 정확한 위치를 계산
- 기본적으로 GPS 수신기는 전송 된 신호를 수신하는 데 걸리는 시간만큼 각 위성까지의 거리를 측정. 몇 개의 위성으로부터의 거리 측정으로, 수신기는 사용자의 위치를 결정하고 그것을 표시
- 2 차원 위치 (위도와 경도)와 운동 추적을 계산하려면 GPS 수신기가 최소한 3 개의 위성 신호를 수신하여야 함. 4 개 이상의 위성을 볼 때 수신기는 3 차원 위치 (위도, 경도 및 고도)를 결정할 수 있음
- 위치가 결정되면 GPS 장치는 현재시간, 속도, 목적지까지의 거리 등과 같은 정보를 계산할 수 있음

14.2 NEO-6M GPS 모듈

- [그림 14.2]는 실험에 사용할 NEO-6M GPS 모듈을 보여주며 주요 특징을 [표 14.1]에 나타냄
- GPS 모듈은 National Marine Electronics Association (NMEA) 프로토콜이라 불리는 일련의 문자열을 출력

- 여기에 위치, 방향, 시간, 좌표 등의 데이터가 담겨져서 넘어오며 이 문자열에서 우리가 필요로 하는 값을 바꿔주는 작업이 필요

- 1. VCC : 3.3V~5V
- 2. RX : UART 수신데이터
- 3. TX : UART 송신데이터
- 4. GND : 접지

그림 14.2 NEO-6M GPS 모듈

표 14.1 NEO-6M GPS 모듈 주요특징

• 외부 안테나가 장착되어 있고 EEPROM이 내장 • 인터페이스 : UART(RS232) TTL • 전원 공급 장치 : 3V ~ 5V • 기본 통신 속도 : 9600 bps • 표준 NMEA 문장으로 동작

14.2.1 NMEA0183 프로토콜

- NMEA라고 불리는데 일명 GPS 출력 신호. 실제는 NMEA(National Marine Electronics Association)에서 표준화한 "선박 전자 장비의 인터페이스 표준"으로 대부분의 GPS 수신기들이 이 표준을 채택하여 사용하고 있음

- NMEA 0183은 ASCII와 직렬방식의 통신을 사용. NMEA 0183은 3가지 계층(물리 계층, 데이터링크 계층, 애플리케이션 계층)로 구성되는데 물리 계층은 RS-232, RS-422 등의 전기적인 전송규격이며, 데이터링크 계층은 보드율(Baud rate), 데이터 비트, 패리티 비트, 정지 비트 등을 정해 놓음. 애플리케이션 계층은 데이터를 전송하는 문장(Sentence)에 대한 규약 임

- NMEA 0183에 사용하는 문장(Sentence) 포맷 예약 문자
  - 문장의 시작 : $(0x24, Normal), !(0x21, Encapsulation)

- 문장의 끝 : 0x0D(Carrige Return), 0x0A(Line Feed)
- 문장 길이 : 82Bytes (최소 길이 14Bytes)
- 체크섬 구분자 : '*'를 사용하여 체크섬 필드를 나타내며, 뒤에 2Byte가 체크섬

- NMEA 0183에 사용하는 몇 가지 문장(Sentence)들과 기능
  - $GPGGA : GPS의 고정 값 (Global Positioning System Fix Data)
  - $GPGLL : 지리적 위치, 위도/경도 (Geographic position, latitude / longitude)
  - $GPGSV : GPS 위성보기 (GPS Satellites in view)
  - $GPZDA : 날짜와 시간 (Date & Time)

- $GPXXX 대신에 $GNXXX으로 표현되는 것은 $GP는 GPS만을 나타내는 반면 러시아 위성측위 시스템인 GLONASS와 유럽의 Galileo를 모두 이용할 수 있기 때문에 이러한 의미를 나타내기 위해 GNSS(Global Navigation Satellite System)로 표현하고 있는 데 이를 $GN으로 표현

- 예로 $GPGGA 또는 $GNGGA 문장(Sentence)의 포맷과 의미는 다음과 같음

[형식] $—GGA,hhmmss.ss,llll.ll,a,yyyyy.yy,a,x,xx,x.x,x.x,M,x.x,M,x.x,xxxx	
hhmmss.ss	위치의 표준 시(UTC)
llll.ll	위치의 위도
a	N 또는 S
yyyyy.yy	위치의 경도
a	E 또는 W
x	GPS 품질 표시기 (0=no fix, 1=GPS fix, 2=Dif. GPS fix)
xx	사용중인 위성의 수
x.x	정밀도의 수평 희석(horizontal dilution of precision)
x.x	평균 해발 이상 안테나 고도
M	안테나 고도 단위, 미터
x.x	지오이드 분리(Geoidal separation)
M	지오이드 분리 단위, 미터
x.x	차동 GPS 데이터의 연령 (Age of Differential GPS data, seconds)
xxxx	차동 기준 스테이션 ID

14.2.2 TinyGPS++ 라이브러리

- GPS 모듈이 제공하는 NMEA 데이터 스트림을 구문분석(Parsing)하기 위해서는 TinyGPS++ 라이브러리 삽입해 주어야 함

- 아래의 사이트에서 zip 파일을 다운받아 압축을 풀고 폴더이름을 "TinyGPSPlus"로 설정
  - http://arduiniana.org/libraries/tinygpsplus/

- TinyGPSPlus 폴더 그대로 아래의 아두이노 라이브러리 폴더로 복사하고 아두이노 IDE를 재 시작해야 설치한 라이브러리를 사용할 수 있음
  - 문서\Arduino\libraries

14.2.3 TinyGPS++ 라이브러리 제공 함수들

```
#include "TinyGPS++.h"
TinyGPSPlus gps; // TinyGPSPlus 객체 생성
```

함수명	기능
gps.encode()	한 번에 한 문자씩 NMEA 데이터를 받아 구문분석(Parsing) 유효한 문장이면 true 반환
gps.location.lat()	위도 (단위 도)
gps.location.lng()	경도 (단위 도)
gps.location.isUpdated()	위치 갱신여부 반환
gps.date.value()	날짜 (DDMMYY 형태)
gps.date.year()	년
gps.date.month()	월
gps.date.day()	일
gps.time.value()	시간 (HHMMSSCC 형태)
gps.time.hour()	시
gps.time.minute()	분
gps.time.second()	초

14.2.4 Time 라이브러리

- 아두이노의 시간 계측 기능을 제공하는 라이브러리
- 다양한 외부 시간 소스와 함께 사용하여 날짜 및 시간 기능을 제공
- 아래의 사이트에서 zip 파일을 다운받아 압축을 풀고 폴더이름을 "Time"으로 설정
  - https://github.com/PaulStoffregen/Time
- Time 폴더 그대로 아래의 아두이노 라이브러리 폴더로 복사하고 아두이노 IDE를 재 시작해야 설치한 라이브러리를 사용할 수 있음
  - 문서\Arduino\libraries

14.2.5 Time 라이브러리 제공 함수들

함수명	기능
hour();	현재 시 (0-23)
minute();	현재 분 (0-59)
second();	현재 초 (0-59)
day();	현재 일 (1-31)
weekday();	요일 (1-7), 월요일이 1 임
month();	현재 월 (1-12)
year();	4자리 년 (2009, 2010 등)
now();	현재 시간을 리턴
setTime(t);	시스템 시간을 주어진 시간 t로 설정
setTime(hr,min,sec,day,mnth,yr);	시스템 시간을 설정, 년은 2자리 또는 4자리 (2010 또는 10은 년을 2010으로 설정)
adjustTime(adjustment);	조정 값을 추가하여 시스템 시간을 맞춤
timeStatus();	시간이 설정되고 최근에 동기화되었는지 나타내며 다음 값 중 하나를 리턴
	- timeNotSet // 시간이 설정된 적이 없음 - timeNeedsSync // 시간이 설정되었지만 동기화 시도가 성공하지 못했음 - timeSet // 시간이 설정되고 동기화 됨

실험 14-1

GPS 신호 값을 시리얼모니터에 출력

- 지구 밖에서 돌고 있는 GPS 위성으로부터 신호를 수신 받아 처리 후 GPS 수신 모듈은 표준 NMEA 문장으로 아두이노에 전달
- 아두이노는 수신 받은 표준 NMEA 문장을 시리얼모니터에 출력
- [그림 14.3]과 같이 아두이노 메가보드의 포트 1(Serial1)을 NEO-6M GPS 모듈에 연결하고 아래의 스케치 프로그램을 업로드

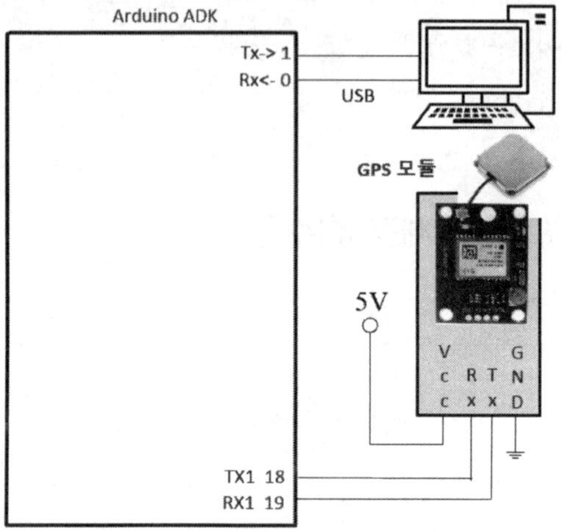

그림 14.3

소스 프로그램 **GPSRawData**

```
void setup(){
  Serial.begin(115200); // 시리얼 모니터와 시리얼 개방, 통신속도 설정
  Serial1.begin(9600); // GPS 모듈과 시리얼 개방, 통신속도는 초기값(9600)으로 설정
}

void loop(){
  while (Serial1.available() > 0) { // 포트1 수신버퍼에 수신 데이터가 있는 동안 동작
    byte gpsData = Serial1.read(); //버퍼에서 1바이트 읽어 오기
    Serial.write(gpsData); // 읽어온 데이터를 시리얼 모니터에 출력
  }
}
```

[결과]

- 시리얼모니터를 띄우고 [그림 14.4]와 같이 속도를 115200으로 맞추면 GPS 모듈로부터 수신된 데이터가 출력됨.

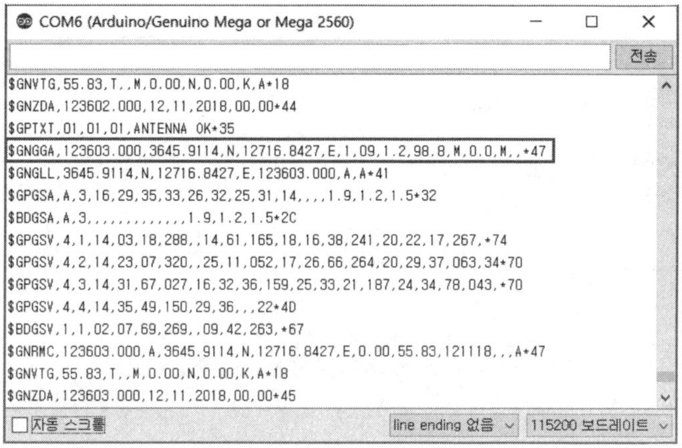

그림 14.4

- $GNGGA 문장(Sentence)의 포맷과 의미는 다음과 같음

[형식] $—GGA,hhmmss.ss,llll.ll,a,yyyyy.yy,a,x,xx,x.x,x.x,M,x.x,M,x.x,xxxx [수신] $GNGGA,123603.000,3645.9114,N,12716.8427,E,1,09,1.2,98.8,M,0.0,M,,*47		
hhmmss.ss	위치의 표준 시(UTC)	123603.000
llll.ll	위치의 위도	3645.9114
a	N 또는 S	N
yyyyy.yy	위치의 경도	12716.8427
a	E 또는 W	E
x	GPS 품질 표시기 (0=no fix, 1=GPS fix, 2=Dif. GPS fix)	1
xx	사용중인 위성의 수	09
x.x	정밀도의 수평 희석	1.2
x.x	평균 해발 이상 안테나 고도	98.8
M	안테나 고도 단위, 미터	M
x.x	지오이드 분리(Geoidal separation)	0.0
M	지오이드 분리 단위, 미터	M
x.x	차동 GPS 데이터의 연령	blank
xxxx	차동 기준 스테이션 ID	blank
*xx	체크섬	47

실험 14-2

위치 (위도와 경도) 값을 시리얼모니터에 출력

- [그림 14.3]의 회로를 사용하고 아래의 스케치 프로그램을 업로드

소스 프로그램 GPSLocation

```
// GPS 모듈이 제공하는 NMEA 데이터 스트림을 구문분석(Parsing)하기 위한 TinyGPS++ 라이브러리 삽입
#include <TinyGPS++.h>

TinyGPSPlus gps; // TinyGPSPlus 객체 생성

void setup() {
  Serial.begin(115200);// 시리얼 모니터와 시리얼 개방, 통신속도 설정
  Serial1.begin(9600); // GPS 모듈과 시리얼 개방, 통신속도는 초기값(9600)으로 설정
}

void loop() {

  while (Serial1.available() > 0){ // 포트1 수신버퍼에 수신 데이터가 있는 동안 동작
    gps.encode(Serial1.read()); // 버퍼에서 1바이트 읽어들인 NMEA 데이터를 객체에 전달
    if (gps.location.isUpdated()){ // 위치가 갱신되었다면
      Serial.print("Latitude= "); // 문자열 출력
      Serial.print(gps.location.lat(), 6); //위도를 소수점 이하 6자리 표현
      Serial.print(" Longitude= "); // 문자열 출력
      Serial.println(gps.location.lng(), 6); //위도를 소수점 이하 6자리 표현
    }
  }
}
```

[결과]

- 시리얼모니터를 띄우고 [그림 14.5]와 같이 속도를 115200으로 맞추면 현 위치의 위도와 경도가 출력됨.

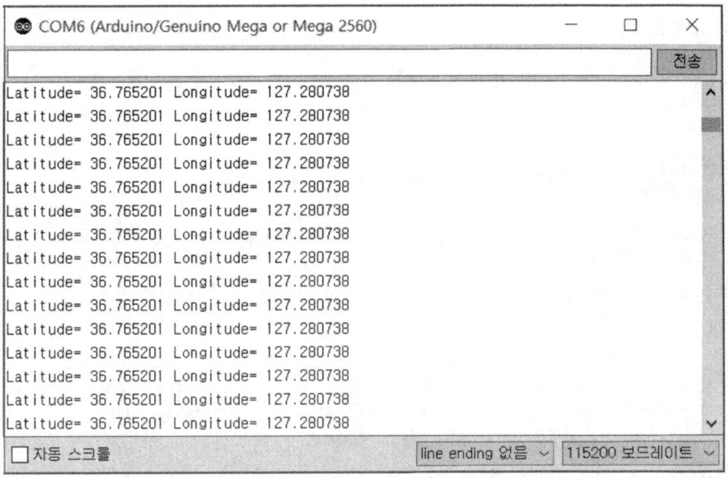

그림 14.5

실험 14-3

현재 날짜와 시간을 시리얼모니터에 출력

- GPS로부터 수신된 시간은 표준시(UTC)이며 [그림 14.6]과 같이 한국과는 9시간의 시차가 존재

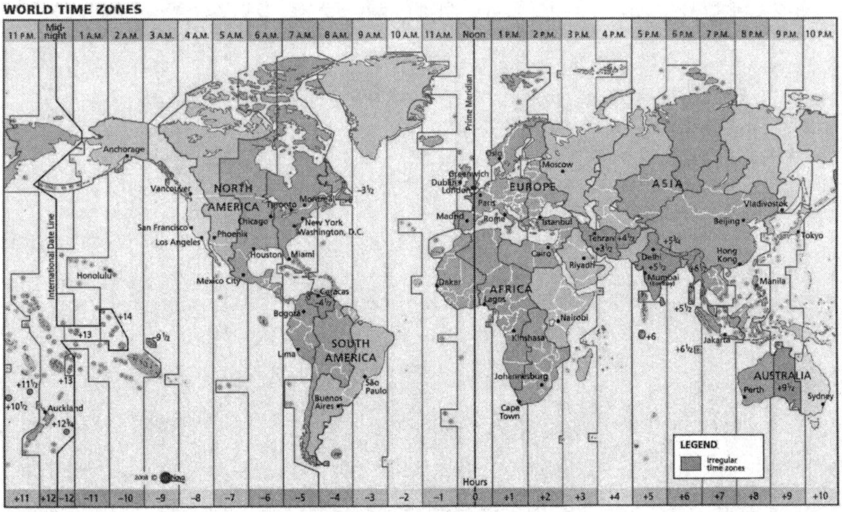

[그림 14.6]

- 시차를 반영하여 현재의 날짜와 시간을 시리얼 모니터에 출력
- [그림 14.3]의 회로를 사용하고 아래의 스케치 프로그램을 업로드

소스 프로그램 GPSDataTimeDispPlus

```
// GPS 모듈이 제공하는 NMEA 데이터 스트림을 구문분석(Parsing)하기 위한 TinyGPS++ 라이브러리 삽입
#include <TinyGPS++.h>
// 아두이노의 시간 계측 기능을 제공하는 라이브러리 삽입 (Time 라이브러리 동작 안함)
#include <TimeLib.h>

TinyGPSPlus gps; // TinyGPSPlus 객체 생성
const int UTC_offset = 9;   // 표준시 대비 한국 시간대(time zone) 시차 값
time_t prevDisplay = 0; // 현재 시간을 저장하는 변수 선언
int Hour, Minute, Second, Day, Month, Year; // GPS 데이터 값을 저장하는 변수 선언
String Date, Time; // 날짜와 시간을 저장하는 변수 선언

void setup() {
  Serial.begin(115200); // 시리얼 모니터와 시리얼 개방, 통신속도 설정
  Serial1.begin(9600); // GPS 모듈과 시리얼 개방, 통신속도는 초기값(9600)으로 설정
}

void loop() {

  while (Serial1.available() > 0) { // 포트1 수신버퍼에 수신 데이터가 있는 동안 동작
    if (gps.encode(Serial1.read())) { // 버퍼에서 1바이트 읽어들인 NMEA 데이터를 객체에 전달

      Year = gps.date.year(); // GPS 년도 값
      Month = gps.date.month(); // GPS 월 값
      Day = gps.date.day(); // GPS 날 값
      Hour = gps.time.hour(); // GPS 시 값
      Minute = gps.time.minute(); // GPS 분 값
      Second = gps.time.second(); // GPS 초 값

      setTime(Hour, Minute, Second, Day, Month, Year); // GPS 데이터를 가지고 시간 설정
      adjustTime(UTC_offset * SECS_PER_HOUR); //시차를 사용하여 현재 시간대 계산 (시차보정)
    }
  }

  if (timeStatus()!= timeNotSet) { // 시간이 설정되었다면
    if (now() != prevDisplay) {  // 현재시간이 변화되었다면
      prevDisplay = now();  // 현재 시간을 저장
      GPS_DateTime(); // GPS에서 수신한 날짜 및 시간 출력
      SerialClockDisplay(); // 시차가 보정된 현재 위치에서 날짜 및 시간 출력
```

```
    }
  }
}

void SerialClockDisplay(){

  Date="";
  Date += String(year());
  Date += "/";

  if (month() < 10) Date += "0";
  Date += String(month());
  Date += "/";

  if (day() < 10) Date += "0";
  Date += String(day());

  Serial.print(Date);
  Serial.print("  ");

  Time="";
  if (hour() < 10) Time += "0";
  Time += String(hour());
  Time += ":";

  if (minute() < 10) Time += "0";
  Time += String(minute());
  Time += ":";

  if (second() < 10) Time += "0";
  Time += String(second());

  Serial.println(Time);
}

void GPS_DateTime(void){

  Date="";
  Date += String(Year);
  Date += "/";

  if (Month < 10) Date += "0";
  Date += String(Month);
  Date += "/";
```

```
  if (Day < 10) Date += "0";
  Date += String(Day);

  Serial.print(Date);
  Serial.print("  ");

  Time="";
  if (Hour < 10) Time += "0";
  Time += String(Hour);
  Time += ":";

  if (Minute < 10) Time += "0";
  Time += String(Minute);
  Time += ":";

  if (Second < 10) Time += "0";
  Time += String(Second);

  Serial.print(Time);
  Serial.print(" ---> ");
}
```

[결과]

- 시리얼모니터를 띄우고 [그림 14.7]과 같이 속도를 115200으로 맞추면 표준시와 시차가 보정된 현재 시간이 출력됨.

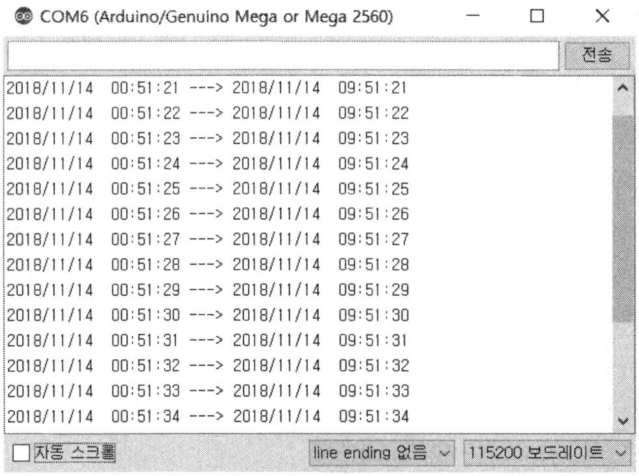

그림 14.7

- 화살표 왼쪽에 있는 것이 표준시이며 오른쪽에 있는 것이 보정된 시간 임.

실험 14-4

알람 날짜와 시간을 설정 및 알람 울림

- 알람 날짜와 시간을 설정
- 설정된 알람 날짜와 시간에서 1초 동안 LED를 켜고 부저 소리를 출력
- [그림 14.8]과 같이 회로를 연결하고 아래의 스케치 프로그램을 업로드

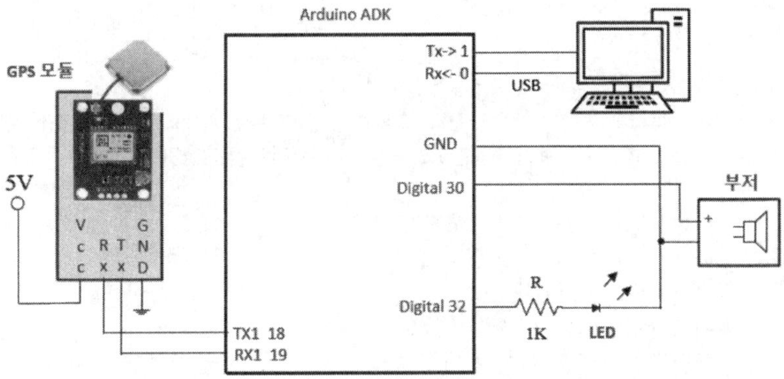

그림 14.8

소스 프로그램 **GPSAlarm**

```
// GPS 모듈이 제공하는 NMEA 데이터 스트림을 구문분석(Parsing)하기 위한 TinyGPS++ 라이브러리 삽입
#include <TinyGPS++.h>
// 아두이노의 시간 계측 기능을 제공하는 라이브러리 삽입 (Time 라이브러리 동작 안함)
#include <TimeLib.h>

const int ledPin=32; // LED에 연결된 핀 번호 변수 정의
const int speakPin=30; //부저와 연결된 핀 번호 변수 정의

int freq=1000; // 출력 소리 주파수를 저장하는 변수
TinyGPSPlus gps; // TinyGPSPlus 객체 생성
const int UTC_offset = 9; // 표준시 대비 한국 시간대(time zone) 시차 값
time_t prevDisplay = 0; // 현재 시간을 저장하는 변수 선언
int Hour, Minute, Second, Day, Month, Year; // GPS 데이터 값을 저장하는 변수 선언
```

```
String Date, Time; // 날짜와 시간을 저장하는 변수 선언
String alarmDate="2019/10/23", alarmTime="19:45:00"; // 알람 날짜와 시간을 저장하는 변수 선언
boolean alarmON=false; //현재 날짜와 시간이 설정된 알람 날짜와 시간과 같은지 여부를 저장하는 변수 선언
int timeCount=0; // 1초 동안 LED가 켜지고 부저가 울리도록 카운트하는 변수 선언

void setup() {
  Serial.begin(115200); // 시리얼 모니터와 시리얼 개방, 통신속도 설정
  Serial1.begin(9600); // GPS 모듈과 시리얼 개방, 통신속도는 초기값(9600)으로 설정
  pinMode(ledPin, OUTPUT); // LED를 출력으로 설정
  digitalWrite(ledPin, LOW); // LED 끄기
  pinMode(speakPin, OUTPUT); // 부저를 출력으로 설정
}

void loop() {
  while (Serial1.available() > 0) { // 포트1 수신버퍼에 수신 데이터가 있는 동안 동작
    if (gps.encode(Serial1.read())) { // 버퍼에서 1바이트 읽어들인 NMEA 데이터를 객체에 전달

      Year = gps.date.year(); // GPS 년도 값
      Month = gps.date.month(); // GPS 월 값
      Day = gps.date.day(); // GPS 날 값
      Hour = gps.time.hour(); // GPS 시 값
      Minute = gps.time.minute(); // GPS 분 값
      Second = gps.time.second(); // GPS 초 값

      setTime(Hour, Minute, Second, Day, Month, Year); // GPS 데이터를 가지고 시간 설정
      adjustTime(UTC_offset * SECS_PER_HOUR); //시차를 사용하여 현재 시간대 계산 (시차보정)
    }
  }

  if (timeStatus()!= timeNotSet) { // 시간이 설정되었다면
    if (now() != prevDisplay) {  // 현재시간이 변화되었다면
      prevDisplay = now();  // 현재 시간을 저장
       GPS_DateTime(Hour, Minute, Second, Day, Month, Year); //GPS에서 수신한 날짜 및 시간 출력
      SerialClockDisplay(); // 시차가 보정된 현재 위치에서 날짜 및 시간 출력

      if (alarmON) { // 현재 날짜와 시간이 설정된 알람 날짜와 시간과 매치되었다면
        if (++timeCount == 60) { // 1초가 지났는지 확인
          Serial.println("alarm is OFF"); // 문자열 출력
          digitalWrite(ledPin, LOW); // LED 끄기
          noTone(speakPin); // 소리 발생 정지
```

```
        alarmON = false;  // 현재 날짜와 시간이 설정된 알람 날짜와 시간과 틀림
      }
    }

    //현재 날짜와 시간이 설정된 알람 날짜와 시간과 같은지 체크
     if(Time == alarmTime && Date == alarmDate) {
       Serial.println("alarm is ON"); // 문자열 출력
       digitalWrite(ledPin, HIGH); // LED 켜기
       tone(speakPin, freq); // 지정된 주파수로 소리 출력
       alarmON = true; // 현재 날짜와 시간이 설정된 알람 날짜와 시간과 매치
       timeCount=0; // 1초 동안 LED가 켜지고 부저가 울리도록 카운트하는 변수 초기화
     }
   }
  }
}

void SerialClockDisplay(){

  Date="";
  Date += String(year());
  Date += "/";

  if (month() < 10) Date += "0";
  Date += String(month());
  Date += "/";

  if (day() < 10) Date += "0";
  Date += String(day());

  Serial.print(Date);
  Serial.print("  ");

  Time="";
  if (hour() < 10) Time += "0";
  Time += String(hour());
  Time += ":";

  if (minute() < 10) Time += "0";
  Time += String(minute());
  Time += ":";
```

```
  if (second() < 10) Time += "0";
  Time += String(second());

  Serial.println(Time);
}

void GPS_DateTime(int Hour, int Minute, int Second, int Day, int Month, int Year){

  Date="";
  Date += String(Year);
  Date += "/";

  if (Month < 10) Date += "0";
  Date += String(Month);
  Date += "/";

  if (Day < 10) Date += "0";
  Date += String(Day);

  Serial.print(Date);
  Serial.print("  ");

  Time="";
  if (Hour < 10) Time += "0";
  Time += String(Hour);
  Time += ":";

  if (Minute < 10) Time += "0";
  Time += String(Minute);
  Time += ":";

  if (Second < 10) Time += "0";
  Time += String(Second);

  Serial.print(Time);
  Serial.print(" ---> ");
}
```

제15장 nRF24L01 무선 트랜시버를 활용한 센서 제어

실험에 필요한 부품

nRF24L01 무선 트랜시버	GPS 모듈 (NEO-6M)	온도센서 (LM35DZ)	16×2 문자LCD	터치스위치 (IM120710023)
2개	1개	1개	1개	1개
	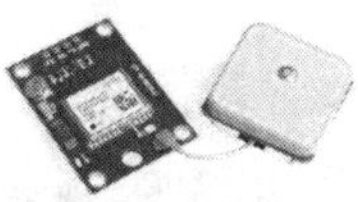			

LED	10KΩ 가변저항	1KΩ 저항		
1개	1개	1개		

15.1 nRF24L01 무선 트랜시버 (Wireless Transceiver)

- nRF24L01은 Nordic Semiconductor에서 개발 한 단일 칩 RF 트랜시버 IC로 250kbps, 1Mbps 및 2Mbps의 데이터 속도를 지원하는 라이센스가 필요없는 2.4GHz ISM 대역 (ISM - 산업, 과학 및 의료)에서 동작
- 250kbps 및 1Mbps의 데이터 속도의 경우 채널 대역폭은 약 1MHz 임. 따라서 최소 및 최대 작동 주파수인 2400MHz 및 2525MHz를 사용하면 데이터 속도가 250kbps 또는 1Mbps로 제한되는 경우 최대 125 개의 RF 채널을 구현할 수 있음

- 2Mbps의 데이터 전송 속도에서 RF 채널 대역폭은 비 중첩을 보장하기 위해 2MHz 이상 이어야 함
- [그림 15.1]과 같이 각 채널은 최대 6 개의 주소를 가질 수 있으며, 각 유닛은 동시에 최대 6 개의 다른 유닛과 통신 할 수 있음. 즉, 각 모듈은 동일한 RF 채널에서 6 개의 다른 모듈과 통신 할 수 있음. 이 기능은 각 RF 채널이 6 개의 다른 주소를 갖는 데이터 파이프를 가질 수 있도록 각 모듈은 동일한 RF 채널에서 6 개의 다른 모듈과 통신 할 수 있음을 의미
- nRF24L01 모듈을 사용하여 무선 통신 시스템을 설계하려면 SPI (Serial Peripheral Interface)를 통해 인터페이스되는 마이크로 컨트롤러가 필요

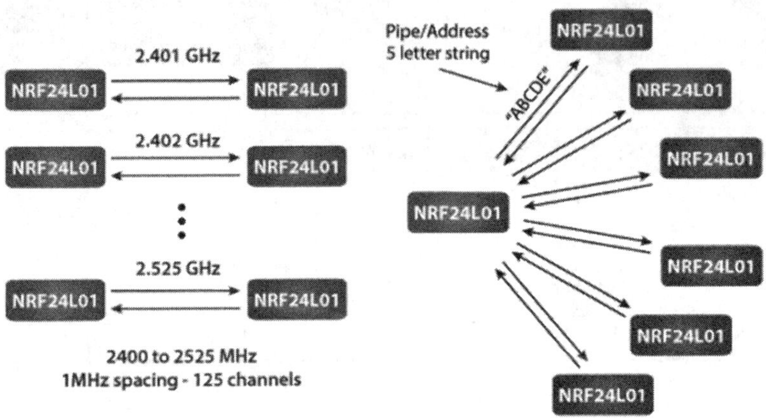

그림 15.1

- [그림 15.2]는 실험에 사용할 nRF24L01 트랜시버 모듈을 보여주며 주요특징을 [표 15.1]에 나타냄. nRF24L01 트랜시버 모듈은 외장안테나 형과 내장 안테나 형이 있는데 우리는 실험에서 외장안테나 형을 사용 <u>(내장 안테나 형은 환경에 따라 수신감도가 많이 떨어져 동작이 원활하지 않음)</u>

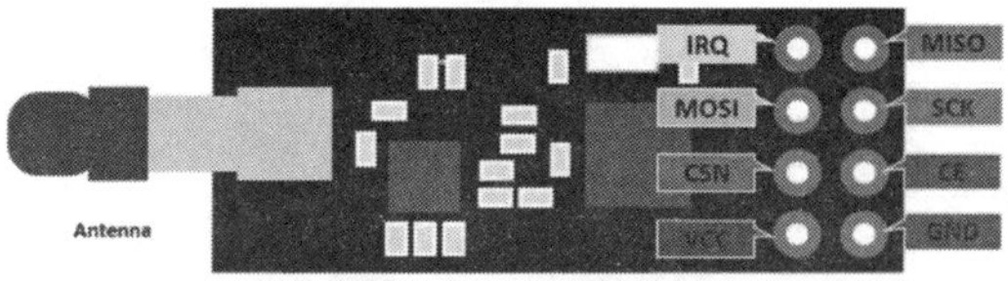

[외장 안테나 형]

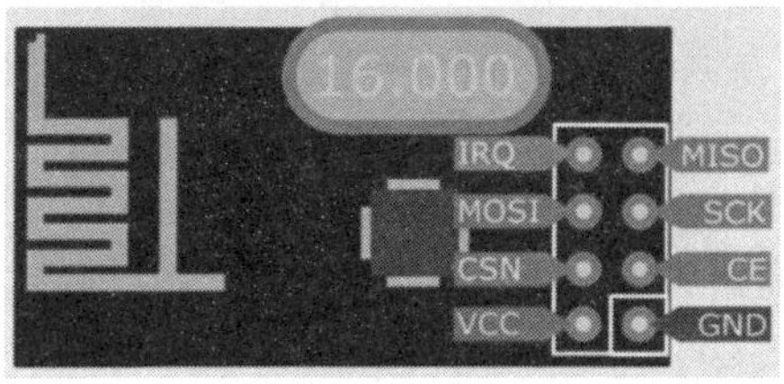

[내장 안테나 형]

- 1. IRQ (Interrupt Pin)
- 2. MISO (SPI Slave Data Output)
- 3. MOSI (SPI Slave Data Input)
- 4. SCK (SPI Clock)
- 5. CSN (SPI Chip Select)
- 6. CE (Chip Enable)
- 7. VCC : 1.9V ~ 3.6V
- 8. GND : 접지

그림 15.2 nRF24L01 트랜시버 모듈

표 15.1 nRF24L01 트랜시버 모듈 주요특징

- 2.4GHz 대역을 사용
- 전송 속도 : 250kbps ~ 2Mbps
- 전송 거리 : 최대 100 미터 (열린 공간)
- 초 저전력 동작 (26μA Standby-I 모드, 900nA 파워 다운 모드)
- 마이크로 컨트롤러와의 SPI 인터페이스
- 통합 RF 송신기, 수신기 및 신시사이저
- 작동 전압 : 1.9V ~ 3.6V
- 핀들은 5V 로직을 허용

- 이 모듈의 전력 소비는 전송 중에 약 12mA에 불과하며 단일 LED보다 낮음. 모듈의 동작 전압은 1.9V에서 3.6V이지만 좋은 점은 핀이 5V 로직을 허용하므로 어떤 로직 레벨 컨버터도 사용하지 않고 쉽게 아두이노에 연결 가능
- 3개의 핀(MISO, MOSI, SCK)은 SPI 통신용이며 아두이노의 SPI 핀에 연결
- 핀 CSN 및 CE는 아두이노 보드의 모든 디지털 핀에 연결될 수 있으며 CSN은 SPI 통신을 위한 칩 선택 핀이며 CE는 nRF24L01 선택 핀 임

- IRQ 핀은 사용할 필요가 없는 인터럽트 핀

15.1.1 RF24 라이브러리

- nRF24L01을 제어하기 위해서는 RF24 라이브러리를 삽입해 주어야 함

- 아래의 사이트에서 zip 파일을 다운받아 압축을 풀고 폴더이름을 "RF24"로 설정
  - https://github.com/nRF24/RF24

- RF24 폴더 그대로 아래의 아두이노 라이브러리 폴더로 복사하고 아두이노 IDE를 재 시작해야 설치한 라이브러리를 사용할 수 있음
  - 문서＼Arduino＼libraries

15.1.2 RF24 라이브러리 제공 함수들

```
#include 〈RF24.h〉
#include 〈nRF24L01.h〉
RF24 radio(cePin, csnPin); // RF24 객체 생성 (괄호 안에는 CE, CSN 핀 번호)
```

함수명	기능
void radio.begin (void)	칩 동작 시작
void radio.startListening (void)	파이프에서 수신 시작 (수신기로 설정)
void radio.stopListening (void)	들어오는 메시지 수신을 중지 (송신기로 설정)
bool radio.write (const void *buf, uint8_t len)	열린 쓰기 파이프에 데이터 쓰기
bool radio.available (void)	읽을 바이트가 있는지 테스트
bool radio.read (void *buf, uint8_t len)	열린 수신 파이프에서 데이터를 읽어 변수에 저장
void radio.openWritingPipe (uint64_t address)	쓰기용 파이프 열기
void radio.openReadingPipe (uint8_t number, uint64_t address)	읽기용 파이프 열기
void setPALevel (rf24_pa_dbm_e level)	전력증폭기 레벨 설정 4가지 레벨 (RF24_PA_MIN, RF24_PA_LOW, RF24_PA_HIGH, RF24_PA_MAX)

실험 15-1

단 방향 통신

- [그림 15.3]과 같이 송신단에서 수신단으로 단방향 통신을 하며 5문자의 파이프/주소 값으로 "00001"을 사용

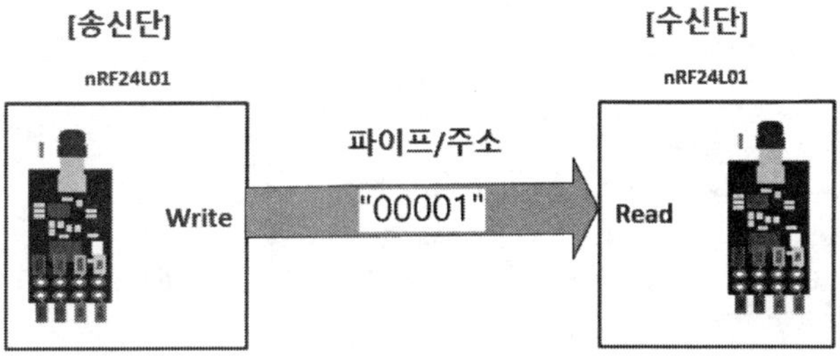

그림 15.3

- 1초 마다 송신단에서 수신단으로 간단한 문자열 "Welcome to Koreatech !!"을 전송
- 수신단에서는 문자열을 받아 시리얼모니터에 출력
- [그림 15.4]와 같이 회로를 연결하고 아래의 스케치 프로그램을 업로드

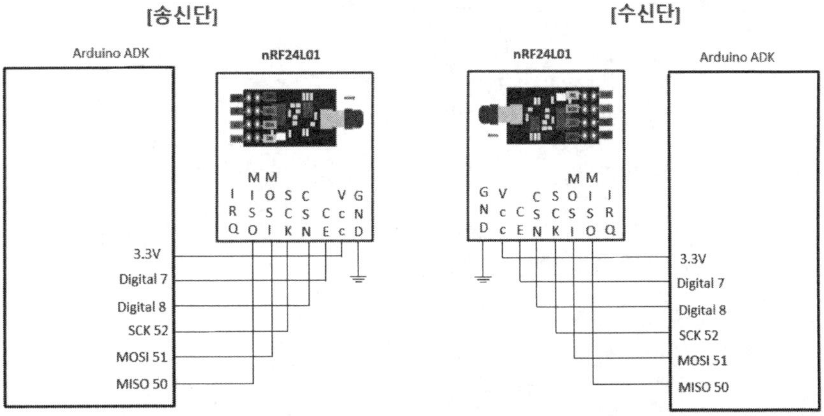

그림 15.4

송신단 소스 프로그램 nRF_Tx_SimpleMessage

```
#include <SPI.h> // SPI 라이브러리 삽입
#include <nRF24L01.h> // nRF24L01 라이브러리 삽입
#include <RF24.h> // RF24 라이브러리 삽입

RF24 radio(7, 8); // 회로에 연결된 핀 번호 값을 사용하여 객체 생성 (CE, CSN)
const byte address[6] = "00001"; // 통신할 주소 또는 파이프를 정의하는 바이트 배열

void setup() {
  Serial.begin(115200); // 시리얼 개방, 통신속도 설정
  radio.begin(); // 칩 동작 시작
  radio.openWritingPipe(address); // 쓰기용 파이프 열기
  radio.setPALevel(RF24_PA_MIN); // 전력증폭기 레벨 설정
  radio.stopListening(); // 들어오는 메시지 수신을 중지 (송신기로 설정)
}

void loop() {
  const char text[] = "Welcome to Koreatech !!"; // 송신 문자열
  radio.write(&text, sizeof(text)); // 열린 쓰기 파이프에 데이터 쓰기
  Serial.println(text); // 문자열 출력
  delay(1000); // 1초 지연
}
```

수신단 소스 프로그램 nRF_Rx_SimpleMessage

```
#include <SPI.h> // SPI 라이브러리 삽입
#include <nRF24L01.h> // nRF24L01 라이브러리 삽입
#include <RF24.h> // RF24 라이브러리 삽입

RF24 radio(7, 8); // 회로에 연결된 핀 번호 값을 사용하여 객체 생성 (CE, CSN)

const byte address[6] = "00001"; // 통신할 주소 또는 파이프를 정의하는 바이트 배열

void setup() {
  Serial.begin(115200); // 시리얼 개방, 통신속도 설정
  radio.begin(); // 칩 동작 시작
  radio.openReadingPipe(1, address); // 읽기용 파이프 열기
  radio.setPALevel(RF24_PA_MIN); // 전력증폭기 레벨 설정
  radio.startListening(); // 파이프에서 수신 시작 (수신기로 설정)
}

void loop() {
```

```
  if (radio.available()) { // 읽을 바이트가 있는지 테스트
    char text[32] = ""; // 수신 데이터를 저장할 32바이트 문자배열 정의
    radio.read(&text, sizeof(text)); // 열린 수신 파이프에서 데이터를 읽어 변수에 저장
    Serial.println(text); // 문자열 출력
  }
}
```

실험 15-2

단 방향 통신

- [그림 15.3]과 같이 송신단에서 수신단으로 단방향 통신을 하며 5문자의 파이프/주소 값으로 "00001"을 사용
- 송신단은 [그림 15.5]와 같이 아두이노 메가보드 포트 1 (Serial1)에 NEO-6M GPS 모듈을 연결
- GPS로부터 수신된 날짜와 시간에서 시차가 반영된 현재 날짜와 시간을 1초 간격으로 수신단으로 전송
- 수신단에서는 수신한 날짜와 시간을 아래와 같이 문자 LCD에 표시

D	a	t	e	:		2	0	1	8	/	1	1	/	0	9
T	i	m	e	:		1	3	:	0	1	:	3	0		

- [그림 15.5]와 같이 회로를 연결하고 아래의 스케치 프로그램을 업로드

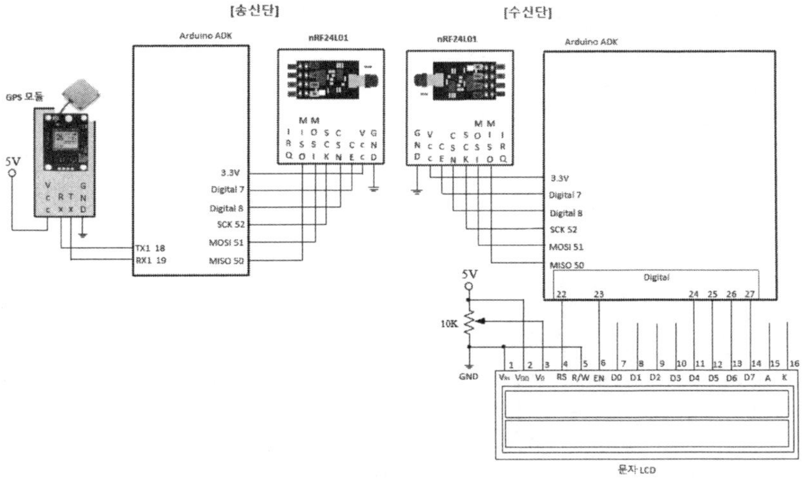

그림 15.5

송신단 소스 프로그램 nRF_Tx_GPSDateTime

```
#include <SPI.h> // SPI 라이브러리 삽입
#include <nRF24L01.h> // nRF24L01 라이브러리 삽입
#include <RF24.h> // RF24 라이브러리 삽입
// GPS 모듈이 제공하는 NMEA 데이터 스트림을 구문분석(Parsing)하기 위한 TinyGPS++ 라이브러리 삽입
#include <TinyGPS++.h>
// 아두이노의 시간 계측 기능을 제공하는 라이브러리 삽입 (Time 라이브러리 동작 안함)
#include <TimeLib.h>

RF24 radio(7, 8); // 회로에 연결된 핀 번호 값을 사용하여 객체 생성 (CE, CSN)
const byte address[6] = "00001"; // 통신할 주소 또는 파이프를 정의하는 바이트 배열
TinyGPSPlus gps; // TinyGPSPlus 객체 생성
const int UTC_offset = 9;   // 표준시 대비 한국 시간대(time zone) 시차 값
time_t prevDisplay = 0; // 현재 시간을 저장하는 변수 선언
int Hour, Minute, Second, Day, Month, Year; // GPS 데이터 값을 저장하는 변수 선언
String Date, Time; // 날짜와 시간을 저장하는 변수 선언
String dateTime; // "날짜 시간"을 함께 저장하는 변수 선언

void setup() {
  Serial.begin(115200); // 시리얼 모니터와 시리얼 개방, 통신속도 설정
  Serial1.begin(9600); // GPS 모듈과 시리얼 개방, 통신속도는 초기값(9600)으로 설정

  radio.begin(); // 칩 동작 시작
  radio.openWritingPipe(address); // 쓰기용 파이프 열기
  radio.setPALevel(RF24_PA_MIN); // 전력증폭기 레벨 설정
  radio.stopListening(); // 들어오는 메시지 수신을 중지 (송신기로 설정)
}

void loop() {

  while (Serial1.available() > 0) { // 포트1 수신버퍼에 수신 데이터가 있는 동안 동작
    if (gps.encode(Serial1.read())) { // 버퍼에서 1바이트 읽어들인 NMEA 데이터를 객체에 전달

      Year = gps.date.year(); // GPS 년도 값
      Month = gps.date.month(); // GPS 월 값
      Day = gps.date.day(); // GPS 날 값
      Hour = gps.time.hour(); // GPS 시 값
      Minute = gps.time.minute(); // GPS 분 값
      Second = gps.time.second(); // GPS 초 값

      setTime(Hour, Minute, Second, Day, Month, Year); // GPS 데이터를 가지고 시간 설정
      adjustTime(UTC_offset * SECS_PER_HOUR); //시차를 사용하여 현재 시간대 계산 (시차보정)
```

```
    }
  }

  if (timeStatus()!= timeNotSet) { // 시간이 설정되었다면
    if (now() != prevDisplay) {  // 현재시간이 변화되었다면
      prevDisplay = now();  // 현재 시간을 저장
       GPS_DateTime(Hour, Minute, Second, Day, Month, Year); //GPS에서 수신한 날짜 및 시간 출력
      SerialClockDisplay(); // 시차가 보정된 현재 위치에서 날짜 및 시간 출력

      // "Data 공백 Time" 형태의 문자열을 만들어 수신기로 송신
      dateTime = ""; // 문자열 초기화
      dateTime += Date; // Date 문자열 추가
      dateTime += " "; // 공백 추가
      dateTime += Time; // Time 문자열 추가

      byte buf[dateTime.length()+1]; // dataTime 스트링 길이 만큼 배열 선언
      dateTime.getBytes(buf,dateTime.length()+1); //길이 만큼 배열에 복사
      radio.write(&buf, sizeof(buf)); // 열린 쓰기 파이프에 데이터 쓰기
    }
  }
}

void SerialClockDisplay(){

  Date="";
  Date += String(year());
  Date += "/";

  if (month() < 10) Date += "0";
  Date += String(month());
  Date += "/";

  if (day() < 10) Date += "0";
  Date += String(day());

  Serial.print(Date);
  Serial.print("  ");

  Time="";
  if (hour() < 10) Time += "0";
  Time += String(hour());
  Time += ":";
```

```
  if (minute() < 10) Time += "0";
  Time += String(minute());
  Time += ":";

  if (second() < 10) Time += "0";
  Time += String(second());

  Serial.println(Time);

}

void GPS_DateTime(int Hour, int Minute, int Second, int Day, int Month, int Year){

  Date="";
  Date += String(Year);
  Date += "/";

  if (Month < 10) Date += "0";
  Date += String(Month);
  Date += "/";

  if (Day < 10) Date += "0";
  Date += String(Day);

  Serial.print(Date);
  Serial.print("  ");

  Time="";
  if (Hour < 10) Time += "0";
  Time += String(Hour);
  Time += ":";

  if (Minute < 10) Time += "0";
  Time += String(Minute);
  Time += ":";

  if (Second < 10) Time += "0";
  Time += String(Second);

  Serial.print(Time);
  Serial.print(" ---> ");

}
```

수신단 소스 프로그램 nRF_Rx_GPSDateTime

```
#include <SPI.h> // SPI 라이브러리 삽입
#include <nRF24L01.h> // nRF24L01 라이브러리 삽입
#include <RF24.h> // RF24 라이브러리 삽입
#include <LiquidCrystal.h>  //LCD 라이브러리 삽입

LiquidCrystal lcd(22,23,24,25,26,27); // 회로에 연결된 핀 번호를 사용하여 lcd 객체 생성
RF24 radio(7, 8); // 회로에 연결된 핀 번호 값을 사용하여 객체 생성 (CE, CSN)
const byte address[6] = "00001"; // 통신할 주소 또는 파이프를 정의하는 바이트 배열

void setup() {
  Serial.begin(115200); // 시리얼 개방, 통신속도 설정
  radio.begin(); // 칩 동작 시작
  radio.openReadingPipe(1, address); // 읽기용 파이프 열기
  radio.setPALevel(RF24_PA_MIN); // 전력증폭기 레벨 설정
  radio.startListening(); // 파이프에서 수신 시작 (수신기로 설정)

  lcd.begin(16,2);  //2행 16열 설정
  lcd.setCursor(0,0);  //1행 1열 설정
}

void loop() {

  if (radio.available()) { // 읽을 바이트가 있는지 테스트
    char text[32] = ""; // 수신 데이터를 저장할 32바이트 문자배열 정의
    radio.read(&text, sizeof(text)); // 열린 수신 파이프에서 데이터를 읽어 변수에 저장
    String textString = String(text); // 문자배열을 String 형으로 변환
    String Date = textString.substring(0,textString.indexOf(" ")); // 날짜 정보 축출
    String Time = textString.substring(textString.indexOf(" ")+1); // 시간 정보 축출

    lcd.clear(); // lcd 지우기
    lcd.setCursor(0,0);  // 커서를 1행 1열로 이동
    lcd.print("Date: "+Date); // 날짜 출력
    lcd.setCursor(0,1);  // 커서를 2행 1열로 설정
    lcd.print("Time: "+Time); // 시간 출력
  }
}
```

실험 15-3

양 방향 통신

- [그림 15.6]과 같이 송신단과 수신단이 양방향 통신을 하며 5문자의 파이프/주소 값으로 "00001"과 "00002"을 사용.
- 앞의 예제와 다른 점은 양방향 통신을 위해 두 개의 파이프 또는 주소를 만들어야 함.

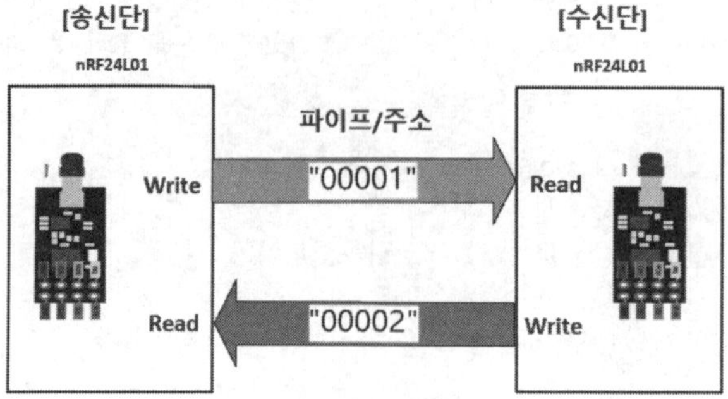

그림 15.6

- 송신단은 [그림 15.7]과 같이 LM35DZ 온도센서와 LED를 연결
- 수신단은 [그림 15.7]과 같이 문자 LCD와 터치스위치를 연결
- 송신단에서는 1초 간격으로 온도센서 값을 읽어 들여 수신단으로 전송하고 수신단에서는 수신한 온도 값을 다음과 같이 문자 LCD에 표시

T	e	m	p	.		:		2	6	°	C				

- 수신단에서는 터치스위치 상태를 읽어 들여 송신단으로 전송하며 터치스위치가 눌려진 동안 (LOW 또는 값이 0인 동안) LED를 켜고 터치스위치가 눌려지지 않은 동안 (HIGH 또는 값이 1인 동안) LED를 끔
- [그림 15.7]과 같이 회로를 연결하고 아래의 스케치 프로그램을 업로드

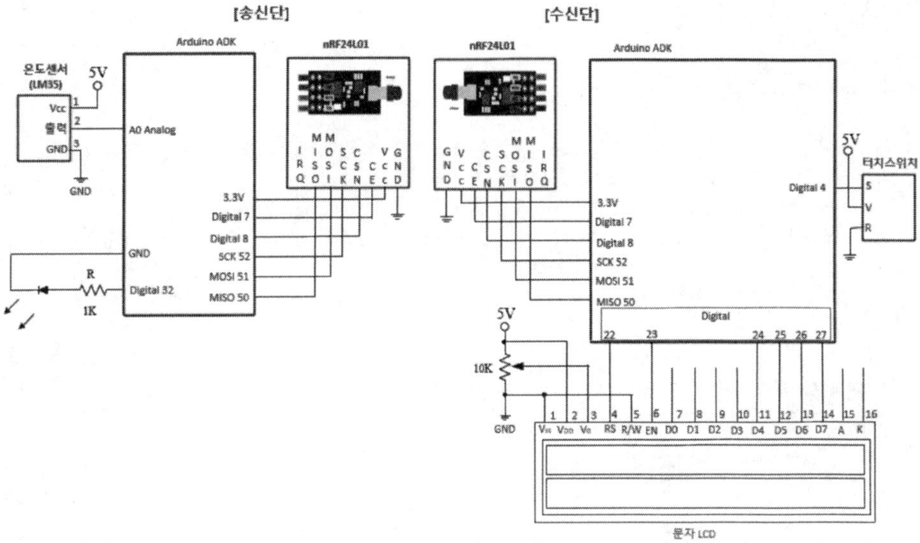

그림 15.7

송신단 소스 프로그램 nRF_Tx_TempLed

```
#include <SPI.h> // SPI 라이브러리 삽입
#include <nRF24L01.h> // nRF24L01 라이브러리 삽입
#include <RF24.h> // RF24 라이브러리 삽입

const int tempPin=0; //온도센서와 연결된 핀 번호 변수 정의
const int ledPin=32; // LED에 연결된 핀 번호 변수 정의

RF24 radio(7, 8); // 회로에 연결된 핀 번호 값을 사용하여 객체 생성 (CE, CSN)
const byte addresses[][6] = {"00001", "00002"}; // 통신할 주소 또는 파이프를 정의하는 바이트 배열
boolean touchState=1; // 읽어들인 버튼 값을 저장하는 변수 선언 (초기값 HIGH)
unsigned long time; //millis() 함수가 리턴한 이전 시간을 저장하는 변수

void setup() {
  Serial.begin(115200); // 시리얼 개방, 통신속도 설정
  radio.begin(); // 칩 동작 시작
  radio.openWritingPipe(addresses[0]); // 쓰기용 파이프 열기
  radio.openReadingPipe(1, addresses[1]); // 읽기용 파이프 열기
  radio.setPALevel(RF24_PA_MIN); // 전력증폭기 레벨 설정
  pinMode(ledPin, OUTPUT); // LED를 출력으로 설정
}
```

```
void loop() {

  delay(5);
  radio.stopListening(); // 들어오는 메시지 수신을 중지 (송신기로 설정)

  if(millis()-time>1000) {  //millis()함수가 리턴한 시간과 이전시간의 차가 1초이상이면
    time=millis(); // 현재시간을 이전시간에 저장
    int getTempC=analogRead(tempPin); //아날로그 입력 핀의 값 읽음
    int tempC=(int) ((5.0*getTempC*100.0)/1023.0); // 값을 온도로 환산
    String tempCString=(String) tempC;
    Serial.println("Current Temp. : "+tempCString+" C"); // 온도를 출력

    byte buf[tempCString.length()+1]; // tempCString 스트링 길이 만큼 배열 선언
    tempCString.getBytes(buf,tempCString.length()+1); //길이 만큼 배열에 복사
    radio.write(&buf, sizeof(buf)); // 열린 쓰기 파이프에 데이터 쓰기
  }

  delay(5);
  radio.startListening(); // 파이프에서 수신 시작 (수신기로 설정)
  if (radio.available()) { // 읽을 바이트가 있는지 테스트
    radio.read(&touchState, sizeof(touchState)); //열린 수신파이프에서 데이터를 읽어 변수에 저장
    if (touchState == LOW) { //터치센서가 눌러졌다면
      digitalWrite(ledPin, HIGH); // led 켜기
    }
    else { //터치센서가 눌러지지 않았다면
      digitalWrite(ledPin, LOW); // led 끄기
    }
  }
}
```

수신단 소스 프로그램 nRF_Rx_TempLed

```
#include <SPI.h> // SPI 라이브러리 삽입
#include <nRF24L01.h> // nRF24L01 라이브러리 삽입
#include <RF24.h> // RF24 라이브러리 삽입
#include <LiquidCrystal.h>  //LCD 라이브러리 삽입

const int touchSensorPin=4; // 터치센서에 연결된 핀 번호 변수 정의

LiquidCrystal lcd(22,23,24,25,26,27); // 회로에 연결된 핀 번호를 사용하여 lcd 객체 생성
RF24 radio(7, 8); // 회로에 연결된 핀 번호 값을 사용하여 객체 생성 (CE, CSN)
const byte addresses[][6] = {"00001", "00002"}; // 통신할 주소 또는 파이프를 정의하는 바이트 배열
```

```
byte degree[]={  //8×5 온도 ( ° ) 문자 생성
  0b00110,
  0b01001,
  0b01001,
  0b00110,
  0b00000,
  0b00000,
  0b00000,
  0b00000};

void setup() {
  Serial.begin(115200); // 시리얼 개방, 통신속도 설정
  radio.begin(); // 칩 동작 시작
  radio.openWritingPipe(addresses[1]); // 쓰기용 파이프 열기
  radio.openReadingPipe(1, addresses[0]); // 읽기용 파이프 열기
  radio.setPALevel(RF24_PA_MIN); // 전력증폭기 레벨 설정

  pinMode(touchSensorPin, INPUT); // 터치센서를 입력으로 설정
  lcd.begin(16,2);  //2행 16열 설정
  lcd.print("Temp. : "); // LCD에 초기메시지 문자열 출력
  lcd.createChar(0, degree); // 온도 ( ° ) 를 정의문자 ID 0에 할당
}

void loop() {

  delay(5);
  radio.startListening(); // 파이프에서 수신 시작 (수신기로 설정)
  if (radio.available()) { // 읽을 바이트가 있는지 테스트
    char text[32] = ""; // 수신 데이터를 저장할 32바이트 문자배열 정의
    radio.read(&text, sizeof(text)); // 열린 수신 파이프에서 데이터를 읽어 변수에 저장
    String textString = String(text); // 문자배열을 String 형으로 변환
    int tempC = textString.toInt(); // 온도 값
    Serial.println("Current Temp. : "+(String)tempC+" C"); // 시리얼모니터에 온도 출력
    lcd.setCursor(8,0); // 커서를 1행 9열로 이동
    lcd.print(tempC); // 온도를 LCD에 출력
    lcd.write((byte)0); // 온도 ( ° ) 를 출력
    lcd.write('C');  // 문자 C를 출력
    }

    delay(5);
    radio.stopListening(); // 들어오는 메시지 수신을 중지 (송신기로 설정)
    boolean buttonState = digitalRead(touchSensorPin); // //터치센서값을 읽음
    radio.write(&buttonState, sizeof(buttonState)); // 열린 쓰기 파이프에 데이터 쓰기
}
```

저자소개

김한종(KIM HAN JONG)

1982~1986 : 한양대학교 전자공학과 공학사

1986~1988 : 연세대학교 전자공학과 공학석사

1988~1994 : 연세대학교 전자공학과 공학박사

1994~현재 : 한국기술교육대학교 전기전자통신공학부 교수

관심분야 : IoT, 이동통신, 방송통신, 부호이론, 변복조기술, 디지털신호처리, 마이크로 프로세서 응용 등

아두이노를 활용한 무선통신 응용

발행	2022년 3월 2일
저자	김한종
발행인	윤태건
펴낸 곳	도서출판 가람
편집디자인	아트기획
주소	경기도 파주시 성재길 1-40 2층
전화	031) 948-0336~7
팩스	031) 948-0338
등록번호	406-2016-000141
E-mail	garam3322@naver.com
ISBN	979-11-89819-03-3

정가 25,000원